制造业管理人员玩转大数据

大数据赋能供应链管理

韩胜建 编著

机械工业出版社

供应链管理过程中会产生许多数据。作者作为供应链管理的从业者，致力于通过大数据为供应链管理赋能的实践，取得了良好的效果，总结了一些行之有效的方法，并据此编著本书。

本书构建了数据思维模型，指出应关注的指标，详细介绍了在供应链管理过程中的绩效管理、流程再造、需求管理、战略采购管理、间接采购管理、物流管理、运营管理、库存管理、风险管理等阶段的大数据应用管理方法，所有阶段的讲解均附有案例、表单和工具，并对数字化供应链管理做了可行性分析和展望。

本书实用性强，采用场景化、案例化写作，图、表丰富，可作为供应链管理人员、运营管理人员、企业精益改善人员等提升能力、有效管理供应链的案头必备参考书。

图书在版编目（CIP）数据

大数据赋能供应链管理 / 韩胜建编著. —北京：机械工业出版社，2021.11（2024.2 重印）

（制造业管理人员玩转大数据）

ISBN 978-7-111-69382-6

Ⅰ. ①大… Ⅱ. ①韩… Ⅲ. ①供应链管理－数据处理－研究 Ⅳ. ①F252.1

中国版本图书馆 CIP 数据核字（2021）第 210760 号

机械工业出版社（北京市百万庄大街22号　邮政编码100037）

策划编辑：李万宇　　责任编辑：李万宇
责任校对：史静怡　　封面设计：马精明
责任印制：单爱军

北京虎彩文化传播有限公司印刷

2024 年 2 月第 1 版第 3 次印刷

169mm×239mm・18.5 印张・1 插页・306 千字

标准书号：ISBN 978-7-111-69382-6

定价：65.00 元

电话服务　　　　　　　　　网络服务

客服电话：010-88361066　　机 工 官 网：www.cmpbook.com
　　　　　010-88379833　　机 工 官 博：weibo.com/cmp1952
　　　　　010-68326294　　金 书 网：www.golden-book.com
封底无防伪标均为盗版　　　机工教育服务网：www.cmpedu.com

推荐序一
多解决些问题，少空谈些战略

我与韩胜建老师相识于6年前的一次"采购和外包"线上座谈会，那次韩老师新颖的观点给了我非常深刻的印象。他既是一个专业饱学的培训师，又是一个将理论充分运用到工作中的实践家，供应链的"武功道行"比较深。在智慧供应链协会成立时，我们团队立即聘请了韩老师作为协会的金牌讲师。听过他几次精彩课程的分享后，早在2019年，我们协会的一些骨干就委婉地"怂恿"韩老师写一本供应链大数据的书，如今，他终于实现了大家的期望。

大数据书籍琳琅满目，但大多是讲解宏观大数据、纯IT技术层面的枯燥理论或电子商务平台对消费者的应用。对于制造业供应链的从业人员，看完那些长篇大论之后，感觉大数据就像天上的星星，偶尔看得见但就是摸不着。而韩老师的《大数据赋能供应链管理》这本书，是基于作者扎实的理论基本功和近二十年大型跨国企业的供应链管理经验、诸多项目带队经验，直击供应链工作中最关键的问题，如绩效管理、流程再造、战略采购、间接采购、智能物流、数字运营、库存管理、风险管理等，用接地气的大数据应用场景把常见的业务痛点、问题和方案讲得很透彻，化繁为简、深入浅出、娓娓道来。对于广大读者来说，参考并实际应用起来就容易得多了。当然，这离不开作者几年如一日精益求精的刻苦实践、模型优化迭代、独立思考和辛勤的汗水，作者在书中分享自己的实践故事并讲解成功的案例，即使不能做到十全十美，也远比那些空谈概念更让人信服。

供应链人无论身处什么职位，绝不能眼高手低、空谈误企且误己、坐而论道、不务正业。大道理最容易讲，但供应链的细节问题、业务痛点却难解决，就制造业供应链管理这个领域而言，行业内从来都不缺讲大道理或炒作概念的"战略家"，真正缺的永远是可以最快最优地解决实际问题的实践家。"魔鬼"藏在细节之中，大数据应用更是如此。我们应大处着眼、小处着手、小步快跑，只有从简单的实际问题动手做起，才能快速发现"庐山真面目"，才能看到问题本质并有针对性地解决问题。拜读此书后，我们要自我勉励少谈些战略和道理，多解决些实际问题，要具体问题具体分析，多脚踏实地做些更有意义的实事。

在充分汲取本书智慧和营养之余，我们也继续期待韩老师的下一本大数据著作。

周古城

苏州智慧供应链协会 创始人

东工汇工业品平台 创始人

推荐序二

重新定义你的企业

韩胜建先生多年来在大型制造企业从事供应链管理相关工作,在实际操作方面有非常深厚的经验积累。他通过与一些行业协会、研究机构、智能制造企业,不断地碰撞和交流学习,有了自己独特的视角,在行业内形成了一定的影响力。我在两年前和胜建的一次会面时,就智慧供应链相关领域与他进行了深入的探讨和沟通,胜建提到他正在做制造企业的供应链大数据应用研究。听闻近期《大数据赋能供应链管理》即将出版,受邀为之作序,欣然应允。

本书的主线是大数据如何赋能供应链,阐述在制造体系中,信息化、数字化如何为企业在效率、效能、效用上发挥更大作用。自加入 WTO 至今,中国制造业如脱缰之野马,一路高速发展,规模早已高居世界第一,然而随着世界新形势的发展,制造业的增速逐渐放缓,当"开源"面临困难时,如何"节流"就成了所有企业的困惑。

传统的供应链是推动式的,狭义的供应链往往被定义为把产品从 A 运到 B 的物流工作;20 世纪中叶,供应链有了拉动式理论,也就是从下游用户的需求侧开始,以需定产,以需求拉动供给。生产组织、物流、资金流、信息流如何协同,已经成为供应链管理的重要内容。广义的供应链管理涵盖了从用户需求提出到交付实现的全过程管理,包含了需求确定、生产组织、设备管理、物资供应、物流实现乃至产品全生命周期的管理。

当前是一个不确定性与确定性并行的时代。对企业而言,所谓不确定,是世界变得更加随机而不连续、环境变化多样、经验失灵、节奏和变化太快、无迹可寻;所谓确定,是互联网和数字化使得信息更加对称,经济运行和资源配置更加有计划、更加可控。近 10 年来,依托于我国在信息化、数字化、智能化等方面基础建设的逐步完善,我们欣喜地看到大数据在电子商务、智能制造等场景的应用已层出不穷,供应链的边界也进一步地被拓宽。

数字化时代,随着大数据时代的来临、5G 技术的成熟、智能化的发展、智慧运维体系的深化,大数据将引领端到端的全链路数字化智慧供应链体系的成熟应用。中国供应链人的目标也不再仅仅是做先进国家的跟随者,我们的目标已经是"星辰大海"。在这个背景下,期望胜建的这本书能为大家带来启迪与智慧。

是为序。

胡正朝
上海嘉岩供应链管理股份有限公司 董事长
中机维协互联网分会 理事长

作者自序

一个实践者的复盘

自大学毕业后，我一直在供应链领域工作，至今已近 20 年。复盘我的工作经历，可分为三个阶段。

第一阶段：看山是山，看水是水

我一开始从事的是采购工作，通过师傅启蒙，我进入了供应链这个领域。我学会了基本的采购技能、供应商管理、物流报关、质量管理、退运、付款作业等。工作之余，我通过两年自学获得了第二学士学位。这一阶段在具体工作上我是按部就班的，即"看山是山，看水是水"，课本的理论知识和师傅的教诲是指导我工作的全部方法论。

第二阶段：看山不是山，看水不是水

师傅领进门，修行靠个人。第二阶段我逐步发现了工作中的一些问题，比如手工和纸张作业的弊端等，为此我主动请缨兼职做了系统规划主管，在 IT 团队和领导的支持下，创立了 E 化采购、成本分析、物流报关、市场行情、知识管理等系统。工作中我还做了 10 多年企业内部培训讲师，获得了工科硕士学位、CPSM 认证、PMP 认证和中级经济师认证等。但是，我内心却很迷惘，总感觉知识和工作不能吻合，此时"看山不是山，看水不是水"。

第三阶段：看山还是山，看水还是水

几年前，我有幸结识了一些大数据专家，并学习了一些数据分析和挖掘的技巧，顺便学习了六西格玛知识体系等。通过将这些大数据知识和技能用于实际的供应链管理工作，我心中的疑惑逐渐被解开。在战略采购、间接采购、采购运营、库存管理、绩效评估、需求分析、项目管理等模块大数据面板和 MES、SRM、CRM、WMS、OA 等系统创建的实践基础上，可期望继续通过迭代升级、逐步完善数据协同和业务协同。我认同了大数据和大数据分析、挖掘、决策的巨大力量，它让我把之前所学可以更充分地用于实践和创新中。此时，我在认识和心态上返璞归真，"看山还是山，看水还是水"。

本书是我结合自身的理论学习和实践应用，花费一年多编著而成的。由于自身能力、知识和时间的局限，书中难免存在不足之处，欢迎广大读者提出宝贵的意见和建议（电话：18962691606（微信同号），邮箱：Charlie_han001@126.com），万分感谢。

韩胜建　敬呈读者

2021 年 4 月

目录
CONTENTS

推荐序一　多解决些问题，少空谈些战略

推荐序二　重新定义你的企业

作者自序　一个实践者的复盘

第1章　数据应用薄弱的供应链管理现状　/1

- 1.1　盲人骑瞎马，夜半临深池：未实现充分数据支撑的盲目管理　/1
- 1.2　昨天的方案不能解决今天的问题　/5
- 1.3　乱花渐欲迷人眼：繁杂的数据种类　/7
- 1.4　空谈误业和眼高手低：实施不落地和数据缺失　/10
- 1.5　探讨制造业供应链大数据管理应何去何从　/14

第2章　大数据为供应链管理赋能思路及PDCA四步法　/18

- 2.1　精益和六西格玛管理过程数据与供应链数据的结合　/18
- 2.2　供应链管理的各类价值数据　/20
- 2.3　供应链管理问题解决的数据思维模型　/22
- 2.4　步骤一：干系人需求识别分析与定义（P）　/24
- 2.5　步骤二：指标确定、数据收集与清洗、初步分析（D）　/29
- 2.6　步骤三：偏差分析与绩效评估（C）　/32
- 2.7　步骤四：基于数据生态链的流程再造与管理协同（A）　/34

第3章　指标确定、操作和数据分析、挖掘、决策　/37

- 3.1　供应链指标的操作定义　/37
- 3.2　指标的节点定义和数据获取　/41
- 3.3　供应链大数据处理层级概述和数据分析技术　/44
- 3.4　大数据挖掘的方法与技术概述　/48
- 3.5　构建数据生态链现状与愿景　/51

- 案例1：某重工企业的长久性大数据生态之路 / 53
- 案例2：某集团企业的数据驱动"六部曲" / 54

第4章 基于数据决策的绩效评估 / 56

- 4.1 供应链管理过程中的绩效指标 / 56
- 4.2 基于数据决策的绩效评估的指标和分析步骤 / 60
- 4.3 基于数据决策的绩效评估的工具、表单和案例 / 63
- 案例1：某家居公司通过大数据改进库存绩效 / 66
- 案例2：某集团公司深挖采购绩效增值 / 67
- 案例3：大数据在供应链项目管理绩效中的应用 / 69

第5章 基于数据分析的流程优化与流程再造 / 71

- 5.1 供应链流程细节分析 / 71
- 5.2 基于数据的供应链流程现状分析 / 73
- 5.3 基于数据的供应链流程优化方法探讨 / 75
- 5.4 基于大数据的供应链流程再造 / 82
- 案例：H集团的供应链大数据平台驱动自动化流程 / 86

第6章 大数据赋能供应链需求计划与预测 / 87

- 6.1 大数据需求管理与需求预测概述 / 87
- 6.2 基于大数据的需求计划和预测的框架和路径 / 89
- 6.3 以数据驱动需求计划和预测的系统及工具 / 94
- 案例1：基于客户需求构建预测模型 / 103
- 案例2：通过库存呆滞跟踪分析，反向驱动计划与预测的优化 / 106
- 案例3：销售预测和出货预测并行 / 107

第7章 大数据赋能战略采购管理 / 109

- 7.1 建立各类战略采购相关的主数据 / 109
- 7.2 基于主数据的战略采购面板设计与数据分析 / 114
- 7.3 大数据驱动战略采购效率提升 / 126
- 7.4 大数据完善供应商协同管理 / 139
- 案例1：大数据赋能战略采购绩效考核和职能变革 / 144

案例 2：基于战略采购协同痛点，打造供需双方协同 / 145

第 8 章　大数据赋能企业间接采购降本增效 / 147

- 8.1　间接采购的管理现状分析 / 147
- 8.2　间接采购预算和支出分析方法 / 150
- 8.3　间接采购支出的大数据分析 / 156
- 8.4　基于大数据分析的 MRO 物料总包实践 / 162
- 案例：数字化管理平台助推间接采购透明化 / 176

第 9 章　大数据赋能供应链物流管理 / 179

- 9.1　物流基本数据概要 / 179
- 9.2　大数据驱动企业内部物流的优化 / 184
- 9.3　以大数据协同为基础的物流自动化再造 / 187
- 案例 1：G 公司打造供应链大数据物流平台 / 192
- 案例 2：基于 VSM 数据分析压缩全流程物流时间 / 192

第 10 章　大数据赋能供应链运营管理 / 198

- 10.1　供应链与财务大数据协同 / 198
- 10.2　基于大数据分析的企业能耗降本增效 / 203
- 10.3　基于大数据分析的维保降本增效 / 209
- 10.4　大数据驱动运营效率提升 / 213
- 案例：基于大数据的 EAM 系统 / 217

第 11 章　大数据赋能供应链库存管理 / 220

- 11.1　基于原材料数据的库存水平分析 / 220
- 11.2　基于企业全部库存的深度数据分析 / 223
- 11.3　大数据驱动呆滞库存持续降低 / 226
- 11.4　基于数据挖掘的库存优化策略 / 232
- 案例：打造 WMS 数字化平台，提升数据精确度和库存管理水平 / 234

第 12 章　基于大数据分析的供应链风险管理 / 237

- 12.1　供应链风险数据分析 / 237

- 12.2 基于数据分析的第三方风险管理 /243
- 12.3 制造业的供应链风险管理 /249
- 案例：某企业基于数字化的智慧供应链的风险控制自动化 /253

第13章 数字化供应链与数字化企业展望 /255

- 13.1 供应链创新需要依托数字化 /255
- 13.2 构建企业数字化供应链 /258
- 13.3 制造型企业数字化的展望 /265
- 案例1：数字化供应链的IT技术助推 /270
- 案例2：企业数字化精益体系之路 /272

参考文献 /274

致谢 /276

后记：一个实践者的感悟 /277

第1章
数据应用薄弱的供应链管理现状

1.1 盲人骑瞎马，夜半临深池：未实现充分数据支撑的盲目管理

1.1.1 昨日再现：旧瓶装新酒，换汤不换药

PR 亚太集团公司隶属于美国 PR 控股公司，是一家生产汽车内饰件、电子注塑件、模具的综合性企业，在亚太区有 11 家工厂。公司曾连续保持了 15 年的业务收入增长，直到 2018 年初，集团业务增长乏力、客户订单流失、新项目不断减少。因此，公司检讨会议不断。

场景一：CPO（首席采购官，兼集团供应链副总裁）**主持的集团采购与供应链大会**

CPO 在会议上追问截至目前的采购成本节约状况、物流成本再压缩情况，以及库存过高的检讨，但他听到的都是喋喋不休的抱怨、争吵和搪塞。

工厂 A 的采购经理："财务从没给过预算，我们都是依据 PR（采购申请）下订单，钱花多了跟采购没关系。库存过高是仓库的事情。"

工厂 A 的仓库主管："如果你们采购不着急买进来一堆不用的东西，库存怎么会变高？还有，一堆半成品和成品都放在仓库，这个不该找运营经理和销售经理吗？"

工厂 B 的采购经理立即帮腔："我们天天加班做报表，采购部的报告有 38 个，每天要花一半时间在报告上，战略整合、议价谈判、库存计划这些心有余而力不足。"

工厂 C 的采购经理也不甘示弱："我们工厂最可怜，用的 ERP 系统是最低端的，根本派不上真用场，大部分都是手工作业，仓库 FIFO（先进先出）就凭

经验和感觉走。"

集团物流经理也开启了抱怨模式:"客户要的货永远是紧急的,大部分都要空运,成本怎么不高呢?不知道到底是客户的错还是销售没有做好计划。"

最后,CPO 直接用 KPI(关键绩效指标)压住了大家的抱怨:采购降本必须达到 4%,库存金额必须降低 50%,平均库存周转天数必须从平均 42 天降低到 10 天。这些指标数据根本没有经过任何分析就直接给出了。

场景二:IT(信息技术)部门主持的 ERP 的供应链系统顶层设计大会

集团内的 11 家工厂,各自的 ERP(企业资源计划)系统五花八门。集团最后决定统一 ERP 系统,结束"各个工厂混战"的局面,工厂必须无理由配合。统一 ERP 说来简单做起来难,由于系统的切换带来了额外的工作,每个工厂的各个职能部门都开启了"炮轰"模式。

"我们之前编写 SKU(最小存货单位)物料编码的规则是这样的,现在让我们重新编写,你们 IT 都是干什么的,不能做系统导入么?"

"供应商的主数据要求这么多,你们考虑到实际业务的需求了么?如果是一次性供应商,也要这么多的字段和数据填入?"

"价格数据如果有不同的供应商供货,如何一一对应?不同的货币单位是否还要换算?如果需要换算,那汇率是浮动的呀!"

"系统中的计量单位五花八门,同一个物品,有的用'打',有的用'包',有的用'箱'。还有克(g)和千克(kg)、米(m)和千米(km)、英尺(ft)的。这样如果仅仅从单价上计算成本的节约,那就要闹笑话了!"

"各工厂的物料编码既然是统一的,那为什么还有同一料号对应不同的规格,或同一规格的物料编码却不一样呢?"

"MRO(维护、维修、运营)的 SKU 都有一万个了,料号的编写非常任性,仅仅是手套,仓库里就有 28 种。即使是同一规格的手套,不同部门使用的料号居然可能不一样,供应商叫苦不迭。"

"按照集团定义的签署流程和额度,我们的订单要签 5 天以上,业务效率太低呀。"

……

后来,在集团 IT 部门的主导下引入了 OA(办公自动化)系统,但是 OA 系统只是把签署从线下搬到线上,对实际数据整合和流程优化没有什么本质上的改善。

场景三：集团高管之间的批斗群英会

2020年年初该集团销售收入下滑30%以上，CEO（首席执行官）紧急召开高管检讨会议，CFO（首席财务官）、CCO（首席商务官）、CPO、COO（首席运营官）和各个工厂的总经理、总监们都参加了。

CEO首先单刀直入问CCO："订单下滑了多少？涉及哪些客户？具体原因如何？接下来月份的订单状况预计如何？"CCO没有回答。

CEO接着无情地"拷问"COO和CPO："集团内降本状况如何？今年的采购成本降低指标是多少？是否还能再节约一些内部成本？"

COO顿时哑口无言。而CPO颇有自信地汇报："2018年的采购成本降低是3.8%，2019年是4.1%，2020年的目标是再降低4%……"

"为什么全年的采购降本目标只有4%？而不是10%？供应商生意也不好做，为何不能再压价？去年光MRO就花掉了5500万美元，为什么没人管控？财务预算在哪里？"

然后会议主题转移到大数据上了，CEO下令，一定要在半年内完成大数据战略，不惜重金上各类流行的系统。最后CEO来了一句："我宁愿相信数据和系统而不相信人。"

CEO最终拍板定下如下指标：2020年直接采购降本必须达到10%；间接采购降本必须达到25%；库存平均周转天数降到7天；所有供应商的付款周期再延长30天。

在上述三个场景中，该集团没有分析更深层的运营数据和绩效数据，对问题的分析仅停留在表象，而且在战略和策略制定上，完全不顾业务底层的状态和痛点，拍脑袋直接决定半年内完成企业大数据战略。而每个高管都有自己的委屈，但都仅仅看到自己的"一亩三分地"，整个组织的运作上就像盲人摸象，除了工作流之外，没有任何协同可言。缺少数据的管理和拍脑袋决策就像仅看到了"眼镜蛇的尾巴"而无法觉察背后的风险，没有数据协同就像盲人摸象，如图1-1所示。这种决策也像管中窥豹，不知全貌。

1.1.2 大数据"迷失"下的供应链管理问题点初步总结

上述制造业的PR集团的场景或类似案例，每天都在很多企业组织内重复上演。这些问题点可以归纳为如下几个方面。

图1-1 像仅看到"眼镜蛇的尾巴"不知风险和没有数据协同就像盲人摸象

1. 任性的管理报表需求导致无数手工报表作业

为了应对上级要求或心血来潮，公司内存在着各种报表需求，而公司ERP系统的功能有限，不可能所有的报表都能直接得到。为此，无数"表哥""表姐"就这样诞生了。领导们拿着这些报表直接或者略加整理后传递给上级，美其名曰"用数据说话"。殊不知，这些数据凝结着的底层员工无数的血汗，但是对于数据的价值、报表效率、公司内耗等根本就无人问津。

2. 部门设卡、信息孤岛，既无法对接供需，也无法实现协同

在组织中，每个部门首先考虑的不是整个组织的最高战略或最高利益，而是自己部门的战略和利益。每个部门都在尽可能地规避自己的责任和风险，而不是首先考虑如何更好地服务整体组织和其他部门。比如有些财务部门，由于过多地考虑了规避风险，层层审批签字，把简单的问题复杂化，虽然规避了自己的责任，但却严重地拖慢了组织的运行效率。

同样，每个部门设置自己的数据格式、报告格式，就像一个个独立的"信息孤岛"，导致数据无法高效协同，当客户的需求下达时，需要严格按照工作流层层流入各个职能部门，整个组织的协同性很差，满足客户需求的效率和效果就会大打折扣。

3. 重复劳动和大量的管理浪费

由于职能部门之间信息和数据的协同性差，各自设定了自己的数据格式和主数据、元数据的运算逻辑，就像乐队没有总指挥，各个部门的数据之间无法有效对接。为了充分规避自身风险，只能通过互相签字来实现风险绑定，签字

就是牵制。总经理办公桌上的文件堆积如山，有专门的秘书进行归类，怎么可能指望总经理看到每个细节？在总经理签署之前，又有多少中层领导认真核查？很多时候当第一个签字的人没有检查出错误的时候，后面层层签字一错到底造成了十足的"形式主义"。机构臃肿、会议繁多就成了必然。中高层每天一半以上的时间不是在开会就是在签字批单。效率内耗、管理浪费令人瞠目结舌。

4．决策拍脑袋，没有任何预测、预防机制

没有完整、准确的数据支撑，无论是企业的战略决策还是部门的战术决策，都要"跟着感觉走"，按照资历和经验进行重大决策。这样大大增加了决策的风险。在数据预测上，如客户需求预测、采购需求预测、库存预测等，都是"走一步看一步"的状态，有些时候也没有任何为降低风险而实施的预防机制。决策和计划逞一时之快，冲动的结果往往导致"返工"，却美其名曰"计划没有变化快"。没有数据支撑的决策和计划，最终往往走向低效率。

1.2 昨天的方案不能解决今天的问题

1.2.1 市场和供应链的变化

当今世界，日新月异，市场在快速变化。人们的需求从大众化向个性化发展，物质的丰富、供应能力的充足，也使人们喜好变化节奏越来越快。因此企业必须快速抢占市场，抓住客户需求，提升竞争力，才能在激烈的市场竞争中占有一席之地。

纵观我国改革开放后的制造业发展历程，大致可以分为以下几个阶段。

第一个阶段是在改革开放初期，物资相对匮乏，供应不足，不愁产品销路。企业竞争的焦点在气魄和胆量上，市场的需求单一且稳定。

第二个阶段是在世纪之交，外商投资企业大量涌入。大量成熟产品的生产制造被转移到我国，决定一个制造型企业运营水平的主要因素是设备和人员管理，如短期内通过引入先进设备快速获取客户的订单；而人员管理的重点是潜心研究工艺，如基于设备设置参数，使质量更稳定、运营效率更高。

第三个阶段就是 2010 年之后的 VUCA（乌卡，Volatility 易变性，Uncertainty 不确定性，Complexity 复杂性，Ambiguity 模糊性）时代，变化已经成了常态。这时，企业只能用变化拥抱变化。客户需求、竞争态势、信息技术

和大数据的应用,都是企业拥抱变化的驱动力。从制造业供应链的角度来讲,主要的变化趋势有以下方面。

1)产品设计从标准化向定制化转变。很多客户希望产品符合自己的特定需求,甚至客户直接参与设计过程。因此,企业研发能力和速度很重要。

2)生产模式从少品种大批量向多品种小批量转变。即使是同一种产品,也可延伸出多种外观或零部件的排列组合。企业在生产过程中需要频繁换线,有时换线时间比生产时间还长,因此,企业的弹性生产能力很重要。

3)产品生命周期越来越短。很多供应链上的企业频繁地试产新产品,甚至试产和量产同步进行。这对企业生产的快速爬坡能力,生产线体快速设计和产品迭代、组合能力,产能的快速利用能力等都提出了很高要求。

4)供应链上的企业分工更加精细化,供应链全球化几乎成为标配。根据客户的需求,企业的计划、采购、物流必须时刻保持高效率和高弹性,甚至自制和外包随时可以切换。因此,企业供应链水平的高低,是决定企业核心竞争力优劣的重要因素之一。

1.2.2 运用大数据提升供应链管理水平

面对这些不可避免且未来还在一直持续的变化,站在供应链管理的角度,企业需要借助大数据和大数据分析的工具宝藏,提升自身的供应链管理水平,首先要做到以下几点。

1. 挖掘客户需求、整理数据种类

虽然客户需求复杂多变,但可以根据历史数据并结合对未来的预测或假设,识别出大多数客户需求的通用产品和特殊客户群的特定需求,从而制定不同的供应链策略。对于需求的头部和尾部,可采取不同的方式进行管理,可相应地整理数据种类。

2. 数据的及时反馈

在应用大数据工具之前,由于不同的数据采集、清洗以及汇总分析耗时较长,一般是业务发生一段时间后才能拿出数据进行分析(即事后控制),如分析上个月甚至上个季度的数据。只有数据及时反馈了,才能及时发现和解决供应

链问题。

3．数据的全面反馈

由于数据采集成本较高，企业往往倾向于采集客户和老板最关心的结果数据，而缺乏对导致这些结果发生的原因数据或相关数据的采集，这就不利于追根溯源和建立模型寻找规律。只有数据全面反馈了，才能更进一步优化供应链管理措施。

4．数据的准确反馈

在供应链管理中比较常见的是，数据规范没有相关标准，数据质量没有对应要求，企业总感觉只要有些数据总归是好事，或数据堆砌得越多越好。有些人用数据佐证自己的决策或观点时，常常会招致他人的诟病和攻击。只有数据准确反馈了，才能真正地用数据"说话"。

5．数据的自动反馈

如果数据是由人工采集的，甚至人工录入到电脑表格中的，参与这些作业的人员都只是在执行日常流程，几乎没有深度分析的可能。另外，如果数据的收集频率不高，就不可能实时地反映全貌。因此，企业应尽力通过系统和工具实现数据的自动反馈。

1.3 乱花渐欲迷人眼：繁杂的数据种类

1.3.1 概说大数据的价值和繁杂度

大数据（Big Data）泛指数据集合，是需要一定的处理模式才能实现其相应的洞察力、决策力的信息资产。大数据分析并不是使用常规的随机抽样的方法，而是对所有可获得的数据进行分析。IBM 指出大数据具有 5V 特征，即：Volume（大量）、Velocity（高速）、Variety（多样）、Value（低价值密度）、Veracity（真实性）。

众所周知，Google 的业务主要是围绕互联网上的数据组织和建立的，它的母公司 Alphabet 的市值在 2020 年已突破万亿美元，几乎是石油巨头埃克森美孚（Exxon Mobil）的四倍。大数据是当今第四次工业革命的"新石油"，甚至比物质上的石油更重要、更有优势。当然，有些大数据需要使用更高级的流程、方法或工具进行采集、挖掘和分析。

据统计，2020年全球有35 ZB的大数据存量，其中85%是半结构和非结构的数据。所谓结构化数据是指数据之间的因果关系很强，比如公司的财务数据、信息管理数据、系统数据等。非结构化数据是指没有因果关系的数据，比如视频、图片、音频等。而半结构化数据是指数据之间因果关系介于前两者之间且相对较弱，如HTML文档、邮件、网页等。数据单位如下。

```
1Byte=8bit
1KB=1024Byte=8192bit
1MB=1024KB=1048576Byte
1GB=1024MB=1048576KB
1TB=1024GB=1048576MB
1PB=1024TB=1048576GB
1EB=1024PB=1048576TB
1ZB=1024EB=1048576PB
1YB=1024ZB=1048576EB
1BB=1024YB=1048576ZB
1NB=1024BB=1048576YB
1DB=1024NB=1048576BB
```

据统计，人类近10年的大数据增量大于人类10年前所有数据的总和，而随着大数据时代的发展，这种几何级的递增速度将更加惊人。不言而喻，如何把海量的数据转换成企业的数据资产，考验着企业对大数据的吸收和运用能力。

1.3.2 供应链大数据的范围

站在供应链管理的角度，以制造业为例，供应链的关键数据包括企业内部大数据和企业外部大数据，具体如图1-2所示。

1. 企业外部大数据

1）客户数据。包括客户名称、注册信息、尽职调查数据、营业场所、所在

第1章 数据应用薄弱的供应链管理现状

行业、竞争对手分析、主打系列产品、历年营业收入、财务数据、客户的主要客户清单、客户的主要供应商清单、客户满意度数据、客户付款周期、客户投资计划、客户对本企业的策略、项目增减数据、项目需求数据以及各级细分需求计划数据等。

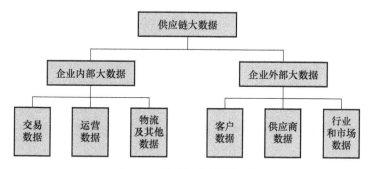

图 1-2 供应链大数据架构

2) 供应商数据。包括供应商准入评价数据、尽职调查数据、供应商在本企业的战略层次或级别定位（如战略、杠杆、瓶颈、一般）、供应商名称、注册信息、营业场所、所在行业、竞争对手分析、主要供应产品（或系列产品）和市场分析、历年营业收入、财务报表数据、供应商主要客户清单、供应商的主要供应清单、供应商设备和人力数据、稼动率数据、研发能力数据、供应商投资计划等。

3) 行业和市场数据。包括宏观市场供需分析、与本企业相关的进出口信息（如各国关税税率）、全球和本国的相关行业数据、行业突破性新技术新产品数据、竞争对手分析、重要原材料市场行情及预测、相关法律法规及影响数据、供应链宏观风险数据等。

2. 企业内部大数据

1) 与客户交易数据。包括对客户评价数据、合同、项目和项目计划、订单和需求预测数据、品名规格、价格、交货条件和物流数据、交货地址、交货批次、允收合格率或合格批次、交易风险数据等。

2) 与供应商交易数据。包括合同与分项协议、项目和项目计划、订单和供应预测数据、品名规格、供应价格、SKU 标准成本、交货条件和物流数据、交货地址、交货批次、允收合格率或合格批次、本企业对该供应商付款周期、供应商绩效考核表（考核细节包括质量、成本、及时交货

— 9 —

率、服务等；时间维度包括月度、季度、年度）、交易风险数据等。

3）运营数据。包括 ERP、MRP、MES、WMS 等系统数据和内部工作流数据、内部管控数据（如 MRO 需求、维修记录、备品备件）、库存数据（库存 ABC 分类数据，原物料、半成品和成品分类数据，库龄数据、库存周转天数数据，呆滞库存数据等）。

4）物流数据。包括海运、陆运、空运的频率和成本细节分析数据，货物的重量、体积等产品数据，第三方物流公司清单、报关数据、历史交易数据等。

5）其他重要数据。如本公司基本财务数据、企业宏观成本数据、项目成本和利润主数据、成品标准成本数据、其他各级代理商和分销商的销售数据等。

如上可知，对于制造业企业来说，供应链的大数据涉及公司的内部和外部，涉及各个维度、各个类别的复杂数据。如何有效地获取这些数据、清洗这些数据、使用这些数据考验着企业供应链数据管理能力。

1.4 空谈误业和眼高手低：实施不落地和数据缺失

1.4.1 空谈供应链大数据战略，从不落地实施

在大数据时代，很多企业呼唤大数据管理战略犹如嗷嗷待哺的婴儿，但是在实际应用方向和落地实施上却又"叶公好龙"。比如在供应链大数据战略上，喜欢炒作空洞的概念和口号，在实施过程中往往捉襟见肘。要么错把目标当战略，要么无法抓住方向和要领，从而根本无法解决问题和面对大数据挑战，通常表现为如下几个方面。

1. 高层不能全力支持供应链大数据战略

供应链大数据是个系统工程。很多企业都把大数据上升到企业战略这个层面去谈，号称"大数据战略"，这无可厚非，但有了大数据战略却不去落地实施则只是空谈。在企业金字塔的管理体制下，因为高层具有更大的批准权力和更多的资源控制能力，一般地从上至下的项目推动方式往往有更大概率成功实施。供应链大数据战略的落地实施，除了基本的项目实施步骤外，还涉及供应链流程再造、创新机制、组织架构再造等，其影响是全方位的。这些都必须获

得高层管理者的全力支持,否则举步维艰,这是必要条件之一。

2. 大数据战略落地困难

有了供应链大数据战略之后,需要对战略目标进行解读,并统一所有组织成员的认知,确保公司上下行动目标的一致性和同向性,真正做到"上下同欲同心""上下合力制胜"。针对供应链的大数据,高层的愿望可能是实现"客户-企业自身-供应商"之间供需的精准对接,同时提高企业内部各个职能部门横向协同的效率。但是当该战略执行到中层时,可能就转变成了如何为本部门的绩效服务。因此,从企业内外、纵横向的战略执行来看,都可能会出现或多或少的偏差,具体表现为如下两个方面。

1）大数据战略没有清晰完整地分解为各个执行层次的目标。目标的分解需要遵循 SMART 原则,即:特定的、可衡量的、可获得的、相关的、有时间期限的。组织和员工可能根本不理解大数据的目的和作用。图 1-3 所示为企业大数据成熟度模型暨员工认知程度,充分地表明了员工认知程度在企业大数据实施阶段的表现。

2）大数据战略资源的匮乏。比较重要的大数据战略资源获取途径应该包括:企业的 ERP、MRP、SRM、CRM、MES、WMS、OA 等各类系统,顶层设计和分项实施的专业人才,组织其他人力资源的配合与支持,与之配套的基本业务流程和制度的支持等。

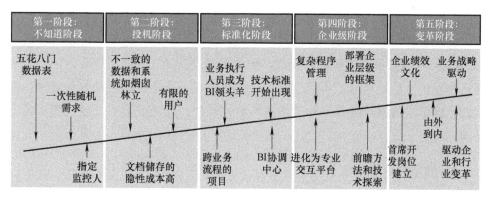

图 1-3　企业大数据成熟度模型暨员工认知程度（资料来源：Gartner 2016）

1.4.2　缺乏专业的供应链数据

只有针对专业的数据才能进行专业的数据分析和数据管理,否则就像大数据业界的口头禅所言"垃圾进去，垃圾出来"，专业的供应链数据应该至少具备如下几个特征。

1. 数据的完整性

完整性不是指要有一切繁杂数据，而是指要有针对供应链大数据战略和实施所需的基本的、必要的数据。这里至少有两重要求：首先是数据的缺失越少越好；其次是排除所有干扰数据、垃圾数据、虚假数据等。当然，可以对数据进行清洗后实现完整性，如：修补缺失值、删除违规记录、为违规记录做标记等。

2. 数据的一致性

所谓数据的一致性是指数据价值的完整性。比如同一分类下的数据"PO+GR"（订单+入库），其数据的维度和数据字段要相同，诸如最基本的"工厂代码""供应商代码""料号""规格描述""计量单位""订单号码""下单日期""订单数量""单价""币别""GR 单号""GR 日期"等。当然针对数据一致性通常在做数据分析之前要做数据的验证。验证的过程通常伴随着修补缺失值，以及删除虚假、错误、违规数据和人为异常数据等。

3. 数据的准确性

数据的准确性是指数据必须完整地反映真实的商业流程或交易结果，不能凭空捏造、夸大整体数据样本。一般地，如果检查每一条记录不可行的话，则可以在做数据分析之前通过相关的工具进行抽样检查，也可以与原系统数据（如 ERP 中的数据）做验证。当然，如果数据是被不一致的规则导致的不准确则另当别论。如某料号的不同交易记录的价格相差千倍，经过检查后发现，是因为计量单位的差异导致（如"千克"和"吨"），这是数据不一致，而不是不准确。

4. 数据的可解释性

数据的可解释性即数据的可靠性。这也是行业规则或政府法规的要求。比如美国的《萨班斯-奥克斯利法案》要求，企业的数据源和记录、信息和数据存储等都可以进行自我审计和跟踪访问。当然，数据的可靠性也是企业经营合规性的重要佐证。

1.4.3 缺乏供应链数据的专业分析和流程

企业在推行供应链大数据战略过程中，要有一条完整的数据流程主线，包括"获取数据—存储数据—清洗数据—数据分析或预测"等。在推行大数据战略的流程中，如下是常见的误解或问题点。

1. 错把供应链大数据分析当成是 IT 专员的事

在做大数据分析之前，务必澄清业务层面的目的，即数据分析为业务需求服务，而不是为了数据分析而数据分析。一般地，供应链大数据分析的目的主要有：

1）根据历史数据做供应链相关预算。
2）对比实际支出数据、降本数据与预算数据，并分析偏差原因。
3）根据工作流数据做事中控制，及时检讨工作偏差。
4）供应链绩效评估。比如采购成本降低指标、物流效率指标、库存效率指标等。
5）实现预测功能。如需求计划预测、重要原料行情预测、库存走势预测、应付现金流预测等。

IT 大数据处理专员的工作是协助供应链管理部门根据现有的大数据条件，设计和实现上述目的。因此在供应链大数据战略实施过程中，要密切地指导、配合、纠偏 IT 专员。否则 IT 专员们要么凭借经验分析，要么为了分析而分析，与供应链业务目标背离。

2. 错把大数据系统和工具当成万能的

大数据系统和工具不是万能的。系统工具与基础数据需要相辅相成，就像枪与子弹的关系，如果没有子弹或子弹质量不过关，再好的枪也不能命中目标。在实际的数据分析工作中，由于数据质量的低劣大概率会导致"垃圾进，垃圾出"。很多用户不分青红皂白，直接把不好的结果怪罪到大数据系统和工具的头上。因此基础数据的质量对大数据系统和工具的功能发挥至关重要。系统和工具不能把数据和业务管理的低劣状况一笔勾销，只能更加直白地反映这种数据和管理的劣势而已。

3. 数据的展现设计和业务需求无法协同

数据的展现技术越来越美观，可选择性更强。供应链数据展现一定要以业务的核心要求为根本，不能将数据展现变成"绣花枕头"，华而不实。一定要把支撑数据分析的业务要求体现出来，而不应该过度追求展现形式的独特性。一般的供应链业务需求的展现可以通过柱状图、趋势图、箱线图、饼图、数据表等及它们的相互交互来实现即可。

1.5　探讨制造业供应链大数据管理应何去何从

1.5.1　从上至下与从下至上结合推动供应链大数据商业智能

1. 高层从上至下做好 BI（商业智能）框架顶层设计

首先高层通过内部的沟通协调，做到上下一个愿景、组织一个声音。同时从愿景分解为目标，从目标分解为计划和行动。制定战略和分解目标，要基于供应链大数据的目的和期望等。

2. 基层从下至上支持 BI

由下至上的目的是首先摸清整个公司的数据状况、组织结构、系统、流程、业务重点等，然后通过可获得的数据和业务需求的整合，统一建模，并开发出集中的数据仓库或平台，再通过这个平台来解决不同内外部用户的业务痛点或需求。

3. 供应链 BI 大数据管理的初步构想

通过客户的订单和预测，驱动各个工厂，同时供应链大数据中心（或控制塔）有效地把客户与企业车间、供应商、外包商等链接在一起，如图1-4所示。

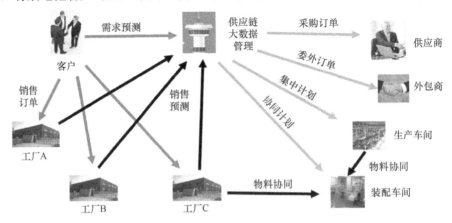

图 1-4　销售订单和预测驱动的协同

1.5.2 推动供应链大数据治理

数据治理（Data Governance）是对数据资产管理行使权力和控制的活动总和，目的是为了更全面地管理数据资产。它包括对数据战略、数据质量、数据安全、数据合规性、业务流程等的综合管控。供应链大数据治理是为了有效地利用大数据，以赋能企业实现其供应链目标的战略、策略、制度、标准、流程工具等综合体系，它具有如下必要性和优点。

1）降低供应链持续运营的风险，降低数据管理成本，提升数据资产价值。
2）改善和提升数据质量，通过数据驱动供应链管理及时和准确地决策。
3）完善数据集成性，规避各类供应链数据孤岛，推动组织内外部的协同和效率提升。
4）增强数据文化认同，降低管理成本和沟通成本，驱动供应链业务流程再造。
5）推动商业模式创新，如链接客户需求，使研发更高效，生产更敏捷。
6）以供应链管理价值提升为契机，推动企业供应链数字化进程。

数据治理和数据管理有很大关联但前者级别更高。数据管理主要是运用大数据系统和工具优化数据的获取、收集、测试、验证、存储、处理等工作，确保数据可以被用户正常地访问、使用和及时更新等。

大数据是企业的资产和生产要素，通过数据治理和数据管理的方法和工具，企业可以使大数据成为驱动供应链管理效率提升的源泉。

1.5.3 供应链商业智能（BI）实施过程

1. 建立 BI 项目团队和支持人员 RCAI

BI 项目经理应由高层管理者任命，项目实施应借助于内外部资源力量，通过各个细分职能部门的配合来执行，首先应做好各个角色的分工，参考表 1-1 RCAI 矩阵所示。

表 1-1 RCAI 矩阵

缩写	原义	内涵	角色
R	Responsible	负责执行项目任务	负责人
C	Consulted	拥有完成项目所需信息或能力的人	被咨询
A	Accountable	对项目任务负全责，经其批准后才能继续执行	决策人
I	Informed	拥有特权、应及时被通知结果的人	被告知

2. 充分了解需求，并做优先级排序

先了解各个部门和部门负责人（HOD）的痛点和需求（如要解决的问题是什么），接着再接触部门的基层人员，然后通过讨论会的形式一次性地收集相关需求。

根据二八原则排列优先级。项目组应从高优先级的需求着手，优先分析数据、整理模型、小步快跑、快速试错，最终若能达成 80%的目标就算项目成功了。

3. 数据的收集、存储，并分析相关系统和数据

当局者迷、旁观者清，很多业务人员只能站在业务的角度提出痛点和需求。因此项目组需要全面地分析用户的实际需求，找出背后所隐含的业务政策、系统、流程和数据，也包括流程的上下游、关键点或瓶颈在哪里，尽可能收集齐全的数据，并初步判别数据质量等级和各类数据之间初步的映射关系。

4. 数据清洗、数据映射、数据集成

数据清洗（Data Cleaning）是把不合规的数据"洗"干净。比如在数字型的字段里发现了字符型的数据。根据实际需要，数据清洗可以用手工方式，也可以借助工具。

数据映射（Data Mapping）给定不同数据模型，在模型之间建立起数据元素的对应关系。例如同一采购产品规格，旧的料号是"AB123"，但 ERP 编码整合后新料号是"AB00001"。若没有规格映射关系，系统无法自动把两者联系起来而导致历史采购数据丢失或脱节。

数据集成（Data Integration）是把不同数据源的数据汇整在一起，通过 ETL［抽取（Extract）、转换（Transform）、加载（Load）］导入数据仓库（Data Warehouse）。首先要在供应链部门内的数据做集成；然后再与其他部门数据（如销售数据、财务数据、计划数据）进行集成。数据的清洗、映射、集成逻辑示例如图 1-5 所示。

5. 数据处理和建模

存储在数据仓库中的数据，还处于"原素材"或"半成品"的状态，需要进行处理。比如采购订单记录和物料入库记录，可能需要计算月度、季度、年度的汇总值。一般来说，数据处理可以使用 BI 软件和工具，用编写代码的方式

对数据做预处理，把计算结果保存成 QVD 文件，最后使用 QVD 文件来代替源数据。

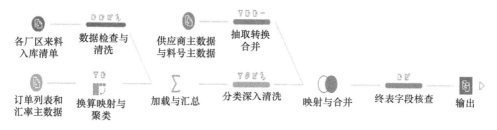

图 1-5　数据的清洗、映射和集成逻辑图（示例）

数据建模是 BI 架构师的核心能力之一。优质的数据模型通常逻辑清晰、数据精炼、便于维护，对用户的维度选择的反应迅速，且有较强的数据和业务流程扩充的能力。

6. 数据面板呈现、测试和反馈

运用相关软件工具等制作面板（也叫仪表盘，Dashboard），并通过用户的测试和反馈，持续优化产品。测试较简单的方式是对于相同的数据源，随机手工计算、汇总结果，比较是否和 BI 运行结果一致。根据用户体验和反馈再精雕细琢，打磨出最终的产品。对面板的要求就是直观可视化。

7. 供应链 BI 上线和维护

项目组可先将供应链 BI 小范围上线测试（Pilot），再向全体用户推广。BI 正式上线后，需要确保数据及时、准确地被更新。既可通过手工处理和触发程序来完成数据加载，也可通过建立数据自动化流程来维护和处理。根据需要，BI 也可不断地升级和迭代，因此，企业内部应尽可能设置专员维护数据并对 BI 系统持续地进行管控。

第 2 章 大数据为供应链管理赋能思路及 PDCA 四步法

2.1 精益和六西格玛管理过程数据与供应链数据的结合

企业在推动精益和六西格玛项目时,一个奇怪的现象是:各部门 KPI 业绩都很好,但企业的业绩却不好,比如库存高、净利润低。以供应链为例,要改变这种情况,结合大数据,审查业绩考核的基础、目的、方式是否科学客观?考核是否增加了企业竞争力?考核的结果可否有效地转化为改善行动?等等。

2.1.1 各视角的问题点分析

1. 精益角度的审查

没有从价值流的角度进行端到端的流程梳理和考核,只是"铁路警察各管一段"。甚至企业在实施 ERP、MES、SRM、WMS、OA 等系统时,缺乏需求模式分析、流程梳理、模拟和优化等就仓促上马。殊不知,标准的软件系统是不可能解决所有企业的个性化问题的。由于缺乏必要的整体布局和各个系统之间的协同,有时不但没有提升企业的信息化和数字化管理水平,还造成了众多的信息孤岛和更多的沟通障碍。同时,很多企业注重数据的收集,而缺乏数据的分析能力,更没有从深层次挖掘分析数据背后的价值与规律,也就无法有针对性地进行改善。

2. 六西格玛角度的审查

大多数企业分析经营数据时,都倾向于用目标数值衡量,如产品合格率是 99%,供应商的准时交付率是 98%等。虽然这是在用数据说话,但还不够深入，容易造成大量的数据细分颗粒度缺失。比如，若不及时交货率 2%是供应商 A 造成，那是延迟了 1 天、延迟了 10 天还是提早了 5 天？表面上看，汇总的结果数据中所占的比重相同，但是对企业经营的影响却千差万别，对后期改善的努力程度的要求更会有差别。

很多供应链管理者缺少必要的统计学知识，头痛医头脚痛医脚，不会从系统和流程的层面深入思考，疏于对原因和结果映射数据的收集、整理、挖掘和分析。比如影响供应商绩效的肯定不是绩效本身，而可能是计划排产方式、产能利用率、质量水平、人员稳定性等。要从不同维度和层次收集数据、找到规律并建立模型进行因素分析，绩效才会真正提升。

3. 供应链管理角度的审查

供应链是物流、资金流和信息流的集合，是覆盖从产品（或服务）设计、原材料采购、制造、包装到交付至客户的全过程。供应链管理是基于客户需求，以最小的成本对供应商、制造商、分销商、零售商、最终用户的整体管理。在 VUCA 年代，快速应对客户多变的需求、快速设计、快速上市、试产和量产、快速提升产能并降低库存等，都给供应链管理带来了巨大的挑战。而只有利用大数据，才能快速识别内外部客户的需求，推动流程持续优化甚至再造，从而快速实施改善方案。

2.1.2 把精益和六西格玛管理过程数据与供应链数据有效结合

1. 区分目的和手段，切勿本末倒置

精益和六西格玛是为供应链服务的工具，而供应链能为客户创造价值，实现结合的最终目的是降本增效、提升供应链的质量水平、快速响应内外部客户需求的变化等。

2. 摒弃系统模块，共建数据平台

实现数据的结合是通过将不同系统、维度的数据整合在一起，全方位监控供应链运行状况，通过大数据平台驱动整体协同，而不仅仅是职能、区域的改善和优化。

3. 精益和六西格玛为大数据赋能

精益和六西格玛作为基于流程的改善方法论，其核心工具可有效地运用到大数据的场景中，让大数据不再是数据科学家的专利，能够真正为供应链绩效提升服务。

4. 大数据要为客户和企业增值服务

如果大数据不能为客户和企业带来价值，这样的大数据就没有意义。在实施大数据战略的过程中，应努力把大数据带来的价值可视化，取得客户和企业的认同，从而良性循环。

2.2 供应链管理的各类价值数据

美国前海军陆战队司令巴罗将军曾说："业余选手满脑都是战术云云，而专业人士则对后勤殚精竭虑。"该论断与《孙子兵法》把后勤作为战争取胜关键的论述如出一辙。同理，作为汉初三杰之一的萧何，也是因为后勤保障工作的高效，被"老板"刘邦称为头号"功臣"。

巴罗将军的名言，笔者认为同样适用于供应链管理。如果把供应链管理比作战争，而大数据就是决定供应链管理这个战争胜利的后勤保障。

供应链管理需要定义各种指标、收集和分析各种数据、找出差距并制定行动计划。供应链数据分析的目的，是为了提升绩效，为客户、股东和员工创造更多的价值。

1) 在客户眼里：主要看是否增值。增值的标准是客户愿意付费。企业有没有第一次就做对很重要，如生产过程是否有效且准确地改变了物料的物理形态。

2) 在股东眼里：主要看是否必要和高效。员工培训、合规性、风险管控等不一定增值，但非常必要，是否成本最低、周转最快、最大的投资回报是衡量高效与否的要素。

3) 在员工眼里：主要看能否满足需要。企业要先满足员工的需要，才能满足客户的需要，而在满足客户的需要之后，才能满足股东的需要。

在供应链的管理过程中，有价值的大数据可分为以下几种类型。

第 2 章 大数据为供应链管理赋能思路及 PDCA 四步法

1. 商业数据

商业数据主要由市场供需关系以及竞争关系决定。仅以最常见的采购价格为例，对供应链管理有价值的商业数据包括但不限于如下这些：

1）现有供应商的报价数据、交易价格数据、历史变动数据。
2）供应商竞争对手的价格（即同质品市场价格）数据。
3）替代品的市场价格数据和供应渠道数据。
4）各类代理商和分销商的同质品和替代品价格数据。
5）所采购产品的原材料市场行情数据、重大生产工艺更新和生产效率数据。
6）应该成本数据（Should Cost，企业自身对所购买产品成本的分析数据）。
7）物料清单中的零部件市场价格数据和组件市场价格数据。
8）所有可能的外购和自制成本比较数据。
9）本企业的原材料、人工、制造、管理、销售、研发的成本数据等。

这些都是涉及"采购价格"的商业数据，对这些数据可通过各类比较分析，并根据供需变化，做出相应决策，从而实时、精确地满足企业自身的供应链战略需求。

2. 交易和流程数据

很多企业已经对业务流程实现了电子化，所有的交易和业务过程可以数字化存储，这让深入分析数据成为可能。人可能会有立场和偏见，但数据永远不会。假如企业需要提高对客户的交付绩效，可从系统中直接下载出交易流程的数据，基于价值流图 VSM，分析在以往交付过程中的每个环节所花的时间及波动，精准地找到问题点，就能有效地改善。

3. 企业经营数据

经营数据对供应链管理的价值取决于和供应链战略目标的关联程度，比如工厂的能耗数据、设备维修数据、备品备件数据、客户订单和预测数据、财务成本数据等，都对供应链管理提升有重大意义。

4. 其他可得的数据

根据企业自身情况和供应链的战略需求，还可以充分利用其他有价值数据，如：客户方面的客户数据（包括产品和行业等）、供应商方面的供应商数据、市场上较为成熟的知名品牌的电商数据、各类专业的行业报告数据、协会调研数据、相关行业的动态数据、国际贸易数据、各国进出口关税数据，等等。

2.3 供应链管理问题解决的数据思维模型

2.3.1 供应链管理的变化趋势

根据 Supply Chain Council（供应链协会）的研究，SCOR 模型（供应链运作参考模型，Supply Chain Operation Reference Model）如图 2-1 所示，我们尝试对供应链数据从 4 个方面进行划分。

1）范围（Scope）：从供应商的供应商到客户的客户。
2）流程（Process）：计划、采购、生产、交付、退返以及赋能。
3）对象（Object）：信息流、实物流和资金流。
4）目标（Target）：以较低的成本向客户提供快速和优质的服务。

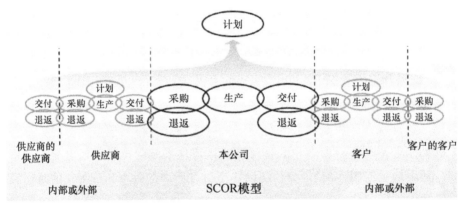

图 2-1　SCOR 模型（来源：Supply Chain Council）

近年来，随着供应链管理水平的进步以及 IT 和大数据技术的普及运用，供应链管理的实践已经发生了一些显著的变化。

1. 从线下到线上的趋势

很多供应链活动从线下移到了线上。在前端的供应制造环节，逐步向电子化转变，比如供需双方的 EDI 系统，取代了以前的打印、签字、传真或邮件、签字盖章、回传等环节，不仅降低了成本，还提高了效率，数据的闭环也形成了。

2．点对点沟通向多点的网状沟通

供需双方由原来的销售对采购的单线沟通，变为相关的职能部门高效对接。为了实现快速设计、试制、量产，通过 ESI（供应商早期参与）可大大提高效率。同样，计划人员可以通过数据平台直接实时看到客户的销售和库存状况，并迅速调整计划，满足客户不断变化的需求。

3．供应链的数据更加开放

在供应链上的不同企业都在"链主"的带动下向不同的合作伙伴开放了大量的数据，供应链管理者则可以利用大数据技术进行整理、深入分析挖掘数据，形成洞见，为整个供应链的绩效改善服务。

2.3.2　供应链问题解决的思维模型

结合供应链管理和精益、六西格玛管理工具，现提出以下解决问题的步骤。

1．定义问题

定义问题就是要搞清楚客户和管理者的期望，清楚了解现状和待改善的问题。问题的明确定义，也是衡量的标准，是评价供应链管理行动和改善绩效的参照。

2．分析原因

通过数据分析，对供应链的流程和运营因素查找。比如对客户交付不及时，原因是计划差、供应商制造时间长，还是企业自身审批时间长、制造时间过长、返工时间长等。

3．改善对策和实施

大数据分析出问题点并按照优先顺序制定相应改善对策；实施以后，再用大数据分析改善实施的效果。通过"场景还原"做比较分析。

4．持续改善：形成组织的数据素养和良性循环

通过项目的实施，有效地解决业务用户的痛点和难点，逐步形成组织内部的数据生态，让更多的人喜欢上大数据，由对人的信任逐步转换到对数据的信任，从而形成良性循环。

综合上述，供应链问题解决的思维流程如图 2-2 所示。

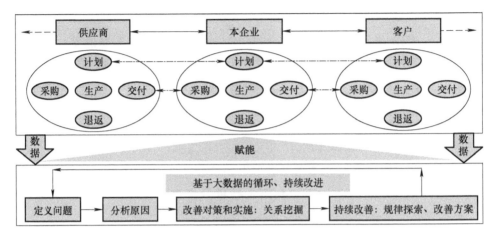

图 2-2　供应链问题解决的思维流程

按照"定义问题-分析原因-改善对策和实施：关系挖掘-持续改善：规律探索、改善方案"的步骤，依托大数据和大数据分析，赋能包括连通供应商、本企业和客户在内的全流程供应链运营。

2.4　步骤一：干系人需求识别分析与定义（P）

进行干系人需求识别分析与定义，是企业实施大数据赋能供应链管理的第一步，即 PDCA 的定义环节。具体细分步骤为：

1）识别出干系人。
2）识别干系人的大数据需求。
3）建立干系人大数据需求矩阵。

2.4.1　识别供应链管理中关键干系人：需求方-采购方-供应商

干系人（Stakeholder）也称作"相关方"或者"利益相关者"。供应链管理中的干系人是指能够影响供应链管理决策、活动或结果的个人或组织，以及受到这些影响的个人或组织。供应链管理的成败与否在很大程度上取决于干系人的需求是否被满足。

1. 供应链管理过程中干系人识别的常见问题举例

1）在产品研发阶段，研发人员没有了解产品的应用场景和客户真实需求，导致产品没有客户愿意购买；没有充分考虑供应链技术水平、生产能力而造成无法供货的局面。

2）在处理质量问题的过程中，大家会错误地认为这是质量部门的事情或者是供应商的事情，从而导致同一质量问题重复发生。

2. 供应链管理过程中干系人识别时要考虑的维度和要素

1）参与供应链流程的人：如采购员、质量工程师等。
2）批准供应链流程的人：如采购经理、质量经理等。
3）受供应链流程影响的人：供应商、财务人员等。
4）制定和解释规则的人：培训以及管理人员等。
5）对项目成本进行核算的人：财务核算专员、管理人员等。

2.4.2 大数据供应链干系人需求挖掘方法

在企业里，每个人都在服务于不同的客户，除了企业的客户外，还包括为管理我们的上游客户和服务接受者的下游客户提供服务。

1. 对"上游-主体-下游"分析

尽全力满足不同客户的不同需求，才能让自身增值，让客户满意。在供应链管理过程中，首先要挖掘与整理下游客户需求，真正做到企业所提供的，正是下游的客户所需要的。同时，还要把下游客户的需求，结合主体（即自身企业）的需求，及时反馈到上游的供应商。供应链"上游-主体-下游"需求挖掘如图2-3所示。

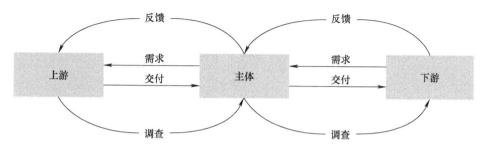

图2-3 供应链"上游-主体-下游"需求挖掘

进行下游（客户）干系人需求的挖掘时，要从"链"的角度分析优化并涵盖如下几个维度。

1）主体应如何向下游客户进行需求调查？
2）下游客户是否已经把需求表达清楚？
3）主体的交付是否满足了下游客户的要求？
4）下游客户是否及时向主体进行反馈？

以上维度同样适合主体和上游（供应商）之间，不再赘述。

2. 对客户的需求进行分类

不同的客户的立场、部门、职务的不同，可造成对需求态度的不同，以好恶和表达清晰与否为维度，可以将客户划分成 4 个象限。有的人偏厌恶且拒绝或忽略表达，有的人喜欢但无法清晰表达，有的人既喜欢也表达，期望的是多快好省。在需求识别中，一定要注意可能发生的问题和偏差，如图 2-4 卡诺模型所示。

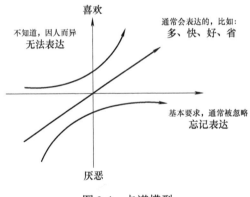

图 2-4　卡诺模型

（1）洞察基本需求

基本需求包括数据真实性、交付产品的安全性等。在挖掘需求时，不能因为是基本需求而忽略表达，从而导致上下游之间的误解，为以后的协作埋下隐患。

（2）合理线性需求

如客户希望处理速度和交付越快越好，但也要通过具体的标准表达出来。

（3）魅力需求

就是超出客户期望的交付，比如用大数据分析供应链运营，它不仅能提供绩效结果，还能进行深度的原因挖掘和分析，并能提供建议的行动方案等。

不同的阶段,对不同的客户的满足程度不同,还可以相互转化。

2.4.3 识别供应链干系人的需求

1. 需求方-采购方的博弈与大数据需求

供应链的需求方既包括企业内部客户(如生产、运营、市场、业务等部门),也包括外部客户(如上游客户甚至终端客户)。

(1)需求方对采购方的博弈诉求

包括保质保量、及时交付、较低库存等,也可能会有质量过剩需求、个性化需求等。

(2)采购方对需求方的博弈诉求

包括交付提前期充裕、需求稳定、少品种大批量、高效的计划和预测数据的协同等。

(3)需求方和采购方博弈下的协同点

包括持续运营、标准化需求满足、消除信息壁垒、协同降本和降低库存等。

(4)需求方和采购方的共同诉求转换为对大数据的需求

1)通过提升计划职能,优化计划需求的数据格式和数据本身。

2)基于历史交易数据的需求预测。

3)实现双方大数据的协同,有效地链接数据系统。

2. 采购方-供应商的博弈与大数据需求

供应商是向采购方提供产品或服务的合作伙伴,是提升企业竞争优势的重要外部资源。

(1)供应商对采购方的博弈诉求

包括需求稳定、标准化程度高、批量大、良好的合作关系、较高的利润率等。

(2)采购方对供应商的博弈诉求

包括按时供应、保质保量、降低价格、降低库存和供应风险等。

(3)采购方和供应商博弈下的协同点

包括供应商早期参与、协同降本、发展合作关系、消除信息壁垒等。

（4）采购方和供应商的共同诉求转换为对大数据的需求

1）双方数据对接，如协同对产品规格和物料清单（BOM）等数据的整合与优化。

2）市场行情、库存数据、生产制造过程数据的共享。

3）加强需求预测，协同降低供应链风险。

2.4.4　基于需求协同一体化的供应链干系人大数据需求矩阵

采购方作为供应链大数据协同中心，既要管理好需求方的需求源头，又要调控好供应商的供应源头，在物流、信息流、资金流的管控和整合过程中，务必消除数据的滞后性、差错和失真，确保信息和数据及时且对称、畅通且高效。基于大数据协同的供需一体化循环流程如图 2-5 所示。

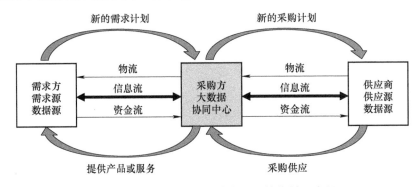

图 2-5　基于大数据协同的供需一体化循环流程

应该以大数据协同和信息流为核心，整合物流、资金流和供需一体化。需求方、采购方、供应商的基于业务整合需求的大数据需求矩阵，如表 2-1 所示。

表 2-1　基于业务整合需求的大数据需求矩阵

干系人	业务整合需求	大数据需求范围
需求方	优化计划职能	ERP、MRP 等主数据等
需求方	需求预测	销售数据，成品库存数据等
采购方	产品规格整合	BOM 规格数据等
采购方	细分需求预测	订单数据，物料库存数据等
供应商	制造和运营	MES 数据等
采购方+供应商	库存降低	入库+领用数据，呆滞库存数据等

2.5 步骤二：指标确定、数据收集与清洗、初步分析（D）

2.5.1 指标的确定

为了供需精准对接和企业内外部的协同，在做大数据收集之前，需要确定指标。供应链的指标包括先行指标、过程指标、结果指标、协同指标等。

1. 先行指标

1) 预算指标：如年度、季度、月度支出预算金额，以及拆分到每个工厂及业务单位的金额等。
2) 计划指标：如供应链降本计划指标、国内物流和国际物流的降本计划指标、年度采购降本具体的比例和金额，以及精确到每个品类的降本计划指标等。

2. 过程指标

1) 采购过程指标：采购相应需求时间、供应商开发时效、供应商交付时间、交货质量合格指标、批次数量、阶梯价格等。
2) 物流过程指标：物流供应商增减数量、各类运输方式（如海运、空运、陆运）时间、货物保险及赔偿、物流成本变动等。
3) 运营过程指标：安全库存变动数量和比率、实时缺货数量和时间、机器的维保和服务供应的成本与及时性等。

3. 结果指标

1) 降本结果指标：如采购降本达成率、物流降本达成率等。
2) 节点存量指标：如年度、季度 AVL（批准的供应商）数量，年度、月度的库存盘点数量和金额，平均库存周转天数等。
3) 其他 KPI 指标：如年度合同完整签署率、呆滞库存数量和金额、机器维修保养及时率、应付账款的付款及时率等。

4. 协同指标

1) 客户满意度指标，涉及供应链部门和计划、市场、业务部门的共同指标。

2）进料合格率指标，涉及供应链部门与生产、质量等部门共同指标。

2.5.2 数据的收集和清洗

1. 数据的收集

1）ERP 的数据：如采购订单数据、采购入库数据、实时库存数据、供应商主数据、价格主数据、实际交货期数据、付款数据等。

2）MRP 数据：如主生产计划数据、BOM 数据等。

3）公司内各系统数据：如 WMS 数据、CRM 数据、SRM 数据、MES 数据等。

4）其他外部数据：如市场行情价格走势数据、物流成本走势数据等。

2. 数据的清洗

数据清洗包括将数据导入处理工具和查验数据等手段，通常包括如下几个阶段。

（1）非需要数据字段的删除

根据实际需要，删除不必要的字段，既节约存储资源，也为数据分析带来便利。

（2）缺失值的清洗（Null 值）

统计出所有字段的数据缺失情况，然后按照重要性和缺失率两个维度做如下分析。

1）数据重要且缺失率高：使用其他数据源补全或通过计算填入，一般不删除。

2）数据重要但缺失率低：通过计算填充或通过经验值填写。

3）数据次要但缺失率高：去除字段。

4）数据次要且缺失率低：适当填写或维持现状。

（3）格式内容清洗

1）同一字段的数据的不一致。如时间日期数据，有的显示"20201231"；有的显示"Dec 31，2020"；有的显示"2020 年 12 月 31 日"等。

2）数字型、文本型数据的不一致。假如定义了付款周期的字段是数字型，如"45"（单位默认是日），则实际的记录数据不能填"发票日月结 45

天"等文本字样。

3）空格和简称等导致的数据不一致。比如供应商名字之间有一个空格，或者有的写全称"大牛有限公司"而有的只写"大牛"，实际数据分析时，系统会认为是不同的供应商。

（4）逻辑错误清洗

1）去除重复值清洗。如两条或两条以上的数据，但本质仅为一条数据的情形。

2）数据矛盾。如 SKU 的标准成本不能是 0，否则在统计降本比例时，会与"分母不能为0"的基本数学逻辑相矛盾。

（5）关联性和业务经验验证

1）代码和名称的谬误。比如出现不同的供应商的代码是一样的。

2）"多对一"和"一对多"的问题。如不同的规格却对应同一 SKU 号码。因不同规格（如桌子和椅子）价格不同，若计算降本，结果要么虚假成本降低，要么虚假成本升高。

数据清洗在整个数据分析和挖掘过程中的价值最小，但往往占据过多时间。数据清洗的实际现状与理想之间的落差，如图 2-6 数据清洗的实际现状与理想状态所示。

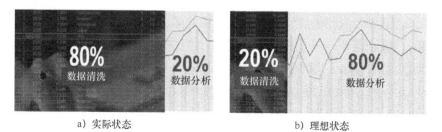

a）实际状态　　　　　　　　b）理想状态

图 2-6　数据清洗的实际现状与理想状态

2.5.3　初步分析和追踪

1. 数据与经验值的比较

数据清洗完成后，可以适当地使用手工的方式做如下初步判断。

（1）简单的排序和查询是否有"超级异常值"

这类指标通常是元数据（即描述数据的数据）导致。比如原始表格中最后一条"总计"(如总订单金额),如果该条数据在导入清洗系统的过程中没有被排除,则会出现一个"超级异常值"。

(2)与历史和经验数据的大概比较

如果一些结果数值明显与历史数据差异较大,或明显超出了业务的可能性,比如支出数据翻倍、降本比例锐减等,可能是由于元数据批量错误导致。

2. 基本指标值和绩效值的预判

对清洗后的数据,有一些不需要通过数据分析就可初步判断的情形,如:

1)是否 AVL 过多?可以通过"算术平均数"(如平均每个供应商交易额)判断。
2)是否库存数量过多?可以从期初库存与期末库存比较判断。
3)是否物流成本过高?可以通过各个工厂之间的横比,如工厂 B 的营业额只有工厂 A 的一半,但是该时段的物流成本却比 A 还高 30%。

2.6 步骤三:偏差分析与绩效评估(C)

偏差分析是一种常用的管理工具和数据分析方法。行动结果和管理目标的差距就是偏差。管理者可根据偏差大小衡量绩效达成情况,并分析引起偏差的主要原因,然后采取相应的措施并优化相应的绩效指标。

任何目标都要服务于组织发展战略,供应链的目标一定要服务于组织战略目标。供应链管理中,典型业绩指标有两类:水平指标和垂直指标。

水平指标是站在价值链的角度评估客户的需求是否被满足,以什么样的方式被满足的。比如通过向客户提供的产品的质量、成本、及时交付等数据指标体现。

垂直指标是管理者从管控的角度来评估员工的工作量、努力程度以及资源的利用程度等,比如处理订单数量、供应商开发数量、最佳实践项目数量等。

首先,在形成具体的绩效指标之前,需要考虑以下三个因素。

1)想做的:企业的战略方向及组织发展目标。
2)该做的:通过偏差分析和商业论证确定,只有完成了这些该做的事情,战略目标才能实现。
3)能做的:根据组织自身能力、发展潜力、资源情况等综合评估的目标。

第2章 大数据为供应链管理赋能思路及PDCA四步法

其次，要根据"SMART"原则来定义目标，如下：

1）S：Specific，目标必须是明确具体的，而不是含糊不清的。
2）M：Measurable，目标必须是可以衡量的，否则就不能管理和改善。
3）A：Attainable，目标是可以通过努力实现的。
4）R：Relevant，目标必须要和组织的战略目标有相关性。
5）T：Time-Based，目标必须要有明确的时间期限。

定义目标之后，启动战略部署，利用资源去完成目标，并在每个时间段和节点做持续检讨偏差并及时改善。为了确保偏差评估的有效性，供应链的管理者要做好以下数据相关事宜。

1. 数据的真实性

应该让数据说话逐步成为共识。注意当数据不真实的时候，数据比谎言更具有欺骗性。作为善用大数据的供应链管理者，看到任何数据后，要多追问几个问题，例如数据来源是什么？分析的结果有多大可信度？

2. 数据准确性

数据准确性涉及数据的定义、测量手段、处理过程、数据质量等。

例如，供应链管理者为了考核评估供应商的交付水平而统计OTD（准时交付率），如果未对OTD做明确的定义，就会导致数据不准确，下面就是基本的衍生问题：

1）准时交付标准是什么？晚交付0.5天或早交付1天算不算准时交付？
2）交付的标准是什么？如DDP明确规定卖方交货到客户工厂仓库就算交付完成。但有时仓储人员太忙，未能及时在ERP系统中做收货，这本来不是供应商责任，但数据层面却是以ERP收货入账才算交货完成，有的甚至规定IQC检验合格后才能入账。这些作业时间的偏差就会导致计算供应商OTD原数据的不准确。
3）除了货物交付，如果供应商没有及时提供相关文件，算不算准时交付？比如缺少材质证明、质检报告、送货单，甚至仅仅是标签上缺少订单号等。

供应链管理者更要注意澄清和验证数据指标的定义、数据获取与处理方法，确保各方是在对数据和指标完全相同理解的前提下进行沟通。

3. 数据的波动性和相对稳定性

供应链管理者要充分理解、评估业绩数据波动大小，并区分哪些是正常波动，哪些是异常波动。注意，如果盲目地快速采取措施，就容易过度控制，造成更大的波动。

在定义目标和收集相应的数据之后，就需要评估绩效、找出偏差、识别原因并进行改善。进行绩效评估，通常可以从以下几个维度展开。

1. 和既定的目标比

既要比较绩效和目标的差异，也要比较当初假设条件和实际发生的情况的差异。如果条件发生了较大变化，甚至是有重大的背离，就不能简单归结为执行力问题。

2. 和以往的数据比

看绩效指标的发展趋势，是变大？变小？还是没变化？以及团队期望的指标变化趋势？

3. 和竞争对手比

企业竞争力不一定体现在自身有多优秀上，而是取决于企业比竞争对手强多少。同理，供应链竞争力不是策划执行出来的，而是和竞争对手比较出来的，是相对的。

2.7 步骤四：基于数据生态链的流程再造与管理协同（A）

2.7.1 数据生态链的打造

1. 打造企业大数据生态链的铁三角

在企业内打造数据生态，首先要形成诸如图 2-7 所示的供应链大数据"铁三角"合力，即对 BI 和大数据的认同与理解，共同的愿景、目标；消除数据孤岛及数据源标准化；全员大数据生态的承诺与一致性。

2. 全员参与的企业数字驱动文化

跨部门之间可开展活动和会议，通过群策群力打造全员参与的企业数字驱动文化,也可增加相关干系人的协同和支持。供应链大数据头脑风暴场景图如图 2-8 所示。

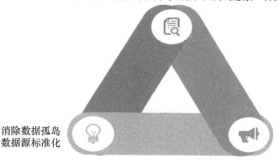

图 2-7 供应链大数据"铁三角"合力

图 2-8 供应链大数据头脑风暴场景图

2.7.2 基于供应链大数据的流程再造和管理协同

1. 破除过多的手工作业,打造流程电子化和自动化

虽然企业内部实施了各种系统,如 ERP、MRP、SRM、OA 等,但是很多企业系统之间的协同和潜在优势并没有完全发挥出来。仅以最基本的采购日常作业为例,由于财务部门的信息孤岛和设置的"付款关卡",从 PR(采购申请)的开立、批准,到 PO(采购订单)的开立、批准,OA 自动发送 PO 给供应商,供应商开发票、采购付款申请、财务部实际付款等环节,仅内部作业流程就需要 10 余天。纯粹手工作业浪费了大量的人力、物力、财力,采购日常手工作业流程和文书如图 2-9 所示。

经过"采购 E 化"项目的实行,所有的流程都可以无纸化完成,并通过系统完成数据核对检验，最终财务部就可以执行付款作业。除了节约了大量的人力工作外，内部全流程从 10 余天缩减为 3 天，且所有的工作流程都可以在系统中追踪，实现了数据的流程逻辑闭环。

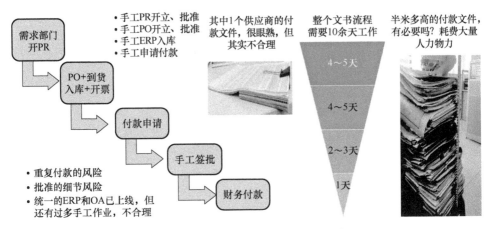

图 2-9　采购日常手工作业流程和文书

2. 打造供应链和干系人的全员大数据素养，推动管理协同

企业的管理生态系统，离不开人、职能、流程和技术。通常这四者的协同有一定的偏差和缝隙。通过构造企业大数据，能把这四者有效地结合起来。数据处在四者之间的核心，起到了纽带和桥梁作用，大数据链接人、职能、流程和技术如图 2-10 所示。

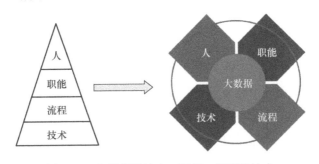

图 2-10　大数据链接人、职能、流程和技术

大数据素养包括数据意识、数据敏感性、数据获取和处理能力、创新决策能力和批判性思维等。只有当企业内部形成了良好的大数据素养之后，各种壁垒才能被打破，各管理职能才能实现端到端的高效协同，大数据才会真正成为企业的资产和生产要素，提升企业竞争力并支持企业战略的实施。

第3章 指标确定、操作和数据分析、挖掘、决策

3.1 供应链指标的操作定义

供应链也称供需链或价值链,是围绕核心企业,通过对物流、信息流、资金流的集成管理,从原材料、半成品到成品,从供应商、分销商、零售商到最终客户的整体功能的网络模式。借助互联网和大数据技术,将供应链上的业务主体的业务流程相互集成、提高效率和收益的过程就是供应链管理(SCM),如图3-1 供应链管理框架所示。

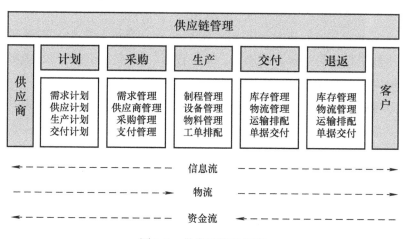

图3-1 供应链管理框架

在供应链管理过程中,需要对指标进行设定、执行、分析和反馈,使其具有可操作性。

3.1.1 供应链管理指标的设定

供应链管理指标设定要做到有章可循、结果清晰、方便理解；要结合战略目标，充分考虑内外部的协同与平衡，长期与短期指标的平衡，客户、企业、员工之间的平衡，财务指标和非财务指标之间的平衡；既要考虑重点，也要要紧扣全局；可采取自上而下、自下而上或两者相结合的模式。一般地，战略指标，宜采用自上而下模式；执行指标，宜采用自下而上的模式。供应链管理指标的设定要避免以下问题。

1）太笼统而难以执行。如"提高客户服务水平"看似一个合理的指标，但却很难定量衡量。假如把该指标定义为"客户询价反馈及时率""客户交付OTD""单证发票的正确率"等，就可以利用数据定量衡量了。

2）指标值太高而难以达到。即盲目地以理论最大值极限作为目标，而不考虑组织条件和付出的代价。如准时交付率100%，质量合格率100%等。团队成员会考虑，反正无论怎么努力，都达不到指标，不如干脆放弃努力。

3）指标值太低而没有挑战。如在市场行情平稳趋势下，年度采购成本降低指标值设定为0.2%，采购人员不需努力，该指标就可轻松达到，就失去了通过指标拉动绩效提升的效果。

4）不区分目标（Goal）和指标（Indicator），目标是方向，指标是度量，不能把目标当指标。一般地，基于目标，演绎出测量方法、数据衡量、时间限制等即成指标。

5）过度强调结果导向或过程导向。这两个极端都会给供应链的长远发展带来危害。过度的目标导向会促使员工不顾商业规则、流程约束去达成，以牺牲合规性为代价；过度强调流程导向会导致结果差、低效和内耗等问题。

3.1.2 供应链管理指标的沟通

在供应链管理过程中，指标不是目的，而是手段；不是管理的终点，而是起点。很多供应链管理者把上级要求的KPI指标，加上一定的安全系数，分解给下属，然后跟踪指标的达成情况，只为监控而监控。事实上，供应链管理者需要与团队沟通指标，并至少澄清如下两个最基本的问题。

1. 沟通指标设定的原因，回答 why（为什么）的问题

告诉供应链团队成员为什么做，比告诉他们做什么更重要，员工更能获得价值认同感，而不仅仅是盲目地冲锋陷阵。例如把供应商的付款周期从 30 天延长到 45 天的话，员工可能会误解为压榨供应商。但如果供应链管理者说明背景和原因：公司资金周转期是 60 天，一年只能做 X 万元的业务，但现在客户需求旺盛，预计公司销售额可达到 Y 万元，公司战略上需要我们供应链团队和供应商们大力支持，把应付账期延长到 45 天。这样团队成员就会把达成指标的努力和公司销售额贡献挂钩，其主动性和战略价值认同感都会显著增强。

2. 沟通指标达成的方法，回答 how（怎么做）的问题

和供应链团队成员沟通达成指标的方法选择，然后根据可行性、资源投入、未来影响等因素，列出具体的行动计划。以最常见的降本为例，可供选择的方法有：通过流程优化、消除浪费降本，与供应商协同的 VA（价值分析）、VE（价值工程）降本，提升预算和计划效率降本等。要具体问题具体分析，否则就可能走向歧路。某企业管理层 2020 年搞大跃进，要求当年供应链降本必须达到 3000 万元，结果就出现了很多"创新"方法：

1) 无条件切换到更便宜的供应商，谁便宜就向谁买；直接忽略资质能力审查、关系维持、质量保证等因素；为了达成该指标而牺牲其他重要指标、拆东墙补西墙。

2) 使用穷极谈判、过度逆向竞标、威逼利诱等零和方式，通过榨取供应商利润来完成降本指标，不仅严重破坏了供应商长期合作关系，也给企业的美誉度带来很大伤害。

为了避免以上教训，供应链管理者要根据公司的战略、发展阶段、物料品类、供需关系、现有资源等进行统一部署并制定合理行动计划，在监控结果的同时，更要关注具体任务的执行。

3.1.3 供应链管理指标的确认

指标沟通后，还需要相关人员进行确认，相当于立项。"确认"是组织与供应链部门以及供应链管理者之间签订的一个"合同"，通过正式的方式定义要达成的目标，上下同欲者胜，确保团队成员共同努力，实现组织目标。

"确认"之后，组织也就正式承诺了要提供多少资源（如预算、人力资源、软硬件等），以确保团队执行相关的任务和指标的达成；而团队或者员工也即承诺为实现组织目标要执行多少任务、付出什么样的努力来实现既定的目标。

3.1.4 供应链管理指标数据收集

指标必须可以被测量和评估。为了确保管理指标的达成，要及时地收集相关数据、评估进度、分析原因、采取改善措施。在收集数据的过程中，要注意以下几点。

1．数据类型：属性数据还是连续数据

1）属性数据：也叫计数数据，如不合格数量、开班次数、准时交付率等。
2）连续数据：也叫计量数据，如零件长度、交付周期、付款天数、采购价格等。

2．数据来源

是从什么系统中收集的什么状态的数据，时间节点是什么。

3．数据形态

任何系统都可以概括为 $Y=f(X)$，这就为收集数据提供了三种方向：
1）结果数据（Y）：既定目标的达成状况。
2）输入数据（X）：执行了什么任务，执行了什么动作。
3）流程数据（f）：影响 Y 与 X 之间关系和规律的其他数据，比如商业环境的变化等。

4．谁去收集

是管理者还是执行者收集数据；是否系统自动收集、存储、初步分析和发送等。

5．收集频率

根据实际需求和可行性确定收集的频率，比如：年度、季度、月度、周、日、小时、实时等。

供应链管理者要根据数据重要程度、价值、工作量、收集成本等，统一策划，对不同管理指标进行分层、差异化管理，不同的指标宜采取不同的数据收集方法。

3.1.5 供应链管理数据的分析

数据可以说话，也可以说谎。供应链管理者必须对数据的分析方法、操作规范进行定义。如图 3-2 供应链管理指标数据的不同分析情形所示。

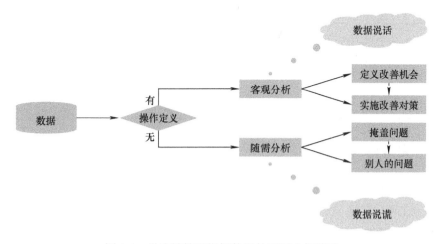

图 3-2 供应链管理指标数据的不同分析情形

只有明确了操作规范，才能真正从客户需求和客观事实出发，基于既定的战略指标，分析差距、根本原因并采取改善对策，使业绩水平达到管理战略要求。客观分析要关注如下方面：

1）数据的处理及汇总方式，包括检查数据的准确性、数据是否稳定、对异常值的处理等。其中若有异常值，需要确认是测量错误、录入错误还是流程发生了异常。
2）数据的呈现方式，包括呈现的频率、技巧、报告颗粒度、明确接收对象等。对供应链指标的数据分析进行明确的操作规范定义，也是实现标准化和自动化的条件。

3.2 指标的节点定义和数据获取

供应链管理指标共有以下五类一级指标，如表 3-1 所示。
接下来，以前 4 个指标分析指标定义和数据获取。

表 3-1 供应链管理的一级指标

属　　性	一级指标
可靠性	完美订单执行率
响应	订单完成周期
敏捷	上游供应链适应性
	下游供应链适应性
	风险价值
成本	合计供应链管理成本
	销货成本
资产管理效率	现金到现金周期时间
	固定资产回报率
	流动资金回报率

3.2.1 完美订单执行率

完美订单是指订单被按时、保质、保量地履行。完美订单执行率公式：完美订单执行率=（完美订单数）/（所有订单数）×100%。

1）订单上所有的项次都完成交付。
2）订单上所有的数量都完成交付，数量超过或数量缺少的交付（溢短交）不属于完美订单。
3）交付日期要和最初承诺的交付日期相适应。
4）相关文件要按时交付，如材质报告、装箱单、提货单以及发票等。
5）完美的状态，如没有破损、满足规格、在保质期内等。
6）准时交付的时间区间，如采用（-2，0）的标准，即提前 2 天以内但不延迟。

完美订单执行率的考核不仅涉及采购数据，还需要各个部门开放系统相关字段，供应链管理者可以利用大数据相关技术进行自动获取、分析与统计。

3.2.2 订单完成周期

订单完成周期是从客户订单下达到完成交付的总体时间，计算公式如下：
订单完成周期=（所有订单交付时间总计）/（所有订单数量）×天数
订单完成周期的时间构成如表 3-2 所示。
根据业务模式，如 MTS 面向库存制造、MTO 面向订单制造、ATO 面向订单装配、ETO 面向订单设计等，计算逻辑会有所差异。

表 3-2 订单完成周期的时间构成

周期时间	周期时间构成	数据来源
寻源周期时间	• 识别供应商的周期时间 • 供应商选择周期时间 • 供应商谈判周期时间	• SRM 系统 • ERP 系统 • MRP 系统
制造周期时间	• 生产排产活动周期时间 • 发料周期时间 • 生产周期时间 • 测试周期时间	• ERP 系统 • MES 系统 • QM 系统 • CRM 系统
交付周期时间	• 产品包装周期时间 • 装车周期时间 • 相关文件制作周期时间 • 产品运输周期时间 • 产品收货和确认周期时间	• TMS 运输系统 • SRM 系统 • CRM 系统 • WMS 系统 • OA 系统

3.2.3 上游供应链适应性

上游供应链适应性是指在一定期限（如 30 天）内交付数量可增加的百分比，其影响维度和因素如表 3-3 所示。

表 3-3 上游供应链适应性的影响维度和因素

维度	寻源	制造	发运
需求	• 物料采购量 • 寻源需求量	• 增加的制造需求量	• 需要增加的发运产能
人员	• 员工的采购量 • 利用率低的员工	• 直接员工的可得性 • 一线员工的的比例	• 直接人工的可用性 • 物流人员比例
资金/场地	• 银行授信 • 手头现金	• 厂房和空间 • 生产、测试设备 • 物料搬运设备 • 银行授信 • 财务制度与流程	• 当前内部产能利用率 • 当前资金可得性 • 30 天内资金增量 • 30 天内设备增量 • 外包和租赁
物料	• 库存状况 • 当前合同状况 • 大宗商品货源	• 原材料库存 • 在制品库存 • 产成品库存	• 可以接收和发运的成品库存数量
周期时间	• 紧急开发新供应商的时间	• 产能增加到既定水平时的制造周期时间	• 物流订单处理周期 • 运输时间

同时还要考虑退运的能力，由于退运不可避免，可以参考发运的相关内容考虑退运的因素，然后识别关键因素，进行有效的管理。

3.2.4 下游供应链适应性

下游供应链适应性是指在一定的期限（如 30 天）内可以减少发运的数量，且没有库存或处罚。

这里的 30 天也是一个建议的值，不同的行业，甚至同一行业的不同企业由于竞争战略不同，天数都会有差异，细节分析可参考上表 3-3。

3.3 供应链大数据处理层级概述和数据分析技术

3.3.1 供应链大数据处理层级概述

供应链大数据处理的目的是更好地理解数据，并根据数据分析、挖掘，进行预测和决策，包括进行大数据采集、预处理、存储及管理、分析及挖掘、展现和应用等。其中大数据的展现和应用又包括大数据检索、可视化、深入应用、安全监控等。供应链大数据处理层级体系框架如图 3-3 所示。

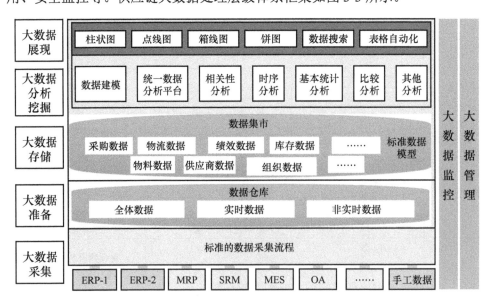

图 3-3 供应链大数据处理层级体系框架

根据供应链大数据处理层级体系框架，层级由低到高包括如下：

1) 最基层是大数据采集层。如企业 ERP 数据、MRP 数据、SRM 数据、OA 数据、内部管理数据、企业日志、外部数据、其他数据等。
2) 第二层是大数据准备层。即对数据源按照标准的统计口径和指标对数据进行 ETL 过程，即数据的抽取、清洗、转化、装载。
3) 第三层是大数据存储层。数据流入数据仓库后，整合和存储为品类的数据集市，如采购数据、供应商数据、物流数据、物料数据、绩效数据、组织数据等。
4) 第四层是大数据挖掘层。按照业务需求，进行数据建模、平台分析，如相关性分析、时序分析、比较分析等。
5) 第五层是大数据展现层，对不同的用户开放不同的数据角色和权限，用自动化数据面板、报表自动化等驱动业务。该层通过用户的账号和权限设定予以完成。

3.3.2 供应链大数据分析技术

1. 大数据分析的一般步骤

1) 供应链业务端（各类内部客户、外部客户）提出问题或痛点。
2) 理解数据：数据采集、数据导入、数据集合。
3) 数据清洗：格式处理、缺失值处理、数据类型转换、数据排序、异常值处理、重复值处理，数据类型、数据归类、时间序列、数据映射等。
4) 构建模型：测试数据集、学习算法、评估准确度、模型预测。
5) 模型的评价、优化等。
6) 数据可视化等。

2. 大数据分析的知识储备、方法和基本技术

1) 统计学知识储备：常规统计、数据分布（离散或连续）、假设检验（如参数检验、正态检验、拟合优度检验等）、方差分析、偏差分析、因素分析、关联度分析、参数估算方法、矩阵运算、特征向量、回归分析（一元回归、多元回归）、时间序列（平滑预测、趋势预测、季节性预测等）。遗憾的是，很多供应链管理者并不具备这些最基本的统计学知识。

2）软件语言工具：如 Excel、SAS、Matlab 及 SPSS 等商业软件。

3）R 语言：数据预处理、设计函数、可视化、学习等。

4）Python：数据预处理、数据分析、算法结构、可视化、爬虫和自然语言处理等。

5）SQL：语法顺序、执行顺序、Hive 调优、Hadoop 原理和经验等。

6）机器学习：决策树、神经网络、支持向量机、贝叶斯、聚类、遗传算法。

7）算法原理：分类、回归、关联度分析、聚类、集成学习、其他模型选择和评估等。

8）分析体系：常用指标、分析框架、数据逻辑映射。

9）分析方法：对比分析、分组分析、矩阵关联分析、逻辑树分析、漏斗分析等。

10）数据分析报告或分析面板。

仅以最常见的 Excel 为例，它就有很多数据分析、面板呈现等功能，举例如下。

1）数据清洗：trim、concatenate、&、left、right、mid、replace、substitute。

2）关联匹配类：vlookup、$、hlookup、index、match、rank……

3）逻辑运算类：if、and、or。

4）计算统计类：Count、countif、sum、sumif、sumproduct、average、Subtotal……

5）时间序列类：year、month、day、weekday、weeknum、Datedif……

6）Excel 透视表：

- 插入-数据透视表、字段、行标签、列标签、值标签、筛选。
- 报表布局、更改计算方式、套用样式、隐藏和显示汇总项、合并单元格、透视表-选项、排序、数据源更新、切片器使用、计算字段插入、删除表。

7）Excel 可视化图表：

- 静态图：柱形图、条形图、折线图、面积图、饼图、圆环图、散点图、气泡图、组合图、漏斗图、雷达图、直方图、列联表、箱线图、绘制地图。

第3章 指标确定、操作和数据分析、挖掘、决策

- 动态图：单选控件动态作图、滚动条动态作图、多选控件动态作图、组合框控件动态作图、双控件组合动态作图等。

3. 大数据处理技术举例

一些大数据处理及应用的难度较高，需要利用特定的技术工具。本书的重点不是从技术层面去研讨大数据，此处仅以 Hadoop 为例概述。

Hadoop 可以在整个集群使用简单编程模型计算机的分布式环境存储并凭此处理大数据。它类似于一个数据生态圈，不同的模块各司其职。Hadoop 生态图如图 3-4 所示。

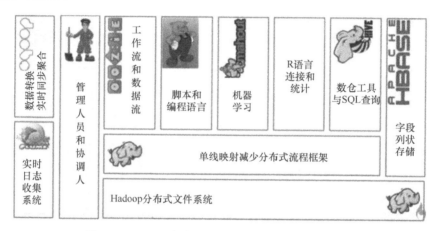

图 3-4 Hadoop 生态图（资料来源：Hadoop 官网）

Hadoop 的商标是一只灵活的大象。大象是庞然大物，生动地比喻大数据，但 Hadoop 可以让大数据变得灵活。从图上可以看出，Hadoop 的核心是 HDFS、YARN 和 Map Reduce，包括的模块和功能简要描述如下。

1）HDFS（分布式文件存储系统）。

2）Map Reduce（分布式计算框架）。

3）YARN（资源调度器）。

4）HBASE（分布式数据库）。

5）HIVE（数据仓库）。

6）Spark（大数据计算引擎）。

7）Mahout（机器学习挖掘）。

8）Sqoop、Zookeeper、Chukwa 等其他多种模块。

大数据的处理技术还有很多，有兴趣的读者可以自行学习。

3.4 大数据挖掘的方法与技术概述

3.4.1 大数据挖掘的过程和需求突破

1. 大数据挖掘的过程

大数据挖掘的主要过程是：基于数据挖掘目标，提取数据后，经过 ETL（数据抽取、清洗、转化、装载）组合成适合分析挖掘的算法，或利用数据挖掘软件进行挖掘。

有些大数据挖掘的计算复杂度很高，涉及大量衍生变量计算和复杂的数据预处理计算。比如 AI（人工智能）学习算法，就是通过迭代计算来获取更全面、更深入的结果。

2. 大数据挖掘的需求突破

业务需求不停地迭代，仅从挖掘任务和挖掘方法的角度，需要突破如下。
1) 可视化分析。如采用面板让数据说话，让用户直观地感受到结果。
2) 大数据挖掘算法。如通过数据分割、集群、孤立点分析、各类算法提炼数据、挖掘价值。这些算法既要适合大量的数据，也要具备较快的处理速度。
3) 预测分析。如根据大数据挖掘的结果和可视化面板做出一些前瞻性判断。
4) 大数据质量管理。通过标准化流程和系统分析相关数据的质量状况。

3.4.2 大数据挖掘的理论方法

大数据挖掘就是从大量的、不干净的、不齐全的、模糊的、有干扰的、随机的数据中，提取隐含的有价值信息的过程。它的效率和效果取决于机器学习的理论方法和数据库技术等，如图 3-5 大数据挖掘的两大支柱所示。其中机器学习方法包括归纳学习法、范例学习法、遗传算法等；数据库技术包括数据库系统、SQL 语言、访问技术等。

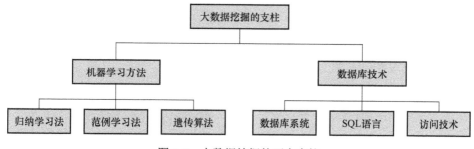

图 3-5　大数据挖掘的两大支柱

一般地，大数据挖掘的分类如下。

1）根据挖掘任务可分为数据总结、聚类、关联规则、序列模式挖掘，数据模型（如分类模型、预测模型、依赖模型等）挖掘，异常和趋势挖掘等。

2）根据挖掘对象可分为数据库（如关系数据库、面向对象数据库、多媒体数据库、时态数据库、异质数据库、空间数据库等）挖掘、文本数据源挖掘、网页挖掘等。

3）根据挖掘方法可分为统计方法挖掘、机器学习方法挖掘、神经网络方法挖掘等。

3.4.3　数据挖掘的特征和技术

1. 数据挖掘的特征

1）计算过程复杂，一般是由多个步骤组成计算流和数据交换、产生大量中间结果。

2）计算也可灵活，可利用高级语言编程实现。

数据挖掘的任务是从数据集中发现模式，包括描述性模式与预测性模式。根据模式的作用可再细分为总结、分类、相关性分析、时间序列、估值、预测和可视化等。

2. 数据挖掘的技术

（1）内涵描述

内涵描述是指汇总概括数据对象的相关特征，分为总结描述（对象总体特征）、共性描述（对象的共性特征）和区别描述（不同类对象之间的区别特征）等。

(2) 统计假设

统计假设是基于数据集合假设一个分布或概率模型（如正态分布），然后再采用对应的方法进行挖掘。

(3) 关联函数分析

若变量之间的值存在某种规律性，称为数据关联，如因果关联、时间序列关联等。根据关联特征编写、设计出关联函数，并分析可信度或置信区间的过程即关联函数分析。

(4) 分类呈现

对数据集合进行分类，每个分类是一组数据对象的子集合。同一组中，其数据对象相同，与其他组的数据对象不同。分类呈现就是对不同组的数据对象的分析并呈现结果。

(5) 回归分析

回归分析包括一元回归、多元回归和非线性回归。一元回归是直线建模，多元回归是使用多个预测变量的建模，非线性回归是使用分段回归法、迭代最小二乘法等建模。

(6) 基于经验分析

基于经验分析是利用经验数据对新数据进行分类和估值，并对偏差进行分析的方法。

(7) 决策树算法

决策树算法是指对数据处理后，归纳出不同的可行规则，并对不同的规则逐一分析。

(8) 次优模型分析

次优模型分析是指当完美的模型分析无法实现，转而寻求相对不完美的模型分析方法。次优模型的结果如果是条件可行，次优模型分析方法就是一个好的数据挖掘方法。

(9) 神经网络算法

神经网络包括输入层、隐含层和输出层。神经网络算法的优点是对干扰数据有较好的适应能力，并对未知数据具有较好的预测能力。

(10) 遗传算法

遗传算法是基于当前的数据构建假设集，并由这些假设集随机产生新数据，然后对假设集进行迭代更新，直至找到最优假设。

除了上述的大数据挖掘技术外,还有粗糙集、模糊集等。数据挖掘技术不仅对数据转化为资产十分必要,还推动了诸多学科或技术(如统计学、数据库、人工智能、可视化、机器学习等)的发展,并且通过与其他学科或技术交叉、融合,数据挖掘的技术也不断得到迭代和优化,必然为企业带来更大收益和数据资产的增值。

3.5 构建数据生态链现状与愿景

3.5.1 热门技术与大数据

大数据生态链的基础是大数据产业链,按照数据采集、数据存储、数据分析和数据应用来划分产业分工。大数据产业链的参与者很多,不同环节对于参与者的要求各有异同。

大数据产业链的基础是技术解决方案,包括大数据平台和大数据应用。不同行业和企业对大数据需求不同,不断地驱动大数据平台的研发、拓展大数据应用的广阔前景。

近年来,人工智能、大数据、区块链、云计算、物联网等技术日新月异、如火如荼。大数据是其他技术实现的基础和引擎,其他技术也推动了大数据技术和应用的进步,它们之间是彼此交融、相辅相成的关系,如图 3-6 所示为大数据和部分新兴技术的关系。

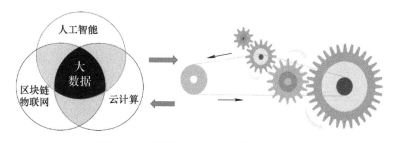

图 3-6 大数据和部分新兴技术的关系

大数据平台是大数据生态链的基石,往往是基于云计算平台打造的。企业若要充分融入工业互联网,也通常以搭建云系统开始。大数据和"云计算""人工智能""区块链""物联网"等新技术融合,是企业数字化进程的必然结果,并不断地推动大数据平台技术和大数据应用技术的进步,让越来越多的企业获得大数据资产所带来的价值和收益,根据 Gartner 的调研,大数据分析在过去 10 年位列全球投资最高优先级,如图 3-7 企业大数据落地状态调研结果所示。

图 3-7　企业大数据落地状态调研结果(数据来源:Gartner 年报)

3.5.2　前景广阔的大数据生态

早在 2017 年,Matt Turck 根据对 913 家企业和数据产品调研状况,发布了大数据产业应用领域图谱,具体分布如图 3-8 所示。

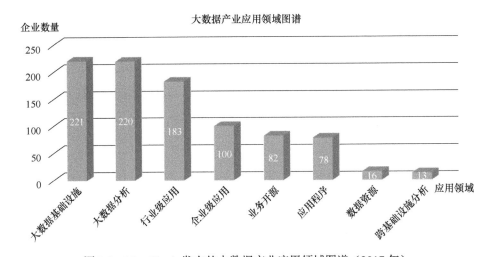

图 3-8　Matt Turck 发布的大数据产业应用领域图谱(2017 年)

根据该图谱,大数据生态包括大数据基础设施、大数据分析、行业和企业级应用、业务开源、应用程序、数据资源、跨基础设施分析等。大数据生态包括如下两个要素。

1. 大数据的交换或交易

大数据是重要的生产要素、互联网经济的新"石油"。企业的大数据包括自身数据、与外部交换甚至购买的数据等。大数据必须不断地流动、整合、映射，才能使大数据生态发挥出更大的价值和延伸效用。

2．大数据的算法生态

算法的本质就是代码和编程，它是大数据的核心价值，一个代码就能有针对性地解决一个或多个技术难题。Gartner 分析认为：算法经济将发展出一个全球性的交易市场，基于几何级增长的数据，市场将创造出更优的模型和客户体验，必将使数据存储和数据算法的成本不断降低。不久的将来，数以亿万的算法都可以在市场上实现交易。

3.5.3 企业大数据实施瓶颈分析

企业大数据落地有诸多障碍，如数据基础差、技术成熟度不足、对数据生态认知低等。企业若缺乏良好的数据组织能力，而盲目地高价购买数据处理技术、系统或数据挖掘算法工具等，往往很难有效充分利用这些技术和工具。知己知彼，方可百战不殆，企业首先要了解自身的数据状态。

脱离业务需求的"唯数据论"或"唯技术论"均是极端。很多企业在大数据领域耗费巨资却还停留在初级阶段，就是因为数据的业务价值没有真正发挥，数据作为生产要素的作用没有体现出来，难以形成良性发展循环的数据生态。

标准化的大数据产品（如流行的系统和工具）和企业个性化需求之间，无法完全"对号入座"，大数据和应用技术常常无法被充分利用。对于数据服务提供者们，更不要幻想"一招吃遍天下鲜"。在帮助客户企业构建数据平台和提升数据应用能力时，一定要针对业务和运营的具体问题提供数据驱动的解决方案，从而真正实现大数据的潜能和价值。

案例1：某重工企业的长久性大数据生态之路

某重工企业是高新技术企业，从 2008 年开始，该企业就着手基础信息化建设，并有远见地定下了从可视化工厂、数字化工厂到智能化工厂的目标。其打造大数据生态的流程和时间节点长达 10 多年之久，绝非一日之功，如图 3-9 所示。

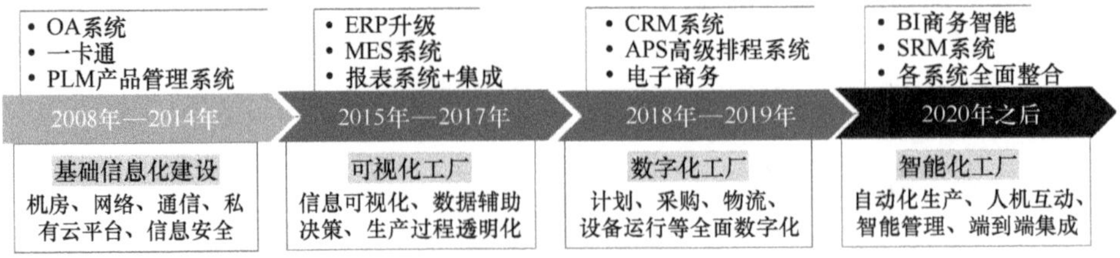

• OA系统
• 一卡通
• PLM产品管理系统
2008年—2014年
基础信息化建设
机房、网络、通信、私有云平台、信息安全
• ERP升级
• MES系统
• 报表系统+集成
2015年—2017年
可视化工厂
信息可视化、数据辅助决策、生产过程透明化
• CRM系统
• APS高级排程系统
• 电子商务
2018年—2019年
数字化工厂
计划、采购、物流、设备运行等全面数字化
• BI商务智能
• SRM系统
• 各系统全面整合
2020年之后
智能化工厂
自动化生产、人机互动、智能管理、端到端集成

图 3-9　某重工的大数据生态打造流程和时间节点

该企业从网络通信、服务器虚拟化等着手，搭建了超融合化平台，包括计算存储、大数据资源，利用 OA 系统驱动流程、客户、资产等管理，并与 ERP、MES、一卡通等系统做高度集成。PLM 系统建立了从客户需求驱动的项目研发、产品设计、工艺开发等流程自动化，以适应产品的个性化设计，缩短开发周期。利用 MES 系统构建完整的生产计划和生产工单发布体系。通过大数据系统的协助，制定合理可行的供应链交付计划。建设全覆盖的生产数据采集系统，与生产工单系统无缝对接，有效跟踪和快速调整。所有系统与业务紧密结合，且端到端打通数据流，实现了管理可视化，并支持有理有据的决策。

【案例点评】

该企业的成功大数据经验可以有百余条，但数据质量和口径统一是重要因素之一，实现方法包括数据源头控制、以终为始的闭环架构、系统端到端协同、流程规范保驾护航等。

案例 2：某集团企业的数据驱动“六部曲”

国内某大型集团企业致力于数据驱动，如图 3-10 其数据驱动六部曲所示。

1
2
3
4
5
6
客户为决策中心
改善业务流程
客户互动、战略以数据为导向
打造数据生态系统
数据驱动长期业务计划
大数据资产化

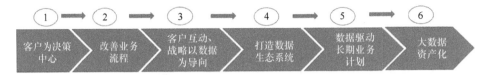

图 3-10　某大型集团企业的数据驱动六部曲

该集团在打造数据驱动的过程中，重点提出和解决了如下问题。

1）业务决策：数据驱动的业务决策需要什么数据？重点关注哪些客户评价指标？

2）客户数据：全面的客户数据从哪里来？如何打通端到端的数据协同？

3）数据管理：如何定义与管理可信的数据？

4）数据架构：数据如何存储、流转、排序、整合、使用？

5）管理方式：团队管理、工作流是否可以支撑数据策略？

6）数据资产化：如何发现并攫取潜在的数据价值？如何管理数据资产？

【案例点评】

该集团重视收集客户交易等数据，这些数据资产对于实现集团数字化营销和精准营销的闭环价值巨大。用好数据资产，才能真正实施好"以客户为中心"的竞争战略，打造出更大的竞争优势。

第 4 章

基于数据决策的绩效评估

4.1 供应链管理过程中的绩效指标

4.1.1 由三个场景看供应链绩效管理的常见问题

场景一：错把绩效管理当成绩效考核

某企业的产品价值较高，原材料也很昂贵，由于新产品工艺不稳定，报废较多，每月给工厂造成了上百万元的损失。厂长看到数据后，立即要求质量经理联合采购经理和生产经理，将这类产品的报废率逐月降低 5%，并与各个部门的奖金挂钩。但遗憾的是，运行一个月下来发现报废率不仅没有降 5%，反而还升高了 3%。厂长大发雷霆，相关的生产、质量、工艺、采购等团队奖金全部扣除。但结果是周而复始，报废的控制并没有得到实质改善。

绩效考核是运用特定的标准和指标，对员工工作行为和业绩进程评估，包括考核目标、考核标准、考核时间、考核结果。绩效考核的重点在绩效而不是考核。本场景中该厂长完全忽视了工厂的绩效管理设计，用绩效考核代替绩效管理，绩效管理变成了周期性的 KPI 打分，不仅不能对业务的提升产生正向的激励作用，反而导致组织运营效率下降。

场景二：绩效指标不科学，管理精细度差

某企业年营收超十亿元，每天采购进货、成品发货数千箱产品。两个大仓库根本堆不下，于是把大楼之间的空地也搭上凉棚，当成临时仓库。员工整天忙着出货，库存 ERP 账物严重不符，MRP 也就不能正常运转。库存很多，但生产线上急需的物料却经常断料，供应商整天都在赶工加急，但客户经常投诉成品交货不及时。该企业名义上有"库存水平"和"准时交货率"的绩效指标，但指标很粗放，且考核仅凭领导们的主观印象打分。

以该案例来说，至少要澄清如下问题：ERP 和 MRP 为何形同虚设？库存数据为何不准？"库存水平"和"准时交货率"指标的衡量方法和各因素权重是多少？如果这些最基本的问题都不清楚，该企业设置再多的绩效指标也都毫无用处，不能对经营起到积极作用。

场景三：绩效管理不聚焦、互动更新不足、无视指标矛盾

某企业的供应链的月度绩效目标竟然有 16 条。从计划的达成要求，到成本控制，再到供应商数量、库存 JIT 和办公室 5S 指标等不一而足，但每条指标的具体要求缺失，且业务过程数据收集严重不足或精细度不够，根本不清楚目前水平、短板和改善方向。某月采购成本降低绩效很好，结果第二个月反弹，后来才知道因为某个物料计算错误导致，而不是团队努力的结果。更啼笑皆非的是，质量部对来料检验的不良报告单数量作为指标考核。而供应商来料的质量合格率是采购的绩效。绩效之间互相冲突，搞得部门团队之间很不痛快。

通过上述三个场景可以看出，把供应链的绩效管理当作系统工程，以客观数据为基础，并与企业的战略目标、经营规划、协同互动密切相关，才能让绩效管理真正发挥作用，提高供应链的协同效率和绩效水平。

4.1.2 基于数据的绩效指标

李瑞在《图画绩效管理》一书中提出组织绩效和个人绩效的融合，其中组织绩效涉及战略、组织和资源，而个人绩效涉及应做、会做和想做，如图 4-1 所示。

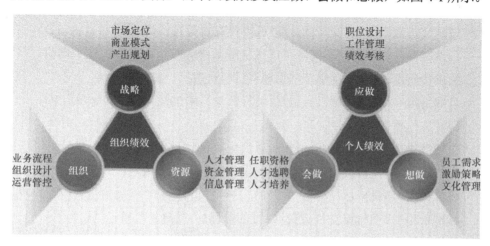

图 4-1 组织绩效与个人绩效

就供应链绩效管理而言，也应当将供应链组织（部门）绩效与个人绩效有效地结合，通过具体的绩效指标分析，不断地优化和提升整体供应链绩效水平。供应链绩效指标包括采购和供应商管理绩效指标、库存和运营绩效指标、物流绩效指标及其他绩效指标等，如图4-2供应链绩效指标架构所示。

图4-2　供应链绩效指标架构

根据该供应链绩效指标架构，将供应链绩效指标分解如下。

1. 采购和供应商管理绩效指标

（1）产品质量指标

质量合格率（P）=（合格批次/进货批次）×100%

退货率=（退货批次/总批次）×100%

（2）交货期指标

交货准时率=准时交货的批次（或数量）/总交货的批次（或数量）×100%

（3）交货量指标

按时交货量率=按时交货的数量/总需要交货数量×100%

如果每期的交货量率不同，可以按交货数量为权重来计算加权平均值。

总供货满足率=（满足供货的数量/总供货数量）×100%

总缺货率=（缺货供货的数量/总供货数量）×100%=1−总供货满足率

（4）工作质量

交货差错率=（错误交货的数量/总供货数量）×100%

交货破损率=（破损交货的数量/总供货数量）×100%

（5）价格和降价

标准价格=（上年度交货数量×每批的价格）/总交货数量

价格PPV（采购价格变化）=标准价格−现在采购价格

成本降低= PPV ×采购数量

2. 库存和运营绩效指标

1）月平均库存量=（月初库存量+月末库存量）/2，或

月平均库存量=（各月平均库存量之和）/12

现有存货水平=现货存储量+在途库存量−延迟入库量

2）库存周转期=12/一年内存货周转次数，或

库存周转期=360/一年内存货周转次数

3）平均保管周期=计划期天数/计划期物资周转次数

物资周转次数=计划期内物资出库数量/同期物资平均库存量

4）仓库面积利用率=仓库的有效堆放面积/仓库总面积×100%

5）物资周转次数=全年物资消耗总量/全年物资平均库存量（次/年）

物资周转天数=360/物资年周转次数（天/次）

物资周转天数=（全年物资平均存储量×360）/全年物资消耗总量（天/次），或

物资周转次数=全年物资平均存储量/物资平均日消耗量（次/年）

6）账货相符率=账货相符笔数/存储货物总笔数×100%，或

账货相符率=账货相符件数（重量）/期内存储总件数（重量）×100%

7）流动资金周转次数=年库存业务总收入/年流动资金平均占用额（次/年）

流动资金周转天数=360/流动资金周转次数（天/次），或

流动资金周转天数=全年流动资金平均占用量×360/全年库存业务总收入（天/次）

收入利润率=利润总额/库存营业收入总额×100%

3. 物流绩效指标

1）单位销售额物流成本率=物流成本/销售额×100%

2）单位营业费用物流成本率=物流成本/（销售额+一般管理费用）×100%

3）物流职能成本率=物流职能成本/物流总成本×100%，注：该指标可以明确包装费、运输费、报关费、保管费、装卸费、流通加工费、信息流通费、物流管理费等各项物流职能成本占物流总成本的比率

4）装载率=实际装载量/标准装载量×100%

5）单位运量运费=运输费/运输总量

6）装卸效率=标准装卸作业人次数/实际装载作业人次数×100%

7）物流信息处理率=物流信息处理数量/标准物流信息处理数量×100%

当然不同的企业，尤其是大型企业，对供应链的绩效指标还有其他更高要求，考虑指标的一般性和普遍性，此处不再予以展开说明。

4.2 基于数据决策的绩效评估的指标和分析步骤

4.2.1 绩效的数据指标关联

要让数据驱动的绩效评估系统真正发挥作用，要注意以下四个方面的内容。

1．绩效的数据指标与战略的关联

数据驱动的绩效评估是加强经营管理的一个工具，旨在切实了解现状、发现差距并进行有效的改善，以达到或者超过既定的目标。测量绩效的数据指标要与组织的发展战略相一致。

2．绩效的数据指标与结果管理

要将绩效指标进行分解，然后对每个指标进行有效的监控。比如评估准时交付率指标，既要评估所有客户的交付情况，还要了解不同客户、不同品类产品的按时交付情况之间的差异。相同的逻辑也适用于对供应商的准时交货率的评估分析。把结果指标按照一定标准贴上标签，并按一定的维度进行分类，可以更细致、更准确地了解供应链绩效现状。

3．结果指标与过程指标的管理

就像不能仅靠称体重来实现减肥的目标一样，供应链绩效管理也不能仅靠监控结果指标来实现绩效的提升，还需要设置合理的过程指标，过程指标用来监控和分析执行情况。发现有大的波动时，则需要深入分析具体原因，及时补救以及实施后续预防措施等。

4．汇总型绩效指标与细节指标的关联

在分析过程中，慎用求和、比率等汇总型数据，因为这些数据会损失大量信息，容易误导决策者。例如，供应商的质量水平虽然可以用百分比衡量，但个体数据仍可作为细节决策的参照。若甲乙两个供应商，甲交付了 200 件，有

20 件不良；乙交付了 2000 件，有 200 件不良，合格率都是 90%，但合格率的置信区间差别很大。而不良判定的依据是尺寸超规，产品要求规格尺寸是 10±0.1 毫米，甲的实际尺寸是 9.85～11.12 毫米；而乙的实际尺寸是 9.89～10.11 毫米范围，虽然不良率相同，但两者的过程能力却差别很大。如果没有其他更优质量的供应商可选，供应链团队显然要优先与乙供应商实施质量改善的协同合作。

4.2.2 绩效的数据分析步骤

1. 看分布

看分布除了可以看到所有个体数据之外，还能看到数据间的相互关系，有没有太偏离它"应该的"的分布。以供应商质量尺寸的测量为例，理论上应该是正态分布，而实际上却不是正态分布时，作为供应链管理者都要认真研究，努力去发现问题线索。

1）如果是平顶型的数据分布，有可能是供应商测量系统的精度不够，不能分辨出零件与零件之间的差异，则需要做详细的 MSA（测量协同分析）。

2）如果是孤岛型数据分布，有可能是不同的机台、不同的班次、不同的设置，甚至不同的原材料引起的差异导致。

3）如果分布偏斜，需要继续详细分析产生极端值的原因，一般推断由于操作不当，控制不严引起的或者是其他原因导致。

显然对供应商的质量绩效评估，不只是评价一个平均值或者百分比，这是供应链管理者应重视的细节。

2. 看稳定、离散的趋势

所谓稳定，主要是看绩效指标随时间变化的趋势。只有相对稳定的趋势，绩效指标才可管理与预测。因此，在收集数据的过程中，数据至少要附带上时间的标签。

供应链管理者期望绩效指标稳定，不要有太大的变化。可将数据放在时间轴上，先看发展趋势，再看波动大小，并分析变化的幅度能否被行为充分地解释等。离散趋势和分布示例如图 4-3 所示。

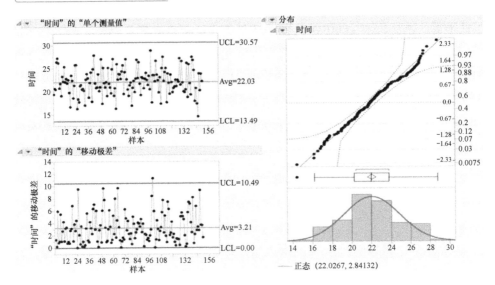

图 4-3 离散趋势和分布示例

3. 看能力水平

对于能力水平，除了要看合格率之外，也要看波动的大小，即标准差。绩效不可能一成不变，都会有些波动，除了要关注平均绩效，还要关注波动性：是在高位运行，还是在低位运行，或是忽高忽低极其不稳定。

类似地，在六西格玛管理中，就是用统计的方法构建流程的整体波动，如用±3σ来表示整体的波动范围，则包括 99.73%的数据。然后用真实波动范围和管理要求或客户规格进行比较，就可以得到实际的能力水平。

4. 看关系或规律

利用大数据分析和探索自身努力以及外界条件的变化，是否影响以及如何影响绩效指标。结果指标和过程指标要成对进行收集，或一个结果指标有多个过程指标映射，这样才能分析它们之间的关系与影响。

一旦通过大数据找到了相互的影响或规律之后，就能知道偏差产生的原因，然后有针对性地采取改善措施，促成绩效完成或改进。这样才能形成 PDCA 闭环，打造企业利用大数据持续改善的生态系统。

5. 充分利用绩效数据的分析方法做可视化

基于绩效分析目的不同，如分布分析、稳定性分析、正态性检验、流程能力分析、关系分析、规律分析、优化分析等，可采用各自不同的分析方法，如

图 4-4 绩效数据分析方法与工具所示。

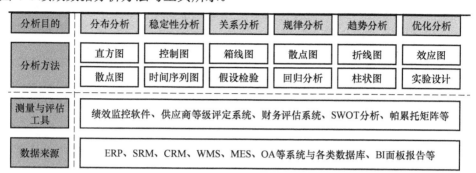

图 4-4　绩效数据分析方法与工具

企业要实施基于数据的供应链绩效评估系统，还需要做好以下几个方面的工作。

1）管理者应倡导数据说话、科学管理，并率先示范，落实到日常管理中，实现从"对人的信任"逐步过渡到"对数据的信任"的管理文化。

2）员工相关数据能力的培养。员工应建立基本的数据管理意识和数据分析技能，做到会收集、会分析、会解读、能识别数据背后的含义，形成较高的数据素养。

3）企业提供必要的资源支持。如大数据相关的基础培训、基本软硬件的投资、数据库中相关数据的定向开放等。通过账号和权限管控，让有需要的员工可以方便获取数据，更完整、更全面地发挥数据价值，为公司经营服务。

4.3　基于数据决策的绩效评估的工具、表单和案例

4.3.1　供应链绩效管理考量因素与分层模型

对供应链来说，一个可靠的绩效设计和绩效管理，需要从供应链的可靠性、响应速度、灵活性、成本管控能力、对企业资产使用的效率等维度予以考量，如表 4-1 供应链绩效关键维度表所示。

基于上述供应链绩效的关键维度，在供应链一般管理的过程中必须明确涵盖绩效管理的内容和维度，具体的管理流程逻辑如图 4-5 供应链管理行为与绩效管理流程示例所示。

表 4-1　供应链绩效关键维度表

可靠性	流程中可预计到的因素，如及时性、准确的质量和数量等
响应速度	供应链提供产品给客户的执行速度，如周期性维度
灵活性	对外界和市场影响的适应能力和灵活应变能力
成本管控能力	管控供应链运作流程的成本，包括原料、工时、管理和运输成本等
资产效率	即资产使用效率，如库存降低和库存周转、自制和外购策略等

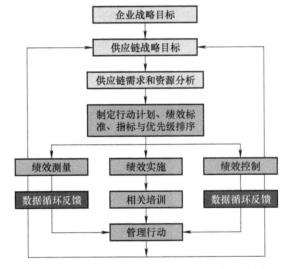

图 4-5　供应链管理行为与绩效管理流程示例

在供应链管理的各个层面，如战略管理层、战术执行层、作业运作层，都需要与实际的业务计划任务、实施绩效对接，具体如表 4-2 所示。

表 4-2　供应链的业务计划任务与实施绩效对接

SCM 层面	业务计划任务	实 施 绩 效
战略管理层	与主要干系人的协同	管理干系人基础数据
	管理战略客户和战略供应商	管理客户和供应商长期关系
	发展内外部的战略合作关系	持续的供应链调研与报告
	建立长期战略协议	管理降低成本计划
	评估战略项目的报价或投标	计划中长期供应与交付
战术执行层	管理相关供应商	管理当前供应商的关系
	与企业职能部门横向链接	链接客户需求与供应市场
	获得并分析价格等数据	持续管理价格竞争力
作业运作层	运作采购订单和库存计划	每月订单数量和库存水平
	作业数据的实时输入系统	每周询价的次数等

4.3.2 绩效评估的流程及 KPI

当工厂甚至集团内的供应链部门具备各个层级的绩效管理体系后，集团的总部和各个子公司战略部门和供应链管理部门之间的绩效分析就可以按部就班、有条不紊地进行。具体的绩效检讨流程如图 4-6 基于集团供应链绩效的季度分析层级和流程示例所示。

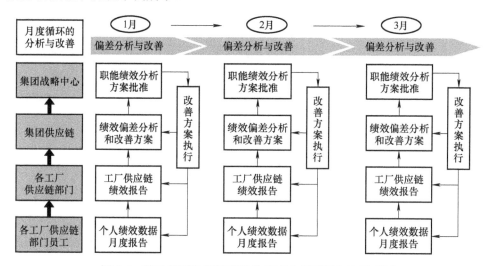

图 4-6 基于集团供应链绩效的季度分析层级和流程示例

对于集团性企业来说，可以按照相关重要性的指标和各指标的权重进行分析，进行工厂横向比较，计算绩效 KPI 分数。比如衡量成本节约、付款周期、成本增加分析、供应商整合、合同签署率、库存水平和库存周转率、品类管理、间接支出管控、VMI/JIT 推动等，实际分类及分数如表 4-3 绩效 KPI 分类及计算示例所示。

表 4-3 绩效 KPI 分类及计算示例

绩效指标与权重	绩效指标	战略采购成本节约	间接采购成本节约	库存周转天数	付款期限优化	供应商整合	合同签署率	系统数据准确性	最佳实践改善	业务合规性	汇总	绩效排名
	权重	30%	15%	20%	5%	10%	5%	5%	5%	5%	100%	
实际得分	工厂 A	25.1	12.4	15.6	4.8	9.1	5.0	5.0	3.0	5.0	85.0	3
	工厂 B	26.6	11.9	12.5	5.0	8.9	5.0	5.0	4.0	5.0	83.9	4
	工厂 C	26.8	13.4	17.3	5.0	8.3	5.0	5.0	3.0	5.0	83.8	5
	工厂 D	29.1	15.0	18.1	4.7	7.5	5.0	5.0	4.0	5.0	93.4	1
	集团	28.4	13.3	15.7	4.9	8.5	5.0	5.0	5.0	3.8	89.6	2

案例1：某家居公司通过大数据改进库存绩效

"库存是魔鬼！"这是某知名家居公司负责人王总常挂在嘴边的一句话。当他被董事会任命为总经理时，公司库存积压非常严重。制造好的货物不能及时出售，导致无法回款；同时采购又不停地购买原材料，导致原料积压也很严重。公司的库存额超千万元，库存周转率平均52天。

王总新官上任三把火，流程梳理从业务订单开始，到计划部、采购部、生产部、物流部、仓库部门全方位协同降低库存，而不是按下葫芦浮起瓢。公司管理层每天早会平均半小时就是检讨库存数据，各个部门的经理一起群策群力。2周后，大家不仅都适应了用数据说话，而且对降低库存这件事，感觉"大家都在同一条船上"。

经过半年的全面整改和持续追踪，公司库存额从千万级降低到200多万，库存周转率从50天降低到10天左右，库存积压几乎可以忽略，如图4-7库存情况分析所示。

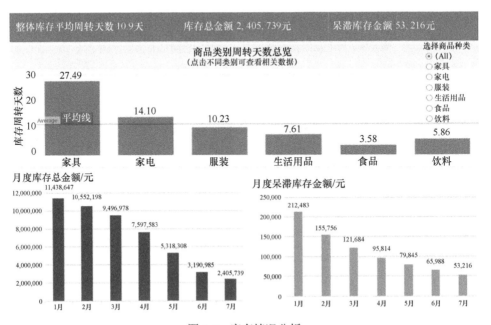

图4-7 库存情况分析

第 4 章 基于数据决策的绩效评估

【案例评析】

该案例中,王总是一个难得的好领导,受命于"危难之际"而不惧,管理上有魄力也有能力,仅从绩效管理和绩效评估的角度,王总就给很多管理者树立了一个很好的榜样。

1)对库存过高的根本原因有一个宏观上的把握,而不是头痛医头、脚痛医脚。

2)身先士卒,用绩效的客观数据和绩效指标说话,并带领团队群策群力改进。

3)持之以恒地改善绩效指标值,不达目标不罢休的工匠精神,而不是虎头蛇尾。

案例 2:某集团公司深挖采购绩效增值

采购职能是供应链管理职能的重要一环。某集团的供应链领导立志要把采购从传统的产品购买和降本职能的现状,转化到价值增值的职能上来,并命名为"价值采购"。为此,他提出了采购增值和绩效指标三角矩阵,分别是采购职能绩效、采购人员绩效和供应商绩效,如图 4-8 所示。

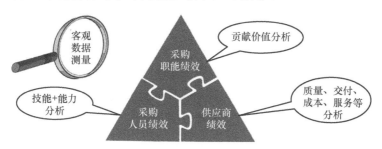

图 4-8 采购增值与绩效指标三角矩阵

针对公司商业信息系统与供应链系统的联系,以及如何应用于绩效测量,他运用了 CIPS 知识架构下的 7C 理念,提出了 7C 绩效架构,具体如表 4-4 所示。

以供应商的绩效的评分为例,通过供应商的交付质量、及时交付、售后服务、价格等维度的实际客观数据,将实际数据与目标数据进行比较,就可以得到供应商的实际绩效状况,如表 4-5 供应商 A 绩效测评总表所示。

表 4-4 7C 绩效架构

理　念	绩　效　测　量
资格 Competency	在供应商组织中关键人员的能力，如管理人员、技术人员和专业人员等
能力 Capacity	供应商在人力、物力、财力方面满足采购方需求的能力
承诺 Commitment	组织可以获得的在过程控制、失误或质量方面的统计数据证明，如质量控制记录、生产计划记录等
控制 Control	组织可以获得现存的管理控制和信息、数据系统的证明
现金 Cash	供应商在过去 5 年里的现金流和财务稳定状况，确保供应商在财务上是有保障的，且能够持久地开展业务并预知未来
成本 Cost	对总拥有成本或总购置成本的测量，而不仅仅是针对价格进行
一致性 Consistency	供应商证明其具有高标准的交付能力，包括可靠性和质量，最好有一个时期的改进证明

表 4-5 供应商 A 绩效测评总表

绩效评估因素	目　标	实　际	得　分	权　重	加权得分
交付质量	15	15	1.00	30%	0.3
价格/元	290	300	0.97	25%	0.243
及时交付	10	9	0.90	20%	0.18
售后服务	10	5	0.50	10%	0.05
技术能力	10	6	0.60	5%	0.03
柔性协同	10	7	0.70	5%	0.035
抗风险能力	10	8	0.80	5%	0.04
合计	—	—	5.47	100%	0.878

在进行供应链成本评估时，首先要对采购价格建立价格评估模型实施细节拆分，其次不仅要考虑采购价格，还要综合评估总拥有成本，包括采购价格、购置成本、运营成本和处置成本。细节如图 4-9 供应商报价拆分与总拥有成本所示。

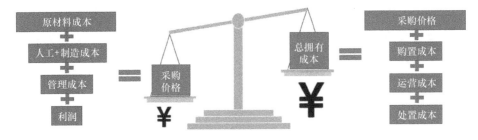

图 4-9 供应商报价拆分与总拥有成本

【案例评析】

1）采购由"产品采购""成本采购"转型到"价值采购",需要大数据战略支撑。
2）采购绩效的改善,一定要具备合理的指标体系和背后大数据的基础。
3）总体拥有成本是采购对企业战略的核心贡献之一,但需要大量的数据收集、数据挖掘和数据分析,比如本案例中供应商原材料行情数据、制造数据等。细节成本的大数据分析,需要长期积累和优化,非一朝一夕可以完成。

案例3:大数据在供应链项目管理绩效中的应用

"赔本赚吆喝"是某知名企业的项目经理小张的口头禅。企业繁忙地接项目、做项目,从来没有人考虑过哪些项目的贡献是大的,哪些项目的贡献是小的甚至是负的。在小张的推动下,一个由供应链、财务和小张组成的项目组就算成立了。经过实际比较售价、供应链成本、生产成本和 ABC 分析法等,惊奇地发现,公司运行的项目好多是"鸡肋项目",由于之前习惯对项目平均投入资源,导致"明星项目"投入不够,项目分类、数量与成本投入比重、销售额贡献比例如图 4-10 项目数量和实际销售金额分析所示。

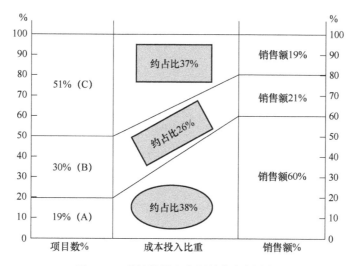

图 4-10 项目数量和实际销售金额分析

【案例评析】

1）绩效评估中，平均数害死人。平均分配资源是吃大锅饭，效率低下是必然的。

2）产品或项目的成本分析，ABC 分析法显然比"平均值算法"更符合实际业务支出。

3）企业的成本分析，无论是供应链成本、制造成本、项目成本，都要更精细挖掘分析。

4）本案例还可以继续深挖分析，如：项目与客户的关系、项目与净利润贡献分析等。

第 5 章
基于数据分析的流程优化与流程再造

5.1 供应链流程细节分析

5.1.1 供应链流程问题昨日再现,到底是减负还是增负

某集团供应链副总裁主导并实施一份业务流程和签署层级表,目的是给各个工厂及部门减负。如:采购计划的审批流程、采购合同的审批流程、采购订单的审批流程、发票入账的审批流程、采购付款的审批流程等。每条流程从申请人开始,到最终审批通过,总计 5~10 个审批节点。实施后,不仅没有减负,反而增加了许多条条框框,怨声载道不绝于耳。

流程是企业标准化、规范化管理的工具,但要以增值为目的。仅以最常见的财务报销审批流程为例,不增值流程对公司产生会如下浪费。

1) 财务人员对收到的单据进行审核的时间成本,尤其是大量的手工单据。
2) 申请人员为了让报销通过审批而不停地"跑流程""讲故事"的时间成本。
3) 各个层级签批单据的时间成本,包括对细节信息的查阅和咨询等。
4) 重复冗余流程增加的沟通成本和机会成本,促使组织进一步僵化。

每个人都在抱怨流程僵化,似乎都是受害者,甚至连工厂总经理也在诉苦:每天 8 小时工作时间,4 个小时开会,其余时间就要签署这桌子上多达百份的单据了。至于这些单据里面,有哪些是不合理的甚至是错误的,只有事后出了问题才知道了。为了便于这些高管的签署工作,集团的 IT 为公司上了一套 OA 系统,每年花费 40 万人民币,但仅仅是把办公室中签署的单据搬到手机的 APP 上,正所谓"换汤不换药",根本问题并没有得到解决。

5.1.2 供应链流程成熟度模型与流程设计

供应链流程成熟度分为五个阶段,如表 5-1 流程成熟度模型所示。

表 5-1 流程成熟度模型

流程阶段	阶段性描述	数据流特征
阶段一	没有建立任何供应链流程	数据无章可循
阶段二	具备分散的供应链流程	数据分散、孤岛林立
阶段三	形成了具体的供应链流程文件	数据系统化
阶段四	形成了完善的供应链流程管理模式	数据流畅通
阶段五	建立了完善的供应链流程管理体系	数据端到端并自动形成闭环

对流程分析,要追根溯源、对比流程设计的原始目的,如表 5-2 流程设计的 6 个不忘初心的问题所示。

表 5-2 流程设计的 6 个不忘初心的问题

流程追根溯源	不忘初心的流程问题
谁提出了需求	业务需求是否被全部澄清和确认?
何时提出了需求	现在的环境和条件变化了吗?不可能一成不变
需求的核心是什么	是提升效率、降低成本、合规还是其他?
怎样才能满足	流程设计思路与核心需求匹配吗?
怎样才能高效	所有流程中的动作都是必要、增值的吗?
怎样才能适应需求变化	流程设计者能密切感知需求变化并快速调整吗?

基于 SCOR 模型,供应链流程设计涉及如下 3 个层次。

1. 供应链流程的战略顶层设计

1)计划:需求与供应计划、产品计划、自制或外购计划、预算等。

2)采购:战略采购、供应商绩效管理等。

3)生产:采用生产效率、质量水平、设备稼动率等评估生产与运营能力。

4)交付:订单管理、仓储管理、运输管理、报关管理等。

5)退返:建立逆向物流的机制。

6)赋能工具:信息技术系统(如 ERP)、供应链大数据平台、供应链控制塔等。

2. 供应链流程的战术执行层设计

如供应商开发流程、询价与招标流程、产品规格变更流程等执行层的流程。

第 5 章 基于数据分析的流程优化与流程再造

3. 供应链流程的业务作业层设计

如信息流与数据流、流程的输入与输出等。

5.2 基于数据的供应链流程现状分析

5.2.1 基本流程现状探讨

通常地，制造型企业的一个最常见的供应链流程如图 5-1 供应链业务流程所示。

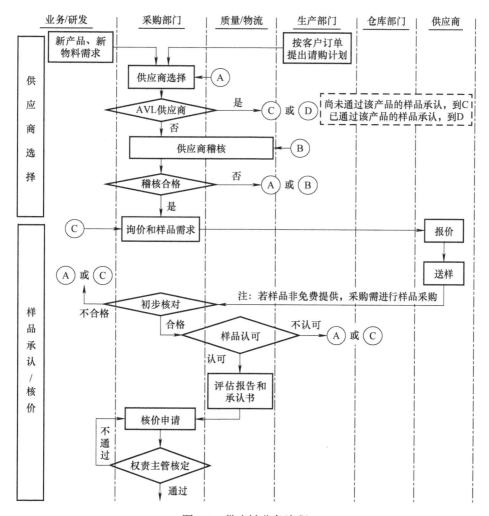

图 5-1 供应链业务流程

— 73 —

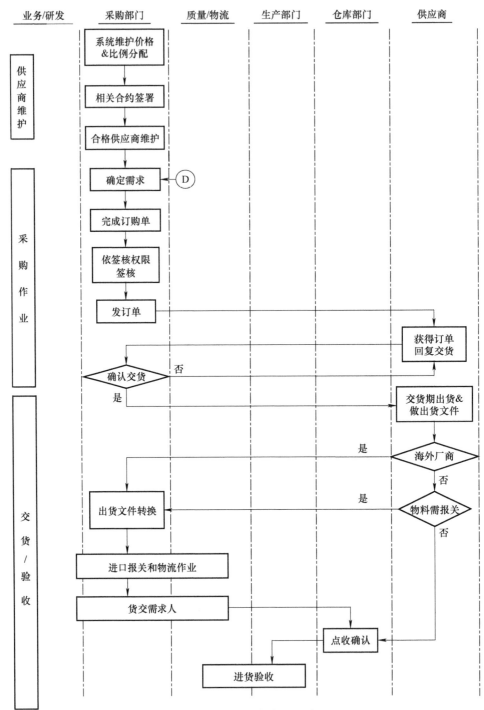

图 5-1 供应链业务流程（续）

供应链部门主要职责为：

1）依据相关部门需求选择或开发供应商，并对供应商进行管理。
2）与供应商签署相关合约、合同，及时传递企业对供应商的相关要求。
3）召集稽核小组实施供应商稽核，并于稽核后提供稽核结果报告。
4）针对需求部门的样品需求，从供应商处获得样品与报价，并将价格输入到系统。
5）将 AVL 输入到系统并分发给研发部、质量部等部门。
6）依照物料需求，执行采购订单作业、交货期管控作业。
7）执行物流部报关作业，并将货物交到仓库验收。
8）当供应商所交货物不合格时，协助质量部门处理质量异常。

5.2.2 流程中的问题分析

1．执行传统流程，系统呆板，供应链大数据管理职能肤浅

比如成本管理隶属于日常作业，供应链成本管理没有策略和大数据可依，就是比较报价大小，基于大数据分析的供应链职能缺失。

2．片面追求低价格，缺乏整体成本大数据挖掘意识

企业注重价格结果，忽视数据分析过程，成本管理被片面地理解为价格管理，没有站在供应链和企业的立场上考虑总拥有成本，比如物流报关成本、品质异常成本等。

3．供应链流程不能降低运行成本或提高效率，成本数据稽核仅限于账面

从供应链流程中对核价的要求可以看出，采购在核价之前根本没真正的成本分析。稽核局限于管制采购涨价或价格长期未变化状况，没有从成本大数据角度去评估价格的合理性。

5.3 基于数据的供应链流程优化方法探讨

供应链管理是为了实现供应链上各成员总成本最低和价值增值最大化的目标，具有需求导向性、动态不确定性和结构复杂性特征。目标包括但不限于：

1）提高交付性能和订单完好履行率。

2）提高供应链敏捷度和反应能力，如柔性的响应时间和生产柔性等。

3）降低供应链成本，如销售成本、库存成本、采购成本、物流成本等。

4）提高供应链资产管理效率，如资金流转率（存货天数、应收账款和应付账款周期）、资产周转率（销售总额、总资产、流动资金）等。

5.3.1 流程现状和问题深入分析

传统的手工纸张作业流程已无法承载供应链管理职能，以 F 集团为例，供应链主要流程是：采购依据 PR，通过 PO 购买产品并安排交货到仓库，并对供应商的应付账款做付款申请。其供应链主要作业流程说明如表5-3所示。

表5-3 F集团供应链主要作业流程说明

序	主要作业	作业细分流程
1	样品开发询价	研发样品需求单→采购询样询价→核价到系统
2	请购单转采购单	计划开立请购单→各级签字→采购转采购单
3	订单核准后发出	采购单各级签字→采购传给供应商
4	交货期确认	采购跟催交货期→反复沟通→手工输入系统
5	物流报关进口	采购手工制作文件→物流确认→输入系统→报关
6	检验入库	仓库收料→质量检验→仓库过账入库→输入ERP
7	付款申请	汇整入库验收单→采购输入凭单立账→附单据后转财务

根据现行的作业流程，很容易发现如下问题。

1. 手工纸张作业与直线形层层签核，浪费时间太长

因为是手工纸张作业，一切均按照直线形串联方式进行。以请购到采购作业为例，从计划员开请购单，到发出订单，整个流程时间超过 4 个工作日，但有效作业时间仅为 18 分钟，99%以上的时间均花费在等待中，如图 5-2 请购到采购作业流程耗时所示。

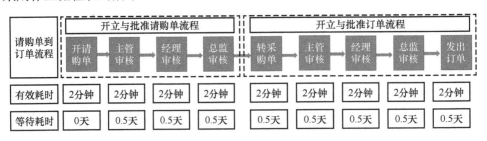

图 5-2 请购到采购作业流程耗时

2. 数据和信息不能共享，部分职能重复，稽核成本高

1) 交货期确认作业中，对订单料号和交货期信息需要反复确认，效率低下。
2) 物流报关进口作业，首先采购人员需制作文件，包括单价、数量、品名、重量、总价及箱数等，然后发给物流部作业。物流人员需再次确认后输入报关系统。
3) 付款立账作业中，为防止舞弊或疏忽，公司设置专员稽核。这需要采购花大量时间查找相关纸张文件，如订单、验收单等，审核无误后才会流到财务部支付。

3. 部分流程反向没有被规避

以货物验收入库为例，仓管员首先开立纸质入库单（待验），并将入库单递交给质量部；质量部检验合格后盖章，再把入库单归还仓管员做入账并生成 GR 单号；然后把入库单第二次提供给质量部，质量部再在 ERP 中对该 GR 单号注明"质检合格"，流程出现两次反向。

4. 数据层面的诸多问题

基于数据层面的问题诊断，包括基础数据不足、信息孤岛严重、功能模块缺失、数据前瞻性差、协同功能不足、缺乏数据中心、驱动决策不足等。如表 5-4 数据层面问题诊断所示。

表 5-4　数据层面问题诊断

数据层面问题	重点示例	问题诊断
基础数据不足	供应商绩效	绩效评估体系不完整、规划不足
信息孤岛严重	物料主数据	系统多但集成不足、供应链数据断点多
功能模块缺失	需求链接	缺乏"客户-企业-供应商"需求系统协同
数据前瞻性差	预测分析	没有任何主动预测，数据流均是被动接收
协同功能不足	采购执行	信息传递低效、缺失品类分析策略
缺乏数据中心	验收入库	缺失子系统之间的数据映射、追踪
驱动决策不足	全流程优化	缺乏深层次数据挖掘、分析、集成

5.3.2　基于数据自动化、作业电子化的流程优化

电子化流程是通过计算机联网和通信技术实现工作内容的系列化和有序集

合,及时、准确地实现数据共享,它需要最大限度地实现技术上的功能集成和管理上的职能集成。

1. 开发电子化系统,完善系统自动处理、并行处理数据的功能

假设作业子流程(A_1,A_2,…,A_m;B_1,B_2,…,B_n)的作业时间分别为(a_1,a_2,…,a_m;b_1,b_2,…,b_n),则该串型作业流程 P 总作业时间 T_P 为

$$T_P = \sum_{i=1}^{m} a_i + \sum_{j=1}^{n} b_j$$

通过流程改善,假设仅(A_1,A_2,…,A_m)是串型作业,但(B_1,B_2,…,B_n)是并行作业,则该流程的总作业时间 T_P 为

$$T_P = \sum_{i=1}^{m} a_i + \text{Max}(b_1, b_2, \cdots, b_n)$$

两式相减,节省的时间为

$$\Delta T = \sum_{j=1}^{n} b_j - \text{Max}(b_1, b_2, \cdots, b_n)$$

以 PR 转 PO 作业为例,计划部的请购单在 ERP 开立后,系统督导尽快签核,减少等待时间。同时,设定在 PR 生成或部门一级签署后,采购即可并行作业,在 PR 与 PO 的最后核准均完成后,订单即生效。双向地减少等待时间。同时内部建立基于电子化签核的清晰审批权限(Delegation of Authority,DOA),如表 5-5 不同层级的 PR 的 DOA 和表 5-6 不同层级的 PO 的 DOA 所示。

表 5-5 不同层级的 PR 的 DOA

DOA-PR	申请人	部门经理	总经理	财务总监	CFO
0~5,000 元	×	×			
5,000~100,000 元	×	×	×	×	
100,000 元以上	×	×	×	×	×

表 5-6 不同层级的 PO 的 DOA

DOA-PO	采购员	采购经理	总经理	财务总监	CPO	CFO	CEO
0~5,000 元	×	×					
5,000~50,000 元	×	×	×				
50,000~150,000 元	×	×	×	×	×		
150,000 元以上	×	×	×	×	×	×	×

对于没有任何风险的 PR、PO,如客户风险背书的正式订单、已经量产的

第5章 基于数据分析的流程优化与流程再造

项目，可直接通过 MRP 展开，原则上根本不需要任何审批，直接通过数据流作业即可。

2. 数据共享化，通过系统功能代替手工文件与手工稽核

为了实现数据共享化，F 集团基于电子化流程基础，引进了第三方 SRM（供应商关系管理）系统，该系统包括供应商管理、需求计划管理、采购业务管理、合同与技术管理、协同管理等分支功能模块，如图 5-3 供应链 SRM 平台架构所示。

图 5-3 供应链 SRM 平台架构

以交付文件制作为例，订单等数据已被保存在 SRM 系统中，供应商只要把出货的料号、数量等信息输入系统，即可以自动生成交付文件，所有信息如单价、品名、总价等都可自动带出，不但确保正确，时效性也显著提高，且系统可以自动实现数据稽核。

3. 规避检验到入库的流程反向，取消不必要的职能

物料入库只需要两个条件，即物料收到+检验合格。仓管员可通过扫描枪自动链接 ERP 收料，系统提醒质量部检验，检验合格后，系统自动正式入库。缩短了流程，提高了效率。

通过电子化系统的自动数据链接和稽核，代替手工作业并避免流程反向，基于电子化和数据共享的流程优化，如图 5-4 基于电子化供应链流程示意图所示，系统自行完成的职能名称用灰底色框标识，自动化数据传输和链接部分用虚线箭头标识。

以 SRM 平台为依托，基于组织、数据、流程、决策分析等维度，支持企业与供应商等外部资源及内部制造、需求之间的高度协同，从而提供数据决策

的有力支撑。整合内部管理体系，对决策管控层、运营管理层、现场执行层、基础数据层实现业务全方位、实时、全链路的协同，架构如图 5-5 供应链各层逻辑架构示例所示。

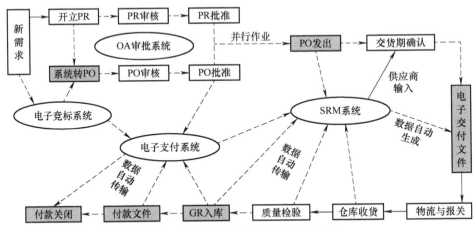

图 5-4　基于电子化供应链流程示意图

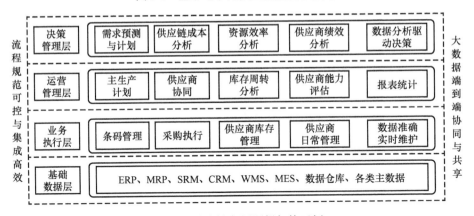

图 5-5　供应链各层逻辑架构示例

对供应链主要作业的电子化流程优化说明，如表 5-7 所示。

表 5-7　电子化流程优化说明

序	主要作业	优化后的作业细分流程
1	样品开发询价	研发开立系统需求单→系统链接报价→系统维护价格
2	请购单转采购单	系统开立 PR→系统同步转 PO
3	订单核准后发出	PR、PO 并行审批→系统自动发给供应商
4	交货期确认	供应商平台维护交期→系统自动回馈→平台可视化沟通

(续)

序	主要作业	优化后的作业细分流程
5	物流报关进口	供应商维护基本数据→自动生成文件→直接报关
6	检验入库	仓库收料→质量部检验入库（系统同步完成入库）
7	付款申请	自动产生付款凭据→电子凭据转财务付款

5.3.3 流程优化的成本与效益预评估

之前的供应链整个流程至少是 11 个工作日，现在新流程最多需 6 个工作日，即至少节约 45% 的作业时间。除了流程时效与弹性提高外，还实现了其他效益。

1. 有形的效益，包括人力资源的节省和办公资源的节省

1）人力的节省：仅以一个工厂为例，通过流程电子化作业和系统数据协同，采购人员、采购助理、仓管员、稽核员共计节约 15 人，每年节约人力成本 105.6 万元，计算出如表 5-8 流程优化后的人力成本节约所示。

表 5-8 流程优化后的人力成本节约

职能人员	优化前人数/人	优化后人数/人	节约人数/人	单位成本/（元/小时·人）	年工作时间/小时	节约成本/（元/年）
采购人员	22	13	9	36	2112	684288
采购助理	6	2	4	28	2112	236544
仓管员	3	2	1	28	2112	59136
稽核员	2	1	1	36	2112	76032
合计	33	18	15	—	—	1056000

2）节省办公资源：电子化系统的引入取代了绝大多数的纸张作业，包括各类单据及单据的复印。为此仅一个工厂每月至少节约 50000 张单据或纸张，每张以 0.2 元计算，成本为节约为：0.2 元/张×50000 张/月×12 月 =120000 元/年。

综合以上，通过流程优化仅一个工厂预估可节省有形成本为 1176000 元/年。

2. 无形的效益，集中体现在公司供应链职能竞争力的提高

1）提升供应链整体执行力。电子化系统的运行，降低了等待时间，提高了效率。

2）作业流程标准化、规范化，有效地规避舞弊行为。系统的稽核具有强制性，任何违规作业都将被禁止，特权干预度也将大大降低。

3）避免各环节人为疏忽或信息错漏，提高作业精度和准度。

4）提高供应链绩效，各类数据自动生成，为深入供应链规划提供精确的数据依据。

5）将职能人员从繁琐的例行工作中解放出来，比如从事价格谈判、行情分析及供应链策略工作，从而有充足的时间去关注采购成本、供应商管理、稽核考察等。这不仅大大提高职能人员的能力，而且对提升整个供应链的竞争力都大有裨益。自动化、电子化流程提高弹性和速度、降低供应链成本，也是供应链管理为企业战略增值最直接、最有效的方式之一。数据自动化效率提升如表 5-9 所示。

表 5-9 数据自动化效率提升

工 厂	文件格式	文件数/个	原月工时/小时	现月工时/小时	效率提升（%）
A 工厂	纸张+Excel	1411	507	54	89.4%
B 工厂	纸张+Excel	647	525	29	94.5%
C 工厂	纸张+Excel	5913	1069	205	80.8%
D 工厂	纸张+Excel	5175	1560	306	80.4%
集团	纸张+Excel	32	84	5	94.0%
合计	纸张+Excel	13178	3745	599	84.0%

5.4 基于大数据的供应链流程再造

5.4.1 基于大数据的供应链流程 ECRS

向流程要效益，对供应链降本增效提出更大需求，如推动一体化、精益化、智能化、集成化的四化建设。如图 5-6 SCM 降本增效四化建设模型所示。

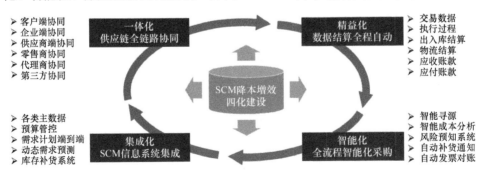

图 5-6 SCM 降本增效的四化建设模型

第 5 章 基于数据分析的流程优化与流程再造

对于供应链的流程再造来说，ECRS 是个很好的工具，4 个英文字母分别代表取消（Eliminate）、合并（Combine）、调序（Rearrange）、简化（Simplify）。供应链上的流程再造，是围绕链条上的各个拓扑网络进行的优化。供应链流程再造的方向和目的是：建立集团大数据中心，通过供应链绩效看板并与财务报表无缝链接，建立精准、实时、真实的以数据为基础的管理流程，如图 5-7 供应链流程再造思维所示。

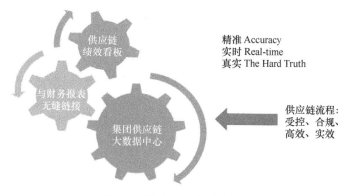

图 5-7　供应链流程再造思维

对于具有若干个工厂的企业集团来说，可先抽取 ERP 和 MRP 等系统中的数据，并通过标准的文件格式存储到数据仓库，然后根据需求和设计的标准文件格式转换，并通过商业智能与大数据系统中心转换成各类面板（Dashboard），最后各个工厂的职责人员根据面板显示的数据进行准确度确认，从而实现数据链的循环，如图 5-8 供应链大数据循环所示。

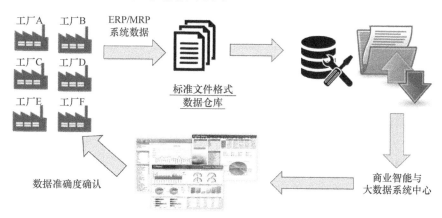

图 5-8　供应链大数据循环

5.4.2 供应链数据的端到端与组织的变更管理

基于上述的流程再造逻辑，绘制现状与未来转型蓝图的目的是将每个工厂的不同流程、五花八门的表单、各自为政的管理、碎片化和割裂化的数据以及没有协同效应的弊端，转化为高效的商业智能（BI）流程，即通过简化、标准化、数字化和共享服务的流程再造，形成端到端的流程和共享中心，如图 5-9 所示。

图 5-9　端到端的流程和共享中心

其中，精简业务流程，是在供应链上全方位覆盖销售、订单履行、运营、供应链、应收和应付全流程，根基是财务协同、人力资源与一般行政支持、集团大数据中心与集中报告的 ERP 和 BI 系统的结合，如下图 5-10 所示。

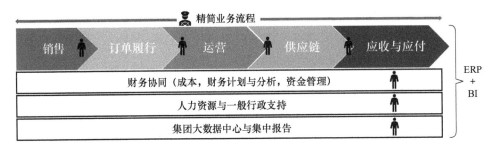

图 5-10　精简业务流程

其中，创造端到端业务流程的价值有：
1）全方位完整的信息流、数据流。
2）跨部门与部门内部之间的高效协同。
3）通过精确的数据分析后的决策。
4）自动化生成完整且统一的管理报告。

组织变更管理是关键，如组织结构集中化和去中心化，需要做到如下：

第5章 基于数据分析的流程优化与流程再造

1）重新规范工作职责，且人员的技能设置与再造流程相匹配。
2）对流程、系统和工具重新设计、定义、优化、标准化及自动化。
3）数据等共享服务（可通过第三方支持）与广泛、无障碍的沟通。

流程再造驱动组织架构体系的变化，如组织更加扁平化，可将传统金字塔形组织变成以客户为中心的服务型组织，提升供应链管理的领导力，如图 5-11 组织架构变化对比所示。

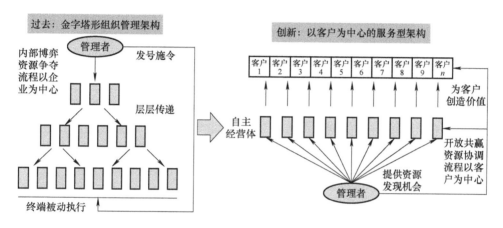

图 5-11　组织架构变化对比

基于大数据协同的进一步需求（以 ERP 为例）如图 5-12 大数据协同下的 ERP 所示。

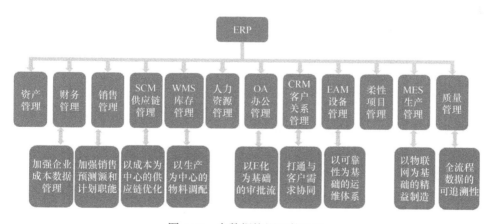

图 5-12　大数据协同下的 ERP

案例：H集团的供应链大数据平台驱动自动化流程

H集团的供应链大数据平台是由规划师、上游供应商、集团内各工厂、物流配送等环节组成的，由传统串联的部门组织，变成共同面向客户的并联系统，每个环节都直接与客户相连。H集团与全球供应商的数据都被打通，所有工厂数据都可彼此共享，实现了用户、企业和资源的协同。客户通过平台提出定制需求后，"个性化"订单可直达工厂，工厂通过智能制造系统自动化排产，并将生产与工单信息自动传递给各工序、产线及所有供应商、物流商，全流程透明可视化。用户通过手机终端可实时获取订单的生产与交付情况。用户的定制需求和体验记录可上传至生产线的相应工位，实现了对产品质量的提前管控。集团借助用户评价信息和大数据分析提供"一站式"售后服务，并通过物联网获取售出产品的诊断和反馈，可在故障发生前提前预测，确保用户使用产品过程中不会中断，在提升用户体验之余，还能节约用户备用产品的成本等。

【案例评析】

1）大数据平台直接驱动了自动化业务流程，也是自动化业务流程实现的基础。
2）消除各个子系统的信息孤岛，就要使业务流程的大数据端到端的接口畅通。
3）基于大数据平台实现了自动化流程再造，大幅度提高了供应链业务效率和竞争力。

第 6 章

大数据赋能供应链需求计划与预测

供应链计划和预测是非常重要的,可以减少呆滞库存,减少巨大成本浪费。

6.1 大数据需求管理与需求预测概述

计划和预测不是衡量准确性,而是衡量偏差率。就是因为大部分的计划和预测是不准确的,所以更要加强计划和预测功能,而不是忽视这个功能。在实际需求管理中,很多企业因为计划和预测不可能 100%准确,索性连基本的需求管理功能都放弃了。很多企业的计划和预测,就是几个文员在把销售部给的订单展开 BOM 输入到 ERP 中,然后下发需求就完事了,还美其名曰"精准对接",其本质上只是一个信息传递,根本不是计划和预测。

6.1.1 为什么要做需求管理和预测

需求计划和预测是为企业的业务运营服务的,假如同等条件下,竞争对手计划和预测的准确度平均值是 50%,但是我们的计划和预测准确度平均值是 60%,这 10%的差距将会大幅提高我们的运营效率、大幅降低成本,我们也就领先了竞争对手。也就满足了企业运营的目标——打败竞争对手,形成持久的竞争优势。需求计划和预测准确率提升 10%的杠杆作用如表 6-1 所示。

表 6-1 需求计划和预测准确率提升 10%的杠杆作用

提 升	降 低
企业利润提升 5%~10%	库存成本降低 15%~30%
订单交付率提升 10%~15%	资金成本降低 15%~30%

(续)

提 升	降 低
生产效率提升 10%～15%	物流成本降低 15%～25%
运营弹性提升 15%～30%	采购成本降低 5%～10%

6.1.2 需求计划预测的偏差分析

随着消费者需求个性化越来越强烈，未来多品种小批量将成为主流，大批量和超大批量生产方式将逐渐变得可遇而不可求。市场需求变化将更加频繁、市场机会稍纵即逝，对需求计划和预测提出了更大的挑战。

需求计划和预测的错误和偏差，将从销售预测开始，到生产计划、采购计划、订单确认，错误和偏差每一步都可能层层加码，导致最后更大的错误和偏差，如图 6-1 所示。

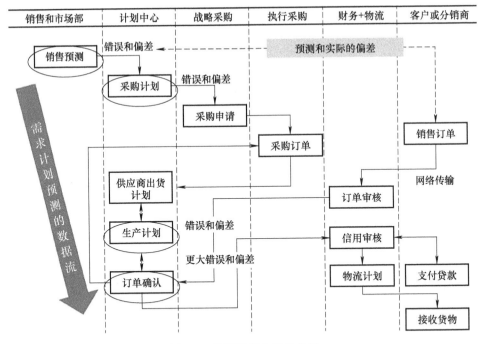

图 6-1 数据错误和偏差传递

就像导弹从发射到最后命中目标，其过程就是一个不断发现偏差、不断纠正偏差的过程一样，需求计划和预测也要如此。如果偏差没有被及时纠正，会导致供给和需求不一致，从而导致供应短缺或过量生产，或者两种形态并存，即有的项目需求是短缺的,有的是供给过量。而对于过量来说,站在整个供应链的角度,长期而言就会导致"牛鞭效应",如图 6-2 所示。

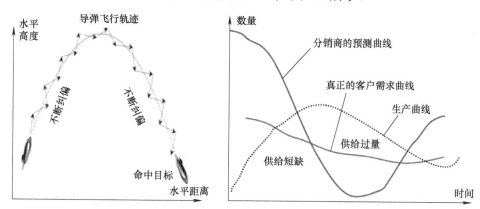

图 6-2 导弹飞行与供应链偏差的影响示例

6.2 基于大数据的需求计划和预测的框架和路径

6.2.1 需求计划和预测的框架

做好需求计划和预测,就要做好如下"四部曲"。

1)管理好来自客户端的需求,通过有效的需求管理,使客户的数据作用于本企业内部。

2)做好本企业基于大数据分析的供需管理,通过需求计划、主生产计划(MPS)、采购和自制计划、库存动态数据等,实现自身需求计划和预测的持续优化(内循环)。

3)使本企业的数据通过供应管理和/或 SRM 等系统,作用于外部的供应商。

4)实现客户、本企业、供应商的需求计划和预测的数据协同,并持续优化(外循环)。

上述四部曲逻辑如图 6-3 所示。

从图 6-3 可以看出,内循环是外循环的基础,企业内部的计划职能至关重要。做好企业内部循环,即内部的供需计划,需要做好如下几个方面:

1)基于现有 MPS 和 MRP Ⅱ 技术,通过大数据分析和预测技术,有效地将销售订单、需求预测、产品计划（MTS 库存生产/MTO 订单生产）产能计划、BOM、物料周期、库存、采购需求链接起来，如图 6-4 所示。

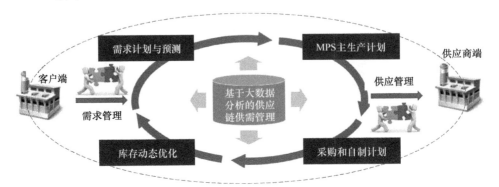

图 6-3　基于大数据分析的供需管理

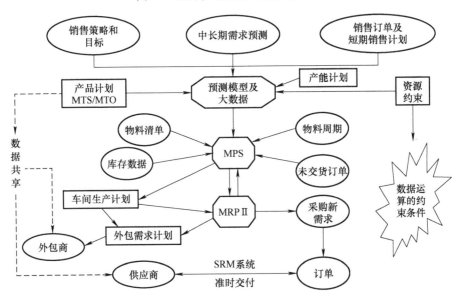

图 6-4　基于 MPS 和 MRP Ⅱ 技术的大数据链接逻辑

2）制定好基于产品生产策略和资源约束条件下的产品生产计划，如 MTS（基于库存生产）或 MTO（基于订单生产），然后再精确到车间计划和外购计划、外包需求计划。

3）对于供应链职能来说，要积极做好基于客户需求的内外部组织关系、资源选择和数据分析，如集中计划、供应关系、大数据模型和计划基本数据等，如图 6-5 所示。

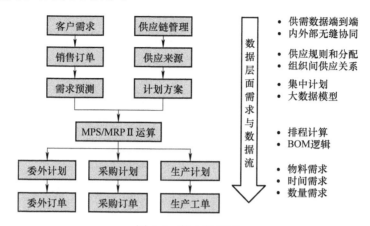

图 6-5　基本数据流

4）在主导需求计划和预测过程中，供应链部门不仅要与企业内部各部门做好充分协同，还要与客户、供应商、外包商等做好充分的协同。

6.2.2　需求计划的层级和分类

需求计划和需求预测相辅相成，计划是预测的前提和基础，预测是基于计划的延伸，两者互为犄角，共同作用才是完整的需求管理，如图 6-6 所示。

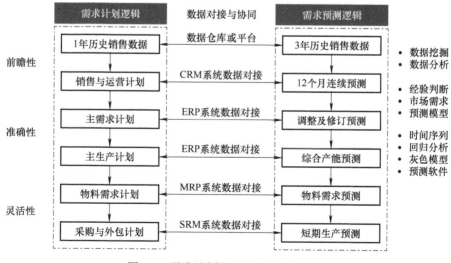

图 6-6　需求计划和需求预测逻辑关联

将两者充分有效结合，在企业内部运营中，基于企业产品决策战略、将计划拆分为细节内容，作用于企业内外部资源。对于需求计划来说，包括年度计划、月度计划、每周排程、现场调度等，且需要销售部、计划部、物流部、采购部、生产部等各职能的高效协同，实现数据的无缝对接，如图6-7所示。

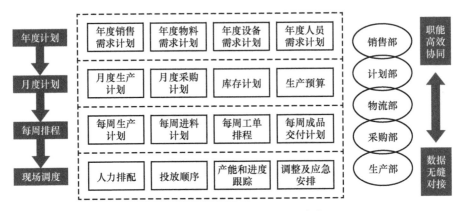

图 6-7 需求计划的层级关系和内容

计划应按照层级递推细化，应了解各层级计划的类型和内容，在实际的运作过程中，制定计划的方法，如表6-2所示。

表 6-2 计划的逐层分类和制定

计划种类	时间跨度	计划调整频率	计划的关键内容	功能及作用
年度销售计划	1年	1年1次	年度销售目标分解	各部门规划指导
长期销售计划	12个月	1月1次	战略储备、计划策略	产品上市与退市
中期销售计划	6个月	1月2次	销售和运营协调对接	战略物料采购依据
中期生产计划	13周	2周1次	滚动订单排产计划	订单交货排程依据
短期物料计划	2周	1月1次	普通物料需求计划	供应商生产依据
短期生产计划	1周	2天1次	每日滚动的生产计划	每日库存追踪

在执行需求计划的过程中，应注意如下要点。

1) 制定详细的长、中、短期的销售目标和计划，并根据市场地位、销售淡旺季、促销活动等影响对计划做相应调整。对老产品退市、新产品上市做出全盘部署。

2) 在对需求计划进行评审时，要详细分析产品定位，如优势、劣势、机会、威胁等。

3) 加强销售、研发、计划、物流、采购等部门的数据交流，构建实时、高

第 6 章 大数据赋能供应链需求计划与预测

效的数据传输渠道和沟通机制,打通数据的端到端对接。如通过月度检讨会,审视订单的执行情况,比较销售预测与实际订单的差异等。

4) 灵活运用计划策略,张弛有度。如:对风险较大的项目,可采用"小步快跑"的计划策略;对多个产品共用的物料,可适当储备安全库存降低计划风险。

6.2.3 计划在业务运营中的逻辑和流程

1) 做好精细化的产品结构 BOM 和 MRP 功能展开计划,并做好大数据基础,如图 6-8 所示。

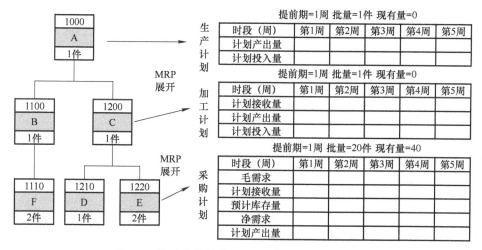

图 6-8 基于产品结构 BOM 逻辑的计划展开示例

2) 基于计划数据逻辑,打通"销售-计划-采购-生产"的业务端到端数据对接,如图 6-9 所示。

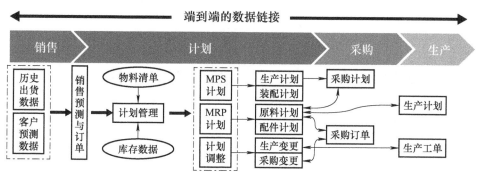

图 6-9 计划数据端到端

在实际的数据对接中，从提升计划管理职能的角度，至少需要关注如下细节：

- 根据历史出货数据和客户的预测数据，并结合自身产品的特征，加强预测管理。
- 对物料进行分类管理，并识别物料的交货周期（Lead Time），确定最优的制造策略，如自制和外购的选择。
- 根据最终预测结果做出最佳备料方案，并确认合理的物料供给方式，如批量和进货时间点。

3) 在内部依照计划排程和工单生产，驱动计划流和订单流的协同。

基于数据运行逻辑，在实际的运营过程中，要打破任何数据孤岛的现状，将计划流与订单流的数据无缝对接，通过客户订单驱动周计划与日计划，并用计划流作用于订单接收与订单履行流程，使计划流与订单流紧密协同，如图 6-10 所示。

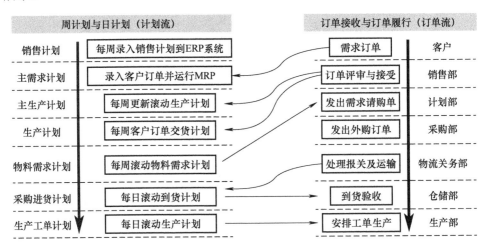

图 6-10　计划流与订单流的协同

6.3　以数据驱动需求计划和预测的系统及工具

早在 2019 年，Gartner 就发布了供应链计划成熟度模型并推荐了工具和方法，指出计划经历创新萌芽、期望顶峰、泡沫低谷、稳步爬升、实质高峰五个时期。

第 6 章 大数据赋能供应链需求计划与预测

在创新萌芽期,可使用韧性计划、数据供应链孪生、供应链计划算法等工具;在期望顶峰期和泡沫低谷期,则使用自动化计划、供应链计划外包、机器学习、数字化供应链计划、物联网等工具或方法;在稳步爬升期时,则运用网络设计、供应链可视化、诊断性和描述性分析等工具和方法。

6.3.1 从最基础的工具和数据做起

1. 理顺内部流程的基本功

能做到从接到客户的订单开始,企业内部的流程可以立即展开数据流作业,且数据流就像物理学的电路图一样,该串联的串联,该并联的并联。比如销售订单数据既与出货系统相链接,同时客户订单和企业的预测单数据再并联数据流,系统自动展开 MPS、MRP 的运算,然后再并行流入到采购订单和入库单、生产工单及其 BOM 展开到工序作业等。如图 6-11 所示,企业的内部计划、预测的数据流,是通过系统自动完成计算和快速流入到各个"数据端"的。

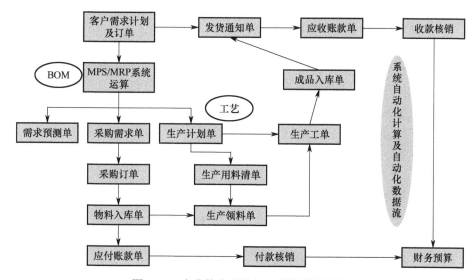

图 6-11 企业的内部计划、预测的数据流

同理,需求计划实施要与实际的业务流程紧密相连,如将新需求计划与研发迭代、采购寻源、订单执行、财务支付等实际的运作流程紧密相连,如图 6-12 所示。

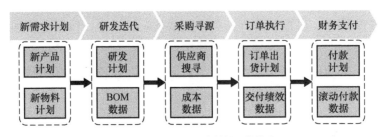

图 6-12　新需求计划数据流输出

在执行内部计划协同的同时,供应链采购职能要借助相关 SRM(供应商关系管理)等系统资源,与供应商充分协同,比如通过数据驱动充分实施协同规划、联合预测与补货(CPFR)策略。除了传统的价格管控外,充分实现订单协同、交货协同、库存协同、信息协同等。

2. 实际的数据要充分完善并延展到数据精细颗粒度

以销售预测为例,除了历史销售存量数据外,对于滚动销售预测的流量数据而言,数据的字段包括:销售代码、客户代码、客户名称、产品代码、产品类别、预测月销售数量、预测基准、风险等级、加权系数、预计月销售收入、生产工厂代码等,如表 6-3 所示。

表 6-3　基于客户的销售预测数据表

销售代码	客户代码	客户名称	产品代码	产品类别	预测月销售数量/件	预测基准	风险等级	加权系数	预计月销售收入/元	生产工厂代码
S01	C01	宝骥集团	A001	汽车	5,000	历史数据	中	0.8	192,000	P01
S02	C02	梨子公司	A002	消费电子	60,000	客户正式订单	中	0.8	163,200	P02
S03	C03	弱生公司	A003	医疗	70	客户需求计划	高	0.5	23,800	P03
S04	C04	小面集团	A004	消费电子	80,000	客户需求计划	中	0.8	147,200	P02
S01	C05	拉拓公司	A005	汽车	2,800	客户正式订单	低	1.2	137,760	P01

基于客户的销售预测数据要与基于销售产品的预测数据关联。基于销售产品的预测表字段包括:产品代码、产品类别、平均售价、批准状态、产品类别、图纸规格编码、BOM 代码(ERP 中成品料号)、预计产品生命周期、剩余

产品生命周期、预测年度销售额等，如表 6-4 所示。

表 6-4 基于销售产品的预测表

产品代码	产品类型	平均售价/元	批准状态	产品类别	图纸规格编码	BOM 代码	预计产品生命周期/月	剩余产品生命周期/月	预测年度销售额/元
A001	汽车	48.00	已批准	量产项目	DRA001	DRA001-0	60	50	2,304,000
A002	消费电子	3.40	已批准	量产项目	DRA002	DRA002-0	18	16	1,958,400
A003	医疗	680.00	已批准	新项目	DRA003	DRA003-0	72	65	285,600
A004	消费电子	2.30	已批准	量产项目	DRA004	DRA004-0	15	12	1,766,400
A005	汽车	41.00	已批准	量产项目	DRA005	DRA005-0	48	36	1,653,120

依据上述的预测数据，即可对产品的生产计划进行排配，以产品"A002"为例，按月度生产计划，包括最大生产能力、正常最高产能、正常最低产能、安全库存定额、预测需求、月初库存、计划产量、超定额库存量等，如表 6-5 所示。

表 6-5 产品"A002"的生产计划示例 （单位：件）

月份	1月	2月	3月	4月	5月	6月	7月	8月	9月	10月	11月	12月	合计
最大生产能力	10,000	10,000	10,000	10,000	10,000	10,000	10,000	10,000	10,000	10,000	10,000	10,000	120,000
正常最高产能	8,500	8,500	8,500	8,500	8,500	8,500	8,500	8,500	8,500	8,500	8,500	8,500	102,000
正常最低产能	4,500	4,500	4,500	4,500	4,500	4,500	4,500	4,500	4,500	4,500	4,500	4,500	54,000
安全库存定额	2,000	2,000	2,000	2,000	2,000	2,000	2,000	2,000	2,000	2,000	2,000	2,000	—
预测需求	4,800	4,800	4,800	4,800	4,800	4,800	4,800	4,800	4,800	4,800	4,800	4,800	57,600
月初库存	0	800	1,900	2,100	2,300	2,200	2,100	2,000	2,000	2,000	2,000	2,000	—
计划产量	5,000	5,400	5,900	5,000	5,000	4,700	4,700	4,700	4,800	4,800	4,800	4,800	59,600
超定额库存量	0	0	0	100	300	200	100	0	0	0	0	0	—

预测数据可以继续延伸到精细颗粒度，如基于生产计划的每周需求计划。

每周需求预测数据包括：预测需求量（如工单、订单、新计划）、预测成品入库量、预测成品出库量、库存净余额等，如表 6-6 所示。

在具体的预测面板上，对于日、月、年不同维度的数据，可以通过展开与汇总看到。

表 6-6　产品"A0002"销售端周滚动计划示例　　（单位：件）

周　　别	1周	2周	3周	4周	5周	6周	7周	8周	9周	10周	11周	12周	13周	合计
预测需求量	1,108	1,108	1,108	1,108	1,108	1,108	1,108	1,108	1,108	1,108	1,108	1,108	1,108	14,404
预测成品入库	1,250	1,250	1,250	1,250	1,350	1,350	1,350	1,350	1,180	1,180	1,180	1,180	1,180	16,300
预测成品出货	1,108	1,108	1,108	1,108	1,108	1,108	1,108	1,108	1,108	1,108	1,108	1,108	1,108	14,404
库存净余额	142	142	142	142	242	242	242	242	72	72	72	72	72	1,896

采购端的供应商交付（到货）需求的周计划，可以按照 BOM 的逻辑展开，如表 6-7 所示。

表 6-7　物料采购端的到货周计划　　（单位：件）

采购料号	0周	1周	2周	3周	4周	5周	6周	7周	8周	9周	10周	11周	12周	合计
D0001	1,120	1,120	1,100	1,100	1,100	1,100	1,120	1,120	1,100	1,100	1,100	1,120	1,120	14,420
E0001	2,240	2,240	2,200	2,200	2,200	2,200	2,240	2,240	2,200	2,200	2,200	2,240	2,240	28,840
F0001	2,240	2,240	2,200	2,200	2,200	2,200	2,240	2,240	2,200	2,200	2,200	2,240	2,240	28,840

物料采购端的到货周计划也可以展开为每日数据的更新。

6.3.2　解决"表哥""表姐"的一站式计划和预测的平台搭建

1. 完善基本的供应链管理系统的业务功能

不是所有 ERP 系统的功能都是全面且互通的。应通过 ERP 与其他业务系统的整合，充分实现主数据管理、计划管理、采购管理、订单管理、库存管理、生产管理等业务功能和彼此的数据对接，在业务功能上完善供应链管理系统，如图 6-13 所示。

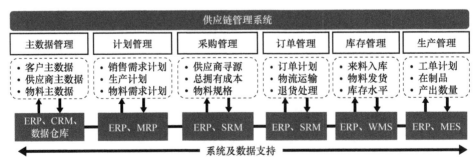

图 6-13　供应链管理系统业务功能的完善

2. 设定物料计划和预测的系统运行逻辑

（1）物料计划和预测的宏观规划

1）至少将长周期的物料设置到主生产计划。

2）根据物料周期、历史销售数据、客户订单，制定预测单。

3）根据预测单对生产需求做对应预算。

4）长周期物料需要采购部做好规划、提前备料。

（2）根据 BOM 和主生产系统运算，设定系统的基本逻辑

1）设定阶梯用量与对应的阶梯采购量的采购价格。

2）依据生产损耗率计算实际需求数量和采购批量。

3）基于所有物料需求数量、时间，设定最佳采购到货数量和到货日期。

（3）基于 BOM 的 MRP 运算，结果如图 6-14 所示。

图 6-14　MRP 运算场景示例

3. 基于数据端到端协同供应链计划与预测系统

企业在自身现有系统资源的基础上，如利用好 SCM、MES、WMS、CRM 等，打造供应商协同平台、智能生产平台、智能物流平台、客户协同平台等，提升供应链协同效应；并通过需求计划、需求预测数据驱动实时、高效的计划滚动和预测迭代；若企业条件许可，可建设大数据云平台和 BI 商业智能平台来完善功能，供应链计划驱动数据流示例如图 6-15 所示。

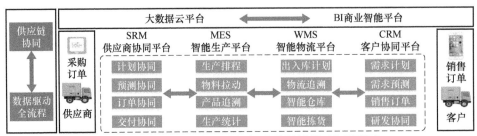

图 6-15　供应链计划驱动数据流示例

数据驱动和完善了供应链协同，并使企业通过对供应链全过程数据追踪，提升供应链计划和预测智能。企业可以基于大数据逻辑框架的蓝图，构建产品中心、需求中心、订单中心、运营中心、供应商中心，通过企业自身的数据系统整合实现数据集成，并通过基础主数据、计划数据、绩效数据、运营数据、外部关联数据与 ERP、MRP、OA、SRM、CRM、WMS、MES 等系统构建数据平台，实现数据的集成化和一体化，如图 6-16 所示。

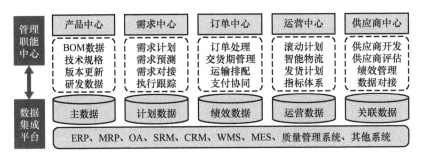

图 6-16　某企业基于业务中心的数据集成

通过供应链计划和预测系统与平台的搭建，企业可接收多渠道的客户需求计划和预测数据，并对实际执行状况进行追踪（如客户订单的下达及订单的实际交付数据），然后反馈到系统与平台，充分对接需求源头，实现数据链的双向循环。

4．有效地执行各种定量预测方法举例

对具体预测方法的概念和公式不做介绍，有兴趣的读者可以使用 Excel 或相关的预测软件完成数据计算，下文举例的数据是用 Excel 完成的计算。

（1）单一指数平滑预测法与系统误差分析（设定平滑系数 $\alpha=0.1$）如表 6-8 所示

表6-8 单一指数平滑预测法与系统误差分析

数据时期	实际需求	需求水平	系统预测需求	预测误差	绝对误差	平均方差	平均绝对偏差	误差（%）	平均绝对误差（%）	路径信号
0		10,000								
1	9,000	9,900	22,083	13,083	13,083	171,173,611	13,083	145.37	145.37	1.00
2	14,000	10,310	20,675	6,675	6,675	107,864,618	9,879	47.68	96.52	2.00
3	24,000	11,679	19,908	−4,093	4,093	77,492,597	7,950	17.05	70.03	1.97
4	35,000	14,011	20,217	−14,783	14,783	112,755,568	9,659	42.24	63.08	0.09
5	11,000	13,710	21,595	10,595	10,595	112,655,577	9,846	96.32	69.73	1.17
6	19,000	14,239	20,436	1,436	1,436	94,223,124	8,444	7.56	59.37	−0.02
7	24,000	15,215	20,192	−3,808	3,808	82,834,218	7,782	15.87	53.15	1.17
8	39,000	17,594	20,473	−18,527	18,527	115,387,038	9,125	47.51	52.45	−1.03
9	13,000	17,134	22,226	9,226	9,226	112,022,965	9,136	70.97	54.51	−0.02
10	14,000	16,821	21,203	7,203	7,203	106,008,955	8,943	51.45	54.20	0.78
11	33,000	18,439	20,383	−12,617	12,617	110,844,214	9,277	38.23	52.75	−0.60
12	42,000	20,794	21,554	−20,456	20,456	136,476,458	10,208	48.70	52.41	−2.55

（2）三期循环的移动平均预测法与系统误差分析如表6-9所示

表6-9 三期循环的移动平均预测法与系统误差分析

数据时期	实际需求	需求水平	系统预测需求	预测误差	绝对误差	平均方差	平均绝对偏差	误差（%）	平均绝对误差（%）	路径信号
1	9,000									
2	14,000									
3	24,000									
4	35,000	20,500								
5	11,000	21,000	19,500	8,500	8,500	72,250,000	8,500	77.27	77.27	1.00
6	19,000	22,250	20,000	1,000	1,000	36,625,000	4,750	5.26	41.27	2.00
7	24,000	22,250	21,250	−2,750	2,750	26,937,500	4,083	11.46	31.33	1.65
8	39,000	23,250	21,250	−17,750	17,750	98,968,750	7,500	45.51	34.88	−1.47
9	13,000	23,750	22,250	9,250	9,250	96,287,500	7,850	71.15	42.13	−0.22
10	14,000	22,500	22,750	8,750	8,750	93,000,000	8,000	62.50	45.53	0.88
11	33,000	24,750	21,500	−11,500	11,500	98,607,143	8,500	34.85	32.96	−0.53
12	42,000	25,500	23,750	−18,250	18,250	127,914,063	9,719	43.45	33.62	−2.34

（3）趋势修正后的指数平滑法与系统误差分析如表6-10所示

（4）基于Winter模型的预测与系统预测误差分析如表6-11所示

表 6-10 趋势修正后的指数平滑法与系统误差分析

数据时期	实际需求	需求水平	需求趋势	系统预测需求	预测误差	绝对误差	平均方差	平均绝对偏差	误差（%）	平均绝对误差（%）	路径信号
0		10,000	1,500								
1	9,000	11,250	1,450	11,500	2,500	2,500	6,250,000	2,500	28	28	1.00
2	14,000	12,830	1,476	12,700	−1,300	1,300	3,970,000	1,900	9	19	0.63
3	24,000	15,275	1,670	14,306	−9,694	9,694	33,971,212	4,498	40	26	−1.89
4	35,000	18,751	2,031	16,945	−18,055	18,055	106,971,638	7,887	52	32	−3.37
5	11,000	19,804	1,835	20,782	9,782	9,782	104,713,744	8,266	89	44	−2.03
6	19,000	21,375	1,783	21,639	2,639	2,639	88,422,080	7,328	14	39	−2.27
7	24,000	23,242	1,799	23,158	−842	842	75,891,739	6,402	4	34	−2.34
8	39,000	26,437	2,079	25,041	−13,959	13,959	90,761,213	7,346	36	34	−3.94
9	13,000	26,964	1,768	28,516	15,516	15,516	107,425,130	8,254	119	43	−1.63
10	14,000	27,259	1,474	28,732	14,732	14,732	118,386,945	8,902	105	50	0.15
11	33,000	29,159	1,559	28,733	−4,267	4,267	109,279,878	8,481	13	46	−0.35
12	42,000	31,847	1,785	30,718	−11,282	11,282	110,779,305	8,714	24	45	−1.63

注：设定需求水平 L_0=10000；需求趋势 T_0=1500；平滑系数 α=0.1；趋势系数 β=0.2。

表 6-11 基于 Winter 模型的预测与系统预测误差分析

数据时期	实际需求	需求水平	需求趋势	季节性需求因子	系统预测需求	预测误差	绝对误差	平均方差	平均绝对偏差	误差（%）	平均绝对误差（%）	路径信号
0		18,000	500									
1	9,000	18,650	530	0.45	8,325	−675	675	455,625	675	8	8	−1.00
2	14,000	19,416	577	0.65	12,467	−1,533	1,533	1,402,857	1,104	11	9	−2.00
3	24,000	20,063	591	1.16	23,192	−808	808	1,152,914	1,005	3	7	−3.00
4	35,000	20,710	602	1.65	34,079	−921	921	1,076,866	984	3	6	−4.00
5	11,000	21,521	644	0.47	10,017	−983	983	1,054,914	984	9	7	−5.00
6	19,000	22,743	760	0.68	15,072	−3,928	3,928	3,450,152	1,475	21	9	−5.54
7	24,000	23,204	700	1.17	27,498	3,498	3,498	4,705,160	1,764	15	10	−3.03
8	39,000	23,848	689	1.67	39,919	919	919	4,222,489	1,658	2	9	−2.67
9	13,000	24,849	751	0.47	11,532	−1,468	1,468	3,992,616	1,637	11	9	−3.60
10	14,000	25,099	651	0.68	17,408	3,408	3,408	4,755,129	1,814	24	11	−1.37
11	33,000	25,996	700	1.17	30,128	−2,872	2,872	5,072,653	1,910	9	10	−2.18
12	42,000	26,541	699	1.67	44,582	2,582	2,582	5,205,699	1,966	6	10	−1.41

注：基于静态分析结果，需求水平 L_0=18000；需求趋势 T_0=500；季节性需求因子 S_1=0.45、S_2=0.65、S_3=1.16、S_4=1.66；同时设定平滑系数 α=0.1；趋势系数 β=0.2；周期性系数 γ=0.1。

第 6 章 大数据赋能供应链需求计划与预测

（5）剔除季节影响的回归分析，使用案例数据进行分析如图 6-17 所示

数据时期	实际需求	需求水平与需求趋势	季节性需求
1	9,000	18,963	0.474608448
2	14,000	19,487	0.71842767
3	24,000	20,750	1.156626506
4	35,000	21,625	1.61849711
5	11,000	22,250	0.494382022
6	19,000	22,750	0.835164835
7	24,000	23,500	1.021276596
8	39,125	23,125	1.686486486
9	13,000	23,625	0.55026455
10	14,000	25,125	0.55721393
11	33,000	24,203	1.363467339
12	42,000	24,727	1.698548146

图 6-17 剔除季节影响的回归分析

案例 1：基于客户需求构建预测模型

F 集团的 G 事业处是以提供各类售后服务为主营业务的部门，小白负责 H 客户的商业性电子备件供应和退回维修。在没有计划预测的情况下，库存积压严重。通过人员、系统、物料、环境等因素，分析现状问题如表 6-12 所示，其中关键因素是预测方法不准确。

表 6-12 因素分析

	因素	人员		系统		物料			环境
		采购不及时	操作失误	收集数据有误差	预测方法不准确	最小采购量问题	生命周期结束的物料	采购提前期过长	产品周期短更新过快
问题	物料库存过多	3	1	1	9	3	5	5	1
	周转周期长	5	1	3	5	1	3	5	3
	呆滞品多	3	3	1	7	5	1	3	5
	作业效率低	1	1	3	1	3	5	3	1
	合计	12	6	8	22	12	14	16	10

目前是依据客户提供的需求预测数据（参考预测量，客户不承担责任）结合经验算法进行备料，但实际的出货数据则按照客户真实订单数量。显然两者会造成差异，最高偏差达 42%，数据分析如图 6-18 所示。

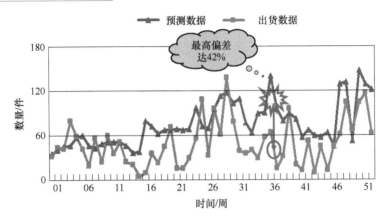

图 6-18 预测数据和出货数据偏差分析

实际出货与客户预测数据差异的主要原因是:部分机型的历史数据量大、周期长;同时部分机型数据量少,且波动较大,没有明显规律。基于数据特性,小白拟采用时间序列法,时间序列模型与季节指数曲线如图 6-19 所示。

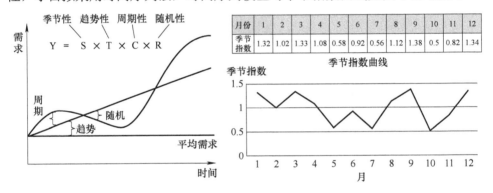

图 6-19 时间序列模型与季节指数曲线

小白用 SPSS 曲线拟合模型 Y=S×T×C×R,其中 Y 是需求预测值,S 是季节性因素,T 是趋势性因素,C 是周期性因素,R 是随机性因素,并分别用一次方程、对数方程、二次方程、乘幂方程进行拟合。其中乘幂方程效果做好,分析结果如图 6-20 所示。

通过将客户预测数据、出货数据、模型预测数据做对比验证,长期预测曲线及平均误差比较如图 6-21 所示。

小白后来又使用了灰色预测模型分析,对预测优化工具和最终绩效进行分析,如图 6-22 所示。

其中预测偏差从 41.5%降低到 19.8%,库存金额从 540 万元降低到 432 万元。

第6章 大数据赋能供应链需求计划与预测

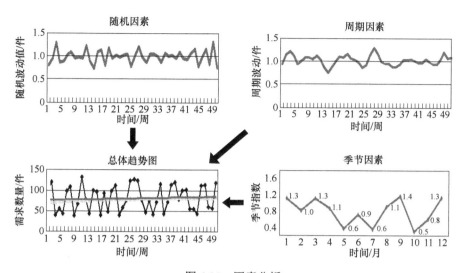

图 6-20 因素分析

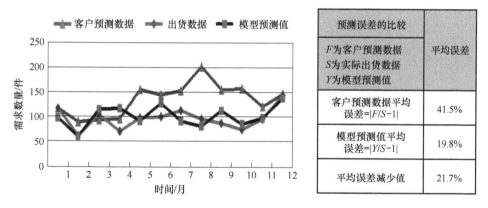

图 6-21 长期预测曲线及平均误差比较

图 6-22 工具和最终绩效分析

案例 2：通过库存呆滞跟踪分析，反向驱动计划与预测的优化

Y 集团通过部门联合、长期跟踪分析并削减总库存和呆滞库存的方式，有效助推企业需求计划与预测功能的优化。库存分类包括成品、半成品和原物料，Y 集团每月检讨总库存金额和呆滞库存金额，其中 2020 年 5 月和 8 月的总库存与呆滞库存的金额如图 6-23 所示。

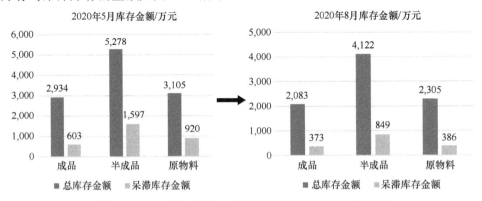

图 6-23 2020 年 5 月和 8 月的总库存与呆滞库存的金额

从图 6-23 可以看出，Y 集团在总库存金额和呆滞库存金额都有明显的降低。集团供应链部门除了持续追踪并分析库存数据外，还有效地推动了采购部、生产部、计划部、销售部等跨部门协同，群策群力降低库存；同时根据呆滞库存数据挖掘影响因素，反向驱动计划和预测功能的优化和提升。以原物料为例，呆滞库存的影响因素包括需求预测偏差、计划排配失真、客户取消订单、最小采购量、超定额安全库存等，如图 6-24 所示。

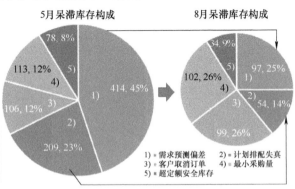

图 6-24 基于影响因素的原物料呆滞库存分析

Y 集团经过 3 个月的团队协同，呆滞库存金额从 920 万元降低到 386 万元，且需求预测偏差的影响比例由 45%降低到 25%，计划排配失真的影响比例由 23%降低到 14%，表明该集团通过库存数据挖掘与分析，持续驱动计划和预测职能的优化，并形成了良性循环。

案例 3：销售预测和出货预测并行

G 企业构建了销售预测模型和出货预测模型，预测产品未来 6 个月的销售量和出货量，以避免产能不足或产能浪费的情形，并降低缺货风险或库存积压风险。基于大数据运行逻辑，通过数据源、数据建模、面板可视化、管理行动 4 个功能模块，构建销售预测系统和出货预测系统，如图 6-25 所示，助推供应链管理职能的提升。

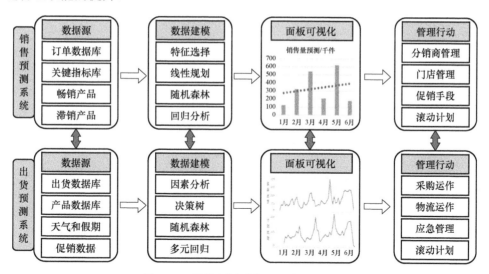

图 6-25 销售预测系统和出货预测系统

（1）可视化因素分析

1）销售预测模型结果：产品未来 6 个月的销售量及趋势。

2）出货预测模型结果：产品未来 6 个月的出货量及趋势。

（2）各部门收益

1）销售部：模型预测代替纯手工预测，释放人力，提高预测准确率。

2）市场部：根据因素分析，从不同角度追踪产品市场情况，为销售提供决策。

3）计划部：基于实时生产计划降低缺货风险或大量库存积压风险。

4）采购部：合理备货及制造物料进货计划，合理分配供应商产能。

从数据流上看，销售是供应链的最前端，销售预测的结果，将指导供应链调度，即既可以指导市场策略、渠道管理，又可以指导生产节奏、采购批量和库存控制。在此展望下未来需求预测和计划：AI（人工智能）深度学习与BI结合，AI融入业务流程；业务专家结合数据专家，技术与业务有机结合；内外部数据的端到端协同与系统平台的完善等。

第7章 大数据赋能战略采购管理

7.1 建立各类战略采购相关的主数据

7.1.1 建立物料主数据

物料主数据字段包括数据日期、料号（PN）、物料名称等，如表 7-1 物料主数据所示。

表 7-1 物料主数据

数据日期	料号	物料名称	规格描述	计量单位	标准成本	币别	工厂代码	是否保税	是否客户指定	客户代码	客户名称	产品名称
2021/1/1	M0100	ABS 粒子	PA756 环保	千克	15.46153	元	Y11	否	否	C000001	ABC	ABC001
2021/1/1	M0101	PPS 粒子	R-4-230 黑色	千克	65.79475	元	Y11	否	否	C000001	ABC	ABC001
2021/1/1	M0102	PC 粒子	D20001 黑色	千克	9.58172	美元	Y11	否	是	C000001	ABC	ABC001
2021/1/1	M0103	TPR 粒子	299-90-1	千克	30.48588	元	Y11	否	否	C000001	ABC	ABC001
2021/1/1	M0104	色母	0008 棕色	千克	9.25643	元	Y11	否	否	C000001	ABC	ABC001
2021/1/1	M0107	色母	0076 黑色	千克	27.76824	元	Y11	否	否	C000001	ABC	ABC001
2021/2/9	M0108	色母	SY-0304	千克	302.82845	元	Y11	否	否	C000001	ABC	ABC001
2021/3/12	I12301	电池组	12V1.3A	套	401.86417	泰铢	F12	是	否	C000002	BCD	BCD002
2021/3/12	P00002	PP 托盘	Apr-82	件	31.17853	泰铢	F12	否	否	C000002	BCD	BCD002
2021/3/12	E12302	BCD 治具	BCD 项目专用	套	389.82601	美元	F12	否	否	C000002	BCD	BCD002

其中标准成本（基准价格）的计算，应使用过去一个财务年度（12 个月）的料号加权平均价格（WAP）作为标准成本，这样比较公正合理。WAP 的计算规则如下：

1. 总体方法和规则

1）任何继续沿用的 PN，一律通过 WAP 计算。若企业上线新的 ERP 而用新规则编写的 PN，可通过新、旧 PN 数据映射计算 WAP 即可，原逻辑不变。

2）对于新财务年度的新需求建立的新 PN，可用第一张量产订单的价格为基准。

2. WAP 计算细则

1）计算统一逻辑：在换算成统一币别的前提下，PN 对应的 WAP 公式为：
WAP = ∑（单价（不含税）×入库数量）/∑（入库数量），计算结果保留 5 位小数

2）在统一换算币别时，去年每个月的支出额必须对应到每个月的汇率。

3）交易币别转换细则：

- 当 PN 的订单记录只有 1 个币别时，则 WAP 值保持原币别不变。
- 当 PN 的订单记录对应 2 个以上（含）币别时，则一律转换为集团本币，如美元。
- 4）特例极小概率情况：当 PN 去年的入库数量求和为负时（退货量>入库量），把退货的负数记录过滤掉，而只保留正数的入库记录作为计算 WAP 的原始数据。
- 5）同一 PN 有不同的供应商交易时，若币别不同则参考币别转换规则；若币别相同，则直接计算即可。一般地，不同供应商交易数据对 WAP 的计算没有影响。

7.1.2 建立币别换算的汇率主数据

在集团性国际采购中，往往根据供应商所在地（国）的不同而使用不同的订单币别。按照成本管控要求，并需要保持财务统计数据和报表的一致性，应根据实际汇率换算成统一的币别。下面采用以美元为基准币别（本币）的汇率换算，进行 WAP 计算。不同企业可使用不同币别作为本币，如国内企业以人民币为基准等，但大数据分析逻辑相同。

制造业的业务统计不需要每周甚至每日跟随市场的汇率变动而变动，一般以月为单位参考一个稳定的汇率即可，如月初汇率、月中汇率、月末汇率或当

月平均汇率等，一般误差很小。表 7-2 是 2020 年的基本汇率数据。

表 7-2　2020 年汇率

币别	1月	2月	3月	4月	5月	6月	7月	8月	9月	10月	11月	12月
美元	1.00000	1.00000	1.00000	1.00000	1.00000	1.00000	1.00000	1.00000	1.00000	1.00000	1.00000	1.00000
人民币	6.97620	6.88760	7.00660	7.08510	7.0571	7.1316	7.0795	6.9848	6.8605	6.81010	6.7232	6.5782
欧元	0.89260	0.90150	0.90930	0.9073	0.9196	0.9031	0.8893	0.8427	0.8402	0.8519	0.8569	0.8357
新币	1.34830	1.34880	1.39500	1.4249	1.4107	1.4177	1.3932	1.3713	1.359	1.3683	1.3669	1.3379
日元	108.85685	109.77655	109.61686	108.09685	106.61077	107.68743	107.57811	104.67884	105.61602	105.6993	104.61194	104.11674
港币	7.78785	7.77443	7.79672	7.7543	7.75029	7.75267	7.75037	7.75012	7.75023	7.75002	7.75259	7.75119
马币	4.10700	4.06620	4.20820	4.3221	4.3369	4.3514	4.2827	4.2402	4.168	4.1571	4.0684	4.0345
泰铢	29.96836	30.38327	31.63690	32.65381	32.38927	31.85686	30.88007	31.34289	31.14118	31.24002	30.28603	29.94668
英镑	0.76242	0.76102	0.77588	0.80883	0.80198	0.8117	0.81239	0.76262	0.7496	0.77761	0.77363	0.75006

汇率表数据，不仅对计算准确的 WAP 很重要，还对于公司统计月度、季度、年度的实际支出和降本等绩效也很重要，在换算成本币金额时，起到重要过渡桥梁作用。

计算 WAP，可用编程软件或 Excel。需保留的字段有料号、规格描述、计量单位、标准成本（WAP 数值，保留五位小数）、币别等，WAP 计算作为标准成本示例如表 7-3 所示。

表 7-3　WAP 计算作为标准成本示例

数据年度	料号	物料名称	规格描述	计量单位	标准成本	币别
2020 年	M0100	ABS 粒子	PA756 环保	公斤	15.46153	元
2020 年	M0101	PPS 粒子	R-4-230 黑色	公斤	65.79475	元
2020 年	M0102	PC 粒子	D20001 黑色	公斤	9.58172	美元
2020 年	M0103	TPR 粒子	299-90-1	公斤	30.48588	元
2020 年	M0104	色母	0008 棕色	公斤	9.25643	元
2020 年	M0107	色母	0076 黑色	公斤	27.76824	元
2020 年	M0108	色母	SY-0304	公斤	302.82845	元
2020 年	I12301	电池组	12V1.3A	套	401.86417	泰铢
2020 年	P00002	PP 托盘	Apr-82	件	31.17853	泰铢
2020 年	E12302	BCD 治具	BCD 项目专用	套	389.82601	美元

7.1.3　建立物料品类分类主数据

以 P 集团战略采购的品类设计为例，战略采购的物料品类主数据示例如

表 7-4 所示。

表 7-4　战略采购的物料品类主数据示例

一阶分类	二阶分类	三阶分类	示例或备注
直接材料	原材料	塑胶粒子和色母	PC、PP、ABS、POE 等原材料
		金属板材	钢板、铝板等原材料
		油漆和涂料	固化剂、色剂、硬化剂等原材料
	零部件	五金件	螺钉、螺母、螺栓、垫圈、弹簧、磁铁
		机构件	线缆、线束、连接器
		线路板组件	PCBA（硬板组件）、FPCA（软板组件）
	模具	模具部件	热流道、模架、钢材、铜料
		模具零件	顶针、定位环、灌嘴、镶件、滑块、密封圈
	包装	瓦楞包装箱	纸箱、纸质平卡、隔板、纸护角
		塑料包装	塑料盘、吸塑盒、覆膜袋、保护膜
		模切品	定制的标签、模切垫片
	委外加工	注塑委外	仅工序委外，买方提供物料
		冲压委外	仅工序委外，买方提供物料
		电镀委外	工序委外，且买方不提供物料
		喷涂委外	仅工序委外，买方提供物料

将物料主数据与分类数据映射，自动生成如表 7-5 料号分类的数据映射所示。

表 7-5　料号分类的数据映射

数据日期	料　号	物料名称	规格描述	一阶分类	二阶分类	三阶分类
2021/1/1	M0100	ABS 粒子	PA756 环保	直接材料	原材料	塑胶粒子和色母
2021/1/1	M0101	PPS 粒子	R-4-230 黑色	直接材料	原材料	塑胶粒子和色母
2021/1/1	M0102	PC 粒子	D20001 黑色	直接材料	原材料	塑胶粒子和色母
2021/1/1	M0103	TPR 粒子	299-90-1	直接材料	原材料	塑胶粒子和色母
2021/1/1	M0104	色母	0008 棕色	直接材料	原材料	塑胶粒子和色母
2021/1/1	M0107	色母	0076 黑色	直接材料	原材料	塑胶粒子和色母

第7章 大数据赋能战略采购管理

（续）

数据日期	料号	物料名称	规格描述	一阶分类	二阶分类	三阶分类
2021/2/9	M0108	色母	SY-0304	直接材料	原材料	塑胶粒子和色母
2021/3/12	I12301	电池组	12V1.3A	直接材料	零部件	机构件
2021/3/12	P00002	PP托盘	Apr-82	直接材料	包装	塑料包装
2021/3/12	E12302	BCD治具	BCD项目专用	直接材料	委外加工	喷涂委外

7.1.4 建立供应商主数据

供应商主数据基本字段包括数据日期、工厂代码、供应商代码、供应商全名等数据，如表7-6所示。

表7-6 供应商主数据示例

数据日期	工厂代码	供应商代码	供应商全名	所在地（国）	是否客户指定	交货条件	交易币别	交易品类	付款条件	供应商归类	去年绩效
2021/1/1	Y11	S0001	深圳大牛科技有限公司	中国华南	否	DDP工厂	元	原材料	发票日30天	战略伙伴	A
2021/2/1	Y11	S0002	二牛塑料（东莞）有限公司	中国华南	否	DDP工厂	元	原材料	发票日60天	战术杠杆	AA
2021/3/1	Y11	S0003	苏州三牛橡胶科技有限公司	中国华东	否	DDP工厂	元	原材料	发票日60天	战术杠杆	B
2021/4/1	Y11	S0004	ABCD Technology Inc.	美国	是	CIF上海	美元	原材料	预付款	瓶颈型	B
2021/5/1	Y11	S0005	EFG Machinery GmbH	德国	否	CIF上海	欧元	零部件	发票日30天	战略伙伴	B
2021/6/1	Y11	S0006	上海大熊科技有限公司	中国华东	否	EXW	元	零部件	发票日60天	普通一般	D
2021/7/1	Y11	S0007	沈阳二熊科技有限公司	中国华北	否	DDP工厂	元	零部件	发票日60天	普通一般	C

7.1.5 建立订单及入库数据表（PO+GR数据）

PO+GR字段包括工厂代码、料号、计量单位、入库单号、入库日期等，如表 7-7 所示。

表 7-7 PO+GR 数据

工厂代码	料号	计量单位	入库单号	入库日期	入库数量	订单号码	订单日期	订单数量	订单未税价	税率	订单币别	供应商代码
Y11	M0100	公斤	G0001	2021/1/1	1,000	P0001	2020/12/1	2,500	15.01	13%	元	S0001
Y11	M0101	公斤	G0002	2021/1/2	2,500	P0002	2020/12/2	3,000	62.01	13%	元	S0002
Y11	M0102	公斤	G0003	2021/1/3	3,400	P0003	2020/12/3	4,500	9.56	0%	美元	S0003
Y11	M0103	公斤	G0004	2021/1/4	4,700	P0004	2020/12/4	5,200	30.40	13%	元	S0001
Y11	M0104	公斤	G0005	2021/1/5	5,900	P0005	2020/12/5	6,100	10.02	13%	元	S0002
Y11	M0107	公斤	G0006	2021/1/6	7,100	P0006	2020/12/6	7,100	25.67	13%	元	S0003
Y11	M0108	公斤	G0007	2021/1/7	8,300	P0007	2020/12/7	8,300	301.22	13%	元	S0003

具备这些主数据后，就可以对战略采购的绩效进行大数据分析了。

7.2 基于主数据的战略采购面板设计与数据分析

7.2.1 对采购支出和降本等数据分析，并驱动绩效改进

对采购支出额（Spend）、成本节省额（Cost Saving，降本）、成本节省比例（Cost Saving%）、成本上涨额（Cost Increase）、成本上涨比例（Cost Increase%）、净影响额（Net Impact）及净影响比例（Net Impact%），用户可以对数据分时间段（如季度、月份）和按不同工厂（如 site 为 A、B、C、D）进行排列组合选择。集团战略采购绩效的 2020 年采购支出和降本面板示例，如图 7-1 所示。

相关细分面板数据在系统中做简单的编程即可，编程依据的计算公式为：

1）采购支出额=Σ（PO 单价×GR 数量），GR 为收料入库数量。

2）成本节省额=（WAP−单价）×GR 数量（若计算结果为负数，计入成本上涨额）。

3）成本节省比例=（成本节省额/采购支出额）×100%。

4）成本上涨比例=（成本上涨额/采购支出额）×100%。

5）净影响比例=[（成本节省额−成本上涨额）/采购支出额]×100%。

用户可点击对应的面板，快速下载出对应的数据表，如表 7-8 月度数据所示。

第 7 章 大数据赋能战略采购管理

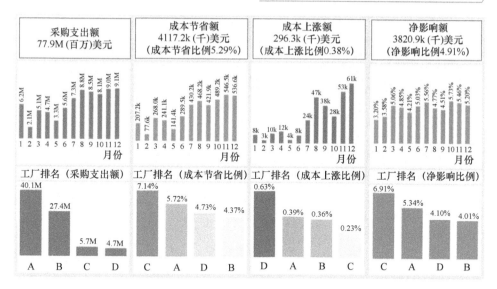

图 7-1 2020 年采购支出和降本面板示例

表 7-8 月度数据

月份	采购支出额/百万美元	成本节省额/千美元	成本节省比例	成本上涨额/千美元	成本上涨比例	净影响额/千美元	净影响比例
1月	6.21	207.2	3.34%	8.4	0.14%	198.8	3.20%
2月	2.10	77.6	3.70%	3.1	0.15%	74.5	3.55%
3月	5.10	268.0	5.25%	10.0	0.20%	258.0	5.06%
4月	4.70	241.1	5.13%	12.2	0.26%	228.9	4.87%
5月	3.30	141.4	4.28%	3.5	0.11%	137.9	4.18%
6月	5.60	289.5	5.17%	8.1	0.14%	281.4	5.03%
7月	7.31	430.2	5.89%	23.8	0.33%	406.4	5.56%
8月	8.81	468.2	5.31%	47.0	0.53%	421.2	4.78%
9月	8.51	421.9	4.96%	38.5	0.45%	383.4	4.51%
10月	8.10	489.2	6.04%	27.8	0.34%	461.4	5.70%
11月	9.01	546.5	6.07%	52.7	0.58%	493.8	5.48%
12月	9.10	536.4	5.89%	61.2	0.67%	475.2	5.22%
合计	77.9	4117.2	5.29%	296.3	0.38%	3820.9	4.91%

还可以进行横向比较，即集团内各个工厂的比较，如表 7-9 所示。

站在工厂的角度，用户可在每个月度、季度自由地分析自己绩效并做对比，比如工厂 B 在 2020 年中做绩效检讨，首先查看面板，如图 7-2 工厂 B 的年中分析面板所示。

表 7-9　工厂之间横向比较

工厂	采购支出额/百万美元	成本节省额/千美元	成本节省比例	成本上涨额/千美元	成本上涨比例	净影响额/千美元	净影响比例
A	40.1	2292.0	5.72%	154.5	0.39%	2137.5	5.34%
B	27.4	1196.3	4.37%	98.9	0.36%	1097.4	4.01%
C	5.7	404.8	7.14%	13.1	0.23%	391.7	6.91%
D	4.7	224.1	4.73%	29.7	0.63%	194.4	4.10%
合计	77.9	4117.2	5.29%	296.3	0.38%	3820.9	4.91%

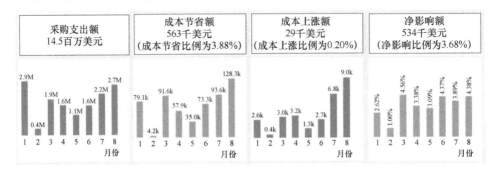

图 7-2　工厂 B 的年中分析面板

同样，还可以对物料的品类自动分析，立即感知各品类绩效状况，如表 7-10 所示。

表 7-10　工厂 B 的品类绩效分析

二阶分类	采购支出额/美元	成本节省额/美元	成本节省比例	成本上涨额/美元	成本上涨比例	净影响额/美元	净影响比例
原材料	7203146	366397	5.09%	20985	0.29%	345412	4.80%
零部件	2618513	50363	1.92%	7010	0.27%	43353	1.66%
委外加工	2767161	33306	1.20%	1165	0.04%	32141	1.16%
模具	1076756	75356	7.00%	0	0.00%	75356	7.00%
包装	846940	37592	4.44%	17	0.00%	37575	4.44%
总计	14512516	563014	3.88%	29177	0.20%	533837	3.68%

工厂 B 的用户（如 GM、工厂采购经理、供应链团队等）看到上述数据后，如果不知道自身绩效水平的高低情况，可以立即在同一页面查看其他工厂和集团数据进行比较得到。

工厂 B 与集团绩效相比，其净影响比例 3.68%低于集团同期平均值 4.77%，且在集团内排名倒数第一。基于面板自动化分析，不需要集团领导跟进，工厂 B 的相关负责人立即主动规划，准备下半年迎头赶上。这样，借助面板对品类支出自动分析，并结合每个品类的特点，可制定战略采购成本再降低的策略，如图 7-3 大数据面板分析驱动 B 工厂责任人主动改善示例所示。

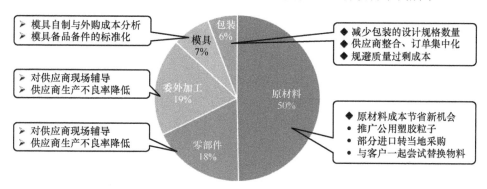

图 7-3　大数据面板分析驱动 B 工厂责任人主动改善示例

7.2.2　与预算和过往年度比较分析

在每个财务年度的起初，供应链管理者可以基于集团内各个工厂的实际需求状况做预算，比如设定预计支出额和预计节省额，基于品类维度的各工厂预算示例如表 7-11 所示。

表 7-11　基于品类维度的各工厂预算示例

品类	工厂 A		工厂 B		工厂 C		工厂 D	
	预计支出额/百万美元	预计节省额/千美元	预计支出额/百万美元	预计节省额/千美元	预计支出额/百万美元	预计节省额/千美元	预计支出额/百万美元	预计节省额/千美元
原材料	18.3	619	14.5	499	4.2	219	2.8	97
零部件	0.5	5	5.3	88	0.2	3	0.2	9
模具	6.5	246	2.8	112	0.5	0	0.3	0
包装	6.5	785	1.7	56	0.4	7	0.2	21
委外加工	11.5	520	5.9	93	0.9	3	1.9	121
总计	43.3	2175	30.2	848	6.2	232	5.4	248

可以将此预算分解为每个月的预算目标，然后逐月使用实际发生的金额与预算额进行比较，通过对偏差的分析，驱动战略采购绩效的改进；也可以在工厂间进行横向比较，直观得出绩效的排名等。将实际数据和预算数据进行比较，发现 4 个工厂都达成了年度预算。

采购降本（成本节省）是战略采购核心绩效指标之一。供应链管理者可以对采购降本指标进行单独预算，比如对净影响额和净影响比例做预算，采用瀑布图形式，逐月对实际绩效进行跟踪，并与预算进行比较，对偏差及时采取补救或改进措施，直至年底达成预算，集团净影响比例预算与实际达成瀑布图分析如图7-4所示。

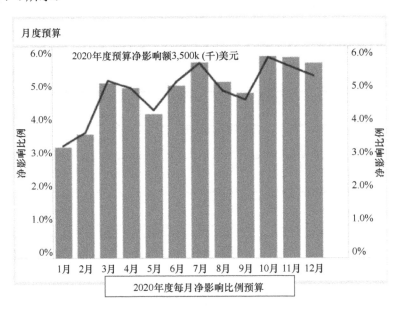

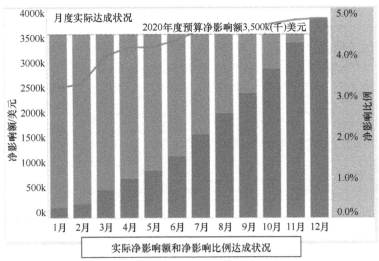

图 7-4 集团净影响比例预算与实际达成瀑布图分析

第 7 章 大数据赋能战略采购管理

将实际绩效数据与预算数据进行比较，发现集团略有超额完成地成了年度战略采购降本的目标。针对不同的品类，各品类负责人也可以参考这个方法做预算，不仅可以逐月追踪各品类采购降本绩效的达成情况，还可以在不同的品类之间进行横向比较。

除了与各类预算比较外，也可与 2019 年绩效数据做同比比较，集团 2019 年度采购支出与降本分析如图 7-5 所示。

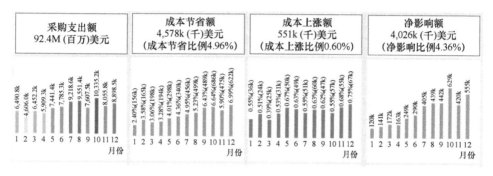

图 7-5 集团 2019 年度采购支出与降本分析

经过比较，2020 年的采购支出额比 2019 年同比降低 15.7%〔（92.4–77.9）/92.4〕，净影响比例 4.91%略高于 2019 年的 4.36%，即集团 2020 年的净影响比例优于 2019 年，相对提升了 12.6%〔（4.91%–4.36%）/4.36%〕。

除了对总体战略采购降本绩效进行同比分析外，还可以深入挖掘分析，比如各个工厂的绩效同比分析、月度绩效的不同年份的同比分析、品类绩效的同比分析等。

7.2.3 战略采购品类分析

具备了基本的大数据存储工具（如数仓）后，供应链管理者可根据业务需求，对更小颗粒度的数据深入挖掘和分析，持续推动战略采购管理职能的提升。

基于战略采购的品类划分，对所有二级品类数据进行分析，包括从采购支出额、成本节省额、成本节省比例等维度进行分析，如表 7-12 集团采购品类的绩效数据分析所示。

可以用环形图体现各品类的贡献，例如分别就各品类的采购支出额、净影响额及比重进行分析，如图 7-6 基于品类的绩效分析所示。

表 7-12 集团采购品类的绩效数据分析

品　类	采购支出额/百万美元	成本节省额/千美元	成本节省比例	成本上涨额/千美元	成本上涨比例	净影响额/千美元	净影响比例
原材料	37.5	1,836.2	4.89%	259.6	0.69%	1,576.6	4.20%
零部件	5.4	118.2	2.20%	11.1	0.21%	107.1	2.00%
模具	8.7	422.0	4.84%	0.2	0.00%	421.9	4.84%
包装	8.3	927.4	11.24%	1.9	0.02%	925.5	11.21%
委外加工	18.0	813.4	4.52%	23.5	0.13%	789.9	4.39%
合计	77.9	4,117.2	5.29%	296.3	0.38%	3,820.9	4.91%

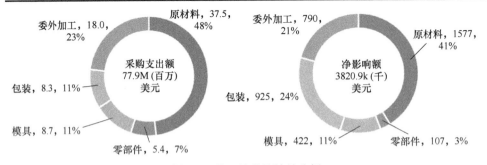

图 7-6 基于品类的绩效分析

由图 7-6 可以看出，包装品类的净影响额绩效最好，用 11% 的采购支出额贡献了 24% 的净影响额；零部件品类的净影响额绩效最差，占用了 7% 的采购支出额却只贡献了 3% 的净影响额。

集团用户也可以统计不同工厂的贡献来进行比较，如图 7-7 基于工厂的绩效分析所示。

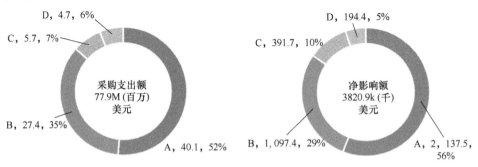

图 7-7 基于工厂的绩效分析

由图 7-7 可以看出，工厂 C 的净影响额绩效最好，用 7% 的采购支出额贡献了 10% 的净影响额；工厂 B 的净影响额绩效最差，占用了 35% 的采购支出额却只贡献了29%的净影响额。

每个品类负责人也可以对自己负责的品类进行更进一步数据下载分析三级品类，采购支出额排名前10的"塑胶粒子和色母"品类分析示例如表7-13所示。

表7-13 采购支出额排名前10的"塑胶粒子和色母"品类分析示例

二阶分类	三阶分类	物料名称	采购支出额/美元	成本节省额/美元	成本节省比例	成本上涨额/美元	成本上涨比例	净影响额/美元	净影响比例
原材料	塑胶粒子和色母	PC+ABS	6,840,941	386,594	5.65%	37,218	0.54%	349,375	5.11%
		PC	6,157,534	289,854	4.71%	68,486	1.11%	221,368	3.60%
		ABS	5,836,389	171,573	2.94%	30,121	0.52%	141,452	2.42%
		PA	3,071,844	173,863	5.66%	35,970	1.17%	137,893	4.49%
		POM	2,631,477	92,566	3.52%	239	0.01%	92,327	3.51%
		PP	1,515,794	8,674	0.57%	4,208	0.28%	4,466	0.29%
		HIPS	596,376	15,289	2.56%	752	0.13%	14,537	2.44%
		软粒	585,912	11,469	1.96%	1,078	0.18%	10,392	1.77%
		PMMA	380,758	31,226	8.20%	2,052	0.54%	29,174	7.66%
		色母	348,637	4,556	1.31%	1,965	0.56%	2,591	0.74%
合计			27,965,662	1,185,665	4.24%	182,090	0.65%	1,003,575	3.59%

7.2.4 战略采购的供应商数据分析

针对供应商管理，可以环比统计每个月每个工厂交易供应商数量的变化，如图7-8 基于月度环比的工厂交易供应商数量的比较所示。

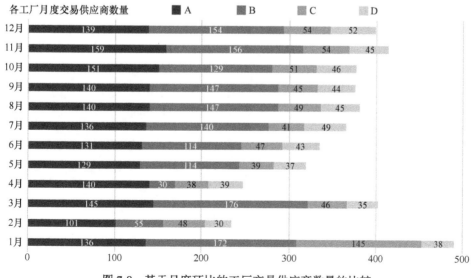

图7-8 基于月度环比的工厂交易供应商数量的比较

每个工厂每个月交易的供应商不尽相同,因此可查询 2020 年所有供应商存量和各品类存量占比,如图 7-9 各工厂供应商数量和不同品类的占比分析所示。

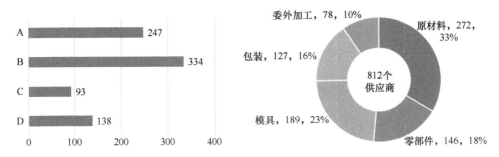

图 7-9　各工厂供应商数量和不同品类的占比分析

对于贡献率排名的供应商数据,比如用户选择前 15 名采购支出额最大的供应商数据,如图 7-10 基于采购支出额的供应商排名分析所示(所起供应商名称仅为案例示例使用)。

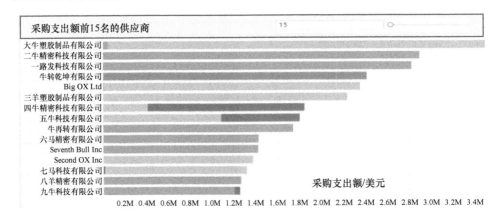

图 7-10　基于采购支出额的供应商排名分析

供应商的付款周期天数是涉及公司流动资金的重要考量指标,每个供应商都对应一个付款周期(如 60 天),统计每个工厂的加权平均付款期限(权重为各供应商的支付金额),如图 7-11 年度加权付款周期天数分析所示。

通常对供应商的付款周期越长,越有利于企业流动资金的节省。由图 7-11 可以看出,工厂 A 的付款周期天数绩效最好,而工厂 D 的付款周期天数绩效最差,集团平均付款周期天数是 85.1 天。

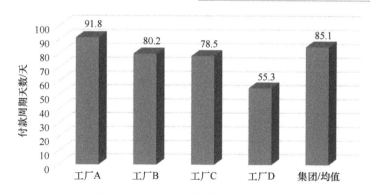

图 7-11　年度加权付款周期天数分析

也可以统计月度的付款周期天数比较,如图 7-12 付款周期天数的月度环比所示。

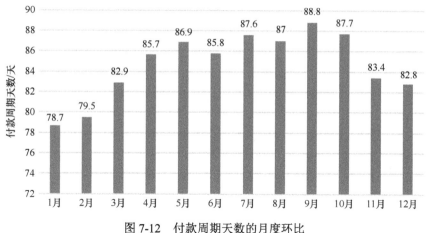

图 7-12　付款周期天数的月度环比

对照付款周期天数和每个月的应付款额度,对财务部门提前做好每个月的付款计划并提前做好资金准备非常重要。

也可以按照品类来做统计,如图 7-13 基于二阶分类的付款周期天数分析所示。

由图 7-13 可以看出,在所有原料品类中,包装品类的付款周期天数绩效最好,加权平均值高达 98.8 天,而模具品类的付款周期天数绩效最差,只有 65.4 天。

还可以按照应商合同中规定的付款周期天数来做统计,如图 7-14 基于供应商合同的付款周期天数分析所示。

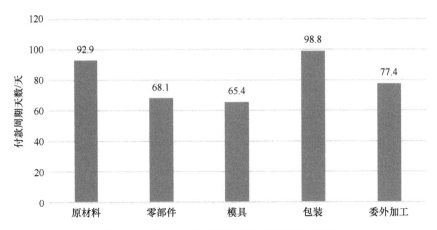

图 7-13　基于二阶分类的付款周期天数分析

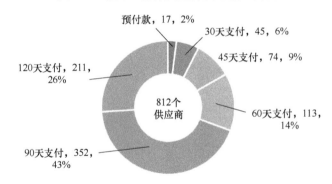

图 7-14　基于供应商合同的付款周期天数分析

由图 7-13 可以看出,供应商合同要求 90 天付款周期的最多,供应商个数占 43%;其次是 120 天付款周期,供应商个数占 26%;还有 2%数量的供应商要求预付款,这类供应商通常是具有独特技术的强势供应商或客户指定的供应商。

还可以通过其他维度,比如基于订单数量的付款周期天数进行分析,不再赘述。

7.2.5　战略采购的作业层数据分析

大数据面板可视化的运用,除了可对绩效数据进行深入分析外,还可以对基本的采购作业层面进行分析,比如最基本 PR 和 PO 作业的状况分析,如图 7-15 月度的 PR 和 PO 数量统计所示。

第 7 章 大数据赋能战略采购管理

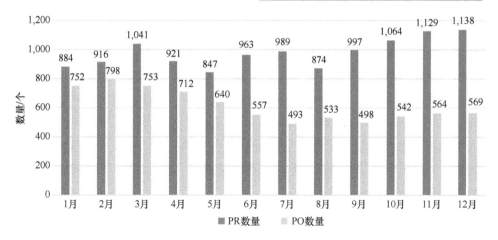

图 7-15 月度的 PR 和 PO 数量统计

还可以深入挖掘，比如对下订单耗时分析、未完全下订单的 PR 数量分析、超过交货期 1 个月的未交订单金额分析、材料入库 3 周后未申请付款的 GR 数量分析等。供应链管理者要根据实时数据追踪背后的原因，并逐步提高采购作业的效率。图 7-16 所示为采购基本作业层月度数据分析示例。

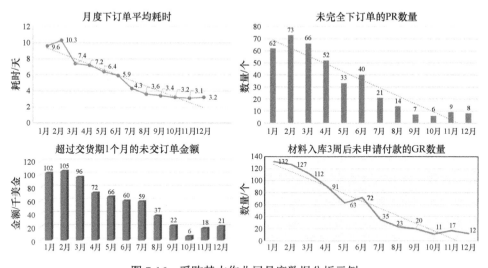

图 7-16 采购基本作业层月度数据分析示例

图 7-16 所示的是工厂 A 在采购作业层面改善前后的数据，改善前的细节之差令人惊叹，如订单作业耗时长达 10 天、过多的 PR 没有被及时下采购单（如果确认需求取消，应该在 ERP 中及时删除 PR）、供应商未完全交货的累积金额太大（如果双方确认订单可以取消或尾量可以取消交货，应在 ERP 中及时

清除或关闭)、采购员没有及时为供应商申请付款等。此图向读者明示了一切都可以用大数据说话，一切的大数据都能做可视化的场景应用。

对于供应链大数据管理人员来说，在数据清洗的过程中，可以对数据错误、数据异常、数据缺失等数据质量问题做统计。一方面提醒自己对数据清洗力度不够，从而再次、三次清洗数据，最终做到数据绝对异常率为0%；另一方面可以把具体的质量异常数据反馈给具体业务人员，以便他们在后续作业中做改善，从而有利于提高源数据的准确性和完整性。图7-17所示为战略采购年度数据质量分析（清洗前后）。

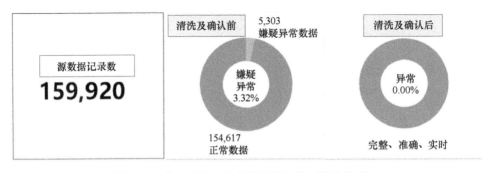

图7-17 战略采购年度数据质量分析（清洗前后）

该年度共有159920条记录，数据清洗及确认前嫌疑异常的数据累计有5303条。经过数据更新、验证、清洗后，均已修正为正常数据，系统最终判定异常的数据为0条。大数据分析还可以反向作用于业务系统数据的持续净化和完善，在数据分析层面形成良性循环，从而让大数据面板更加无限接近于100%的准确无误。

7.3 大数据驱动战略采购效率提升

7.3.1 大数据运作下的采购生产力提升

企业内部的大数据平台或系统定期（如每个月甚至每周）连续滚动地统计相关采购的绩效数据，既节约了大批手工制作报告的时间，也让所有团队成员形成数据素养，养成用数据说话的好习惯，例如表7-14基于改进报告处理方式的月度采购生产力提升统计。

表7-14 基于改进报告处理方式的月度采购生产力提升统计

每月报告种类	报告涉及部门	阶段一 全手工耗费人力/小时	阶段二 半自动化耗费人力/小时	阶段三 全自动化耗费人力/小时	报告自动化额外收益
采购支出	采购、财务	80	20	10	预算决算
成本节省	采购、财务	40	10	5	持续追踪
成本上涨	采购、财务、销售	40	10	5	追踪行动
间接支出	采购、财务、运营	40	10	5	预算决算
供应商绩效	采购、物流	80	20	10	公用借鉴
品类分析	采购、财务	80	40	20	数据挖掘
合同统计	采购、法务	40	20	10	客户稽核
库存分析	计划、销售、运营	80	20	20	预警
应付账款	采购、财务	40	40	20	预警
团队绩效	供应链、集团管理层	40	20	10	预警
管理报告	供应链、集团管理层	100	60	30	数据一致性
合计		660	290	145	—

从表7-14可以看出,与阶段一的全手工耗费的人力数量相比,阶段二的半自动化人力可节约56%,而阶段三的全自动化人力可节约78%。

大数据驱动采购作业从纸张文件与手工传递向电子文件与系统自动传递转变,就月度采购订单作业工时节约状况进行统计,如表7-15所示。

表7-15 月度采购订单作业工时节约统计

序号	涉及流程与作业	涉及部门或人员	工厂A文件数量/个	工厂B文件数量/个	工厂C文件数量/个	工厂D文件数量/个	文件数量合计/个	原文件格式	原单个文件耗费人力/小时	原需求人力/小时	现文件格式	现单个文件耗费人力/小时	现需求人力/小时
1	系统开立总需求	计划部	100	80	40	25	245	纸张文件	1	245	电子文件	0.4	98
2	总需求被批准	计划经理/总经理	100	80	40	25	245	纸张文件	1	245	电子文件	0.4	98
3	拆分到各品类PR	计划部	400	320	160	100	980	纸张文件	1	980	电子文件	0.2	196
4	PR分发给采购员	计划部	400	320	160	100	980	纸张文件	1	980	电子文件	0.2	196
5	主数据建立	采购寻源部	20	16	8	4	48	纸张文件	2	96	电子文件	1	48

（续）

序号	涉及流程与作业	涉及部门或人员	工厂A文件数量/个	工厂B文件数量/个	工厂C文件数量/个	工厂D文件数量/个	文件数量合计/个	原文件格式	原单个文件耗费人力/小时	原需求人力/小时	现文件格式	现单个文件耗费人力/小时	现需求人力/小时
6	开立PO	采购执行部	200	160	80	50	490	纸张文件	1	490	电子文件	0.3	147
7	PO被批准	采购经理/总经理	200	160	80	50	490	纸张文件	1	490	电子文件	0.3	147
8	发PO到供应商	采购执行部	200	160	80	50	490	纸张文件	1	490	电子文件	0.2	98
9	跟催供应商签认	供应商	200	160	80	50	490	纸张文件	1	490	电子文件	0.2	98
10	交货期跟进与维护	采购执行部	200	160	80	50	490	电子文件	1	490	电子文件	0.2	98
合计			2020	1616	808	504	4948	—	—	4996	—	—	1224

从表7-15可以看出，通过大数据驱动采购作业电子化的实践，4个工厂的采购订单作业人力可节约3772小时（4996-1224），节约比例为75.5%。

如果按照每个员工每月工作22天，每天工作8小时计算，则节约的人力数约为21人。节约的人力可以调职到其他部门或从事更有战略意义的工作，如从事基于市场行情的供应商成本分析、价格谈判、集中采购、供应商深入稽核与辅导等工作。

7.3.2 大数据让战略采购回归成本管控的初心

大数据可以帮助企业的战略采购回归成本管控的本质。战略采购应关注成本的构成，并对应当价格（Should Price）的架构进行拆分，对料、工、费等数据进行分析后，可以与供应商报价对比使用，如图7-18采购总成本架构所示。

也可以使用TCO（Total Cost of Ownership，总拥有成本）或LCC（Life-Cycle Cost，全寿命周期成本）进行分析，一般地，全寿命周期成本包括：获取成本、维护成本、培训成本、部件维修成本、能源消耗、废料和副产品、安装成本等。通过大数据分析，能够回归采购成本管控的"初心"——成本管控。

日本物流成本专家希泽修把采购称为"第三大利润源泉"。企业管理者对提高企业利润的着眼点从起初的"改进生产工艺、降低原材料消耗"到"增加销售量、提高销售利润率",再到"加强采购管理,降低采购成本",是一个认识和实践的深化过程。一般地,当采购额占销售额的比例越大,企业的利润率越高时,则采购成本降低对企业销售收入的贡献就越大,可通过相关公式进行计算,具体统计数据如表7-16所示。

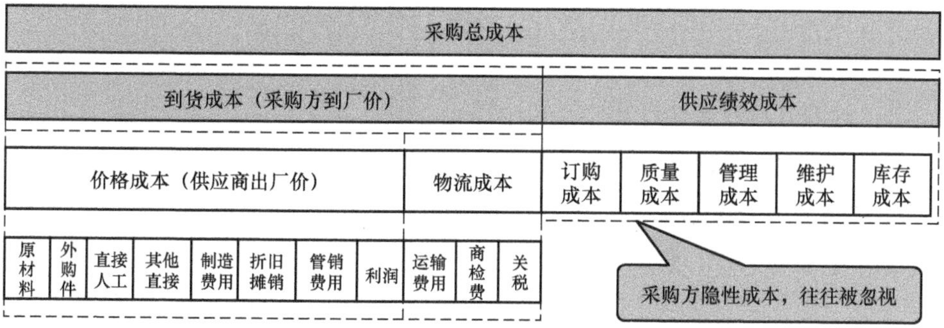

图7-18 采购总成本架构

表7-16 为使利润与采购额节省1元所需增加的销售额 (单位:元)

利润率	采购额占销售额的比例							
	20%	30%	40%	50%	60%	70%	80%	90%
2%	2.44	2.78	3.23	3.85	4.76	6.25	9.09	16.67
4%	2.38	2.70	3.13	3.70	4.55	5.88	8.33	14.29
6%	2.33	2.63	3.03	3.57	4.35	5.56	7.69	12.50
8%	2.27	2.56	2.94	3.45	4.17	5.26	7.14	11.11
10%	2.22	2.50	2.86	3.33	4.00	5.00	6.67	10.00

一般地,制造型企业对采购成本管控有诸多方法,包括但不限于如下方法。

1)价值分析(VA)和价值工程(VE)。
2)目标成本法或价格谈判。
3)为节约供应商制造成本而设计、早期供应商参与方法。
4)杠杆采购、价格与成本分析方法。
5)标准化、招标采购、联合采购等方法。

7.3.3 基于市场行情预测的经济批量(EOQ)和成本控制流程优化

设物料年需求量 D,单位购买价格为 P,每批订货数量为 Q,每批订货成本为 I,单位仓储成本为 J,单位物料的仓储成本与单位购买价格的比率为 F,经济批量 $Q*$ 为:

$$Q^* = \sqrt{\frac{2DI}{J}} = \sqrt{\frac{2DI}{FP}}$$

该公式是基于理想化的静态。假设可以实现 JIT 运送方式，即货物每天均有运送，每天供货数量为 m，每天用货率为 d，其余条件不变，则经济批量 Q^* 为：

$$Q^* = \sqrt{\frac{2DI}{J(1-d/m)}} = \sqrt{\frac{2DI}{FP(1-d/m)}}$$

1. 延期订货数量的计算

当市场原材料价格预测趋于下跌时，可采用延期订货来获得采购成本的节省。

设物料年需求量为 D，每批订货成本为 I，单位仓储成本为 J，延期订货前的最大库存水平为 V，每次订货批量为 Q，订货间隔期为 t，单位产品的延期购买成本为 B，订货间隔期内的存货时间为 t_1，订货间隔期内的缺货时间为 t_2，这种设定条件下延期采购的 EOQ 模型如图 7-19 所示。

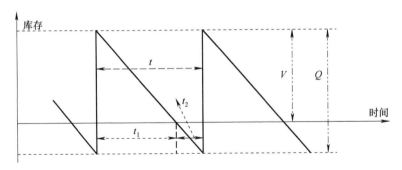

图 7-19 延期采购的 EOQ 模型

此时最佳订货量 Q^* 是：

$$Q^* = \sqrt{\frac{2DI}{J}}\sqrt{\frac{J+B}{B}} = \sqrt{\frac{2DI(J+B)}{JB}}$$

2. 提前订货数量的确定

当市场原材料价格预测趋于上涨时，可采用提前订货来规避采购成本的上涨。

设物料年需求量为 D，每批订货成本为 I，单位仓储成本为 J，涨价前最后一次订货到货时的原有库存量为 q，涨价前的特别订货（提前订货）数量为 Q，涨价前价格为 P_1，涨价后价格为 P_2，涨价前订货时间为 t_1，涨价点时间为 t_2，在不发生特别订货 Q 的情况下，涨价后的第一次订货的时间为 t_3；涨价后的第二次订货的时间为 t_4，提前采购的 EOQ 模型如图 7-20 所示。

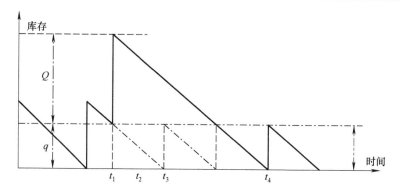

图 7-20　提前采购的 EOQ 模型

此时最佳订货量 Q^* 是：

$$Q^* = \frac{D(P_2 - P_1) + \sqrt{2DIJ}}{J} - q$$

基于大数据分析和市场行情预测的采购成本管控流程优化，如图 7-21 所示。

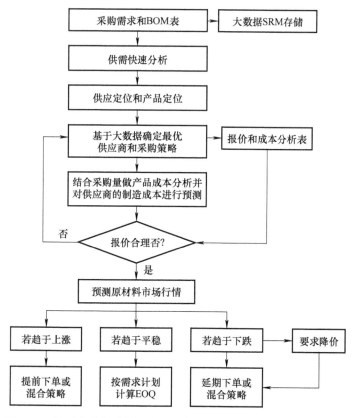

图 7-21　基于大数据分析和市场行情预测的采购成本管控流程优化

7.3.4 推动涨价的根本原因分析

降价是好事,通过财务部门的二次确认,很容易就能确定绩效的真实性和准确性。但是对于涨价,就需要进行持续滚动的追踪和分析,落实到责任人,下面是基本的涨价大数据分析过程。

打开战略采购的大数据面板,"分析维度"选择"Quarter(季度)","工厂"选择"All(所有)","季度"选择"All(所有)",如图7-22战略采购管理面板所示。

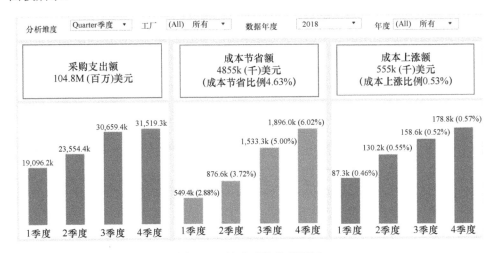

图 7-22 战略采购管理面板

其中成本上涨比例是 0.53%,成本上涨额是 555k(千)美元。点击对应数据模块下载基础数据,字段包括料号、物料名称、规格描述、二阶分类、计量单位、入库单号等,如表 7-17 基于料号维度的采购涨价明细表所示。基础数据的字段还包括入库数量、PO 采购价格、标准成本、三阶分类、客户应收账款周期、供应商应付账款周期等,所有相关字段均是由主数据和业务数据的映射得到的,可确保数据的完整性、准确性、可追溯性。

要注意特例情况,在统计 GR 数量的时候,如果是退货(即 GR 数量为负数),原被记录在成本节省的这部分金额,应在成本上涨中抵扣回来,系统在大数据计算时会判断为成本上涨。基于这个逻辑,需要扣除退货(GR 数量为负数)导致成本上涨的金额:21937 美元,真正涨价的总额是:533075 美元。按照月份的维度,从涨价根本原因或执行结果分析来看,大部分是由于客户指定的供应商涨价而转嫁给客户（客户基于数据也认可），还有部分是采购批量过小导致阶梯价格差异、市场行情、规格变更等因素，统计如表 7-18 基于月度的全年涨价原因分析和执行结果分析报告所示。

表 7-17 基于料号维度的采购涨价明细表

料号	物料名称	规格描述	二阶分类	计量单位	入库单号	入库日期	订单号码	工厂代码	供应商名称	成本上涨额/美元	成本上涨比例	责任人	是否客户指定	客户名称
M010130	注塑加工	A76-60	委外加工	件	GR1211	2019/12/1	PO20189	Y11	小牛	2.82	13.92%	张山	否	宝骡
U011005	纸板	ZB-034	包装	件	GR1212	2019/12/1	PO20100	Y11	大胡	10.90	0.33%	张山	否	宝骡
M04104	NKT 322	T0.1	零部件	千克	GR1213	2019/12/2	PO20191	Y11	二海	20.50	8.03%	王湖	否	宝骡
M09101	弹簧	Bφ1.2	零部件	件	GR1214	2019/12/2	PO20192	Y11	二海	6.94	0.25%	王湖	是	小面
M02102	色母	1322 5	原材料	千克	GR1215	2019/12/3	PO20193	F12	七鹿	11.07	0.11%	李海	是	小面
M11102	PC+ABS	1322 9	原材料	千克	GR1216	2019/12/3	PO20194	F12	七鹿	93.55	4.77%	李海	是	小面

表 7-18 基于月度的全年涨价原因分析和执行结果分析报告（集团层面）（单位：美元）

序号	原因或执行结果分析	1月	2月	3月	4月	5月	6月	7月	8月	9月	10月	11月	12月	小计
1	已转嫁给客户	13,924	16,467	16,348	21,965	38,667	30,787	30,888	43,115	26,805	36,873	35,675	40,796	352,311
2	在目标成本范围内	7,623	4,549	3,795	4,902	3,630	3,975	8,663	9,965	4,162	8,313	11,461	11,509	82,546
3	汇率浮动	74	42	51	117	79	109	170	266	163	861	634	335	2,901
4	销售遗漏作业	1,603	158	1,830		565	8	4,046	231	340	314	288	929	10,312
5	采购批量过小	947	519	957	1,619	643	2,878	1,179	1,318	2,969	5,779	2,395	5,500	26,702
6	物料规格变化		1,055	1,440		2,703	417	218	298	338	508	1,729		8,706

（续）

序号	原因或执行结果分析	1月	2月	3月	4月	5月	6月	7月	8月	9月	10月	11月	12月	小计
7	运输改空运						786	313	963	6,361	901		80	9,405
8	市场行情涨价	11,194	2,090	1,784	2,146	4,502	1,981	4,460	1,215	4,871	2,966	2,166	273	39,649
9	其他因素						8	154			303		77	541
	合计	35,365	24,879	26,205	30,749	48,087	43,235	50,291	57,291	45,969	56,647	53,127	61,229	533,075

对工厂间进行横向比较，如表 7-19 基于月度的全年涨价原因分析和执行结果分析报告所示。

表 7-19 基于月度的全年涨价原因分析和执行结果分析报告（工厂层面）（单位：美元）

序号	原因或执行结果分析	工厂 A	工厂 B	工厂 C	工厂 D	工厂 E	工厂 F	小计	金额占比
1	已转嫁给客户	195,633	—	2,671	54,447	6,174	93,387	352,311	66.1%
2	在目标成本范围内	14,183	19,320	8,731	—	3,453	36,860	82,546	15.5%
3	汇率浮动	279	394	79	14	819	1,317	2,901	0.5%
4	销售遗漏作业	10,154	—	158	—	—	—	10,312	1.9%
5	采购批量过小	137	926	4,159	2,273	3,664	15,543	26,702	5.0%
6	物料规格变化	—	—	5,757		82	2,867	8,706	1.6%
7	运输改空运	—	—	—	942	1,413	7,051	9,405	1.8%
8	市场行情涨价	62	64	10,997	2,852	23,917	1,757	39,649	7.4%
9	其他因素	—	—	8	—	533	—	541	0.1%
	合计	220,448	20,704	32,560	60,527	40,054	158,781	533,075	100%

7.3.5 市场行情数据预测和策略示例

P 集团长期持续跟踪、分析并预测市场行情的价格走势数据，尤其是重点规格的原材料。在 2021 年初，供应链团队在 2020 年采购支出数据分析基础上，预测各工厂需求的重点规格的塑胶粒子在未来 3 个月内的市场价格会上涨,并及时指导各个工厂执行应对策略,如表 7-20 基于 2020 年实际支出的重点规格行情与影响预测所示。

表 7-20 基于 2020 年实际支出的重点规格行情与影响预测

塑胶粒子规格	2020 年实际支出额/美元	占总支出额比例	未来 3 个月价格走势预测	其他影响预测	风险预测	应对策略
PC+ABS	6,840,941	23.9%	明显上涨	采购提前期增加 3 周	较高	立即提前下单
PC	6,157,534	21.5%	明显上涨	采购提前期增加 2 周	较高	立即提前下单
ABS	5,836,389	20.4%	上涨	采购提前期增加 2 周	较高	立即提前下单
PA	3,071,844	10.7%	明显上涨	采购提前期增加 2 周	较高	立即提前下单
POM	2,631,477	9.2%	明显上涨	采购提前期增加 1 周	较低	适当提前下单
其他	4,094,304	14.3%	大部分上涨	采购提前期增加 1 周	较低	适当提前下单
合计	28,632,489	100%	总体上涨	—	—	—

根据表 7-20 的预测结果,对于占比达 85.7%的 5 类规格(PC+ABS、PC、ABS、PA、POM),各工厂在 2020 年 1 月初提前下单并备足安全库存。供应链团队基于数据分析和预测,对集团销售部门和各工厂项目部门提出的其他建议如下。

1)针对已经量产项目:获得客户需求预测及承诺、暂停对客户的年度降价、查看库状况、对供应商提前下单并锁定合理价格、后续根据市场供应状况再调整库存水平。

2)针对刚报价给客户的新项目:建议立即与客户签订补充的弹性价格协议。

3)针对新项目询价:对客户报价时,设定适当调幅,并在报价单中备注未来调价条件。

P 针对集团供应链团队的预测相对准确,如图 7-23 所示为 2020 年 10 月~2021 年 4 月重点规格的塑胶粒子实际市场行情趋势。

大数据赋能供应链管理

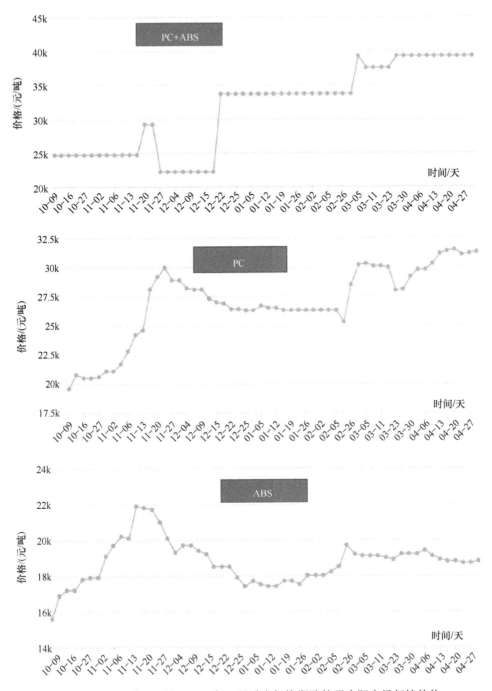

图 7-23　2020 年 10 月～2021 年 4 月重点规格塑胶粒子实际市场行情趋势

第 7 章 大数据赋能战略采购管理

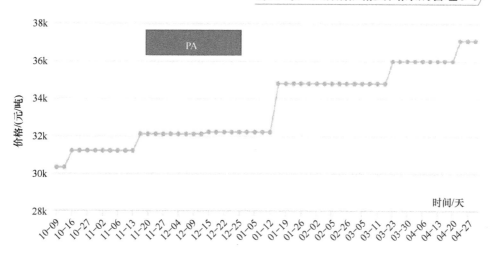

图 7-23　2020 年 10 月～2021 年 4 月重点规格塑胶粒子实际市场行情趋势（续）

7.3.6　大数据思维推动战略采购价值增值

业余的战略采购"选手"言必称"价格谈判战术"是王牌杀手锏，而采用大数据为根基则可以驱动更多、更有效的成本节省方法，如表 7-21 采购成本节省方法的比较所示。

表 7-21　采购成本节省方法的比较

序号	采购成本节省方式	成本节省均值比例	数据要求等级	备注
1	早期采购与供应商参与研究	27%	高	可长期与研发协同
2	标准化设计	25%	高	可长期与研发协同
3	利用供应商的技术与工艺	23%	高	可长期与研发和技术协同
4	供应商改进工艺与提升质量	12%	高	可长期与质量协同
5	价值分析（VA）和价值工程（VE）	10%	高	可长期与研发和技术协同
6	目标成本法	8%	高	可长期使用、持续改进
7	提升需求预测与降低库存	8%	高	可长期使用、持续改进
8	品类管理及供应商整合	7%	中	可长期使用、持续改进
9	价格与成本分析	6%	中	可长期使用、持续改进
10	改进采购流程与数据协同	5%	中	可长期使用、持续改进
11	供应商管理库存与即时生产	5%	中	可长期使用、持续改进
12	杠杆采购或联合采购	4%	低	同一产品很难多次使用
13	招标与比价	3%	低	同一产品不能多次使用
14	商务谈判或价格谈判	2%	低	同一产品很难多次使用

通过传统的价格谈判和纯采购手段来节省成本的空间越来越小，而通过与供应商协同和内部职能协同来节省成本则具有更大潜力。以价值工程（VE）方法为例，战略采购与研发团队、技术团队充分协同时，基于数据分析，能逐步发现无效成本浪费和辅助成本浪费，通过价值工程（VE）方法节省成本的逻辑如图 7-24 所示。

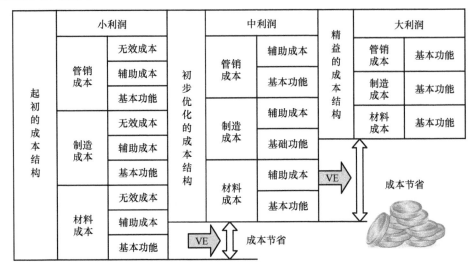

图 7-24　通过价值工程（VE）方法节省成本的逻辑

充分发挥战略采购对企业的增值，比如在产品开发阶段的早期，推动供应商早期参与（ESI）和采购早期参与（EPI），并以此制定采购策略、进行需求预测等，这才是战略采购的绩效重点，从而实现在产品开发流程中的增值，战略采购的价值曲线如图 7-25 所示。

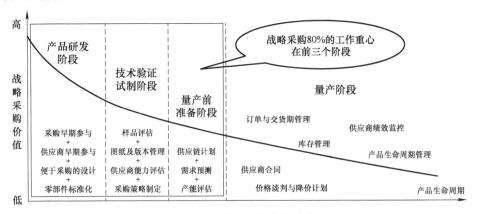

图 7-25　战略采购的价值曲线

7.4 大数据完善供应商协同管理

7.4.1 搭建协同的 SRM 系统

1. 供应商绩效考核与评估的范围

战略采购流程的 5R（Right）原则分别是：合适的数量、合适的质量、合适的价格、合适的交货地、合适的交货时间。当企业选择了"合适的供应商"时，5R 问题都会迎刃而解。为了动态地选对供应商，有必要做供应商绩效管控，管控范围包括质量、价格、及时交货、技术服务、协同力等维度。

基于大数据实施，供应商绩效考核与评估是一个动态的过程，需要囊括在供应商管理的全过程中，包括供应商的入选流程、实际交易流程跟踪、绩效数据评估和考核后的改善方案等。一个供应商绩效分析的构想是基于卡拉杰克矩阵产品分类，通过有效的供应商绩效评估策略和绩效数据分析，自动生成绩效报告，如图 7-26 供应商绩效分析流程框架所示。

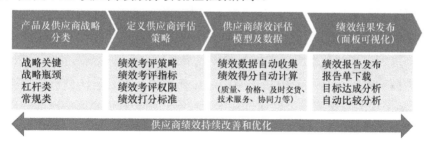

图 7-26 供应商绩效分析流程框架

2. 打造基于大数据的全平台的 SRM 系统，让企业与供应商协同更加高效

1) 数据的来源包括流程管理、价格数据、订单数据、预测协同数据、对账数据等，基于这些数据搭建基于供应商协同参与的绩效考核体系，所有的数据均在采购统计分析之列。

2) SRM 系统的搭建，有利于通过大数据分析，让供应商绩效考核成为闭环。

3) SRM 系统通过对接企业内部系统，如 MRP、ERP、MES 等，让企业与供应商之间实现高效协同，如预测协同、采购协同、送货协同、质量协同、对账协同等全采购流程协同。

7.4.2 供应商绩效评估的工具和示例

1. 供应商绩效评估测量工具

供应商绩效评估测量工具包括系统类、信息类、绩效测量和鉴定类、模型理论和支持类工具等，如图 7-27 供应商绩效评估测量工具所示。

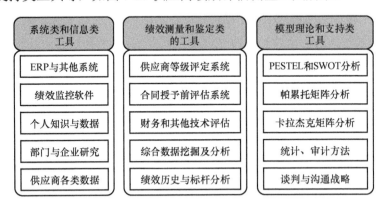

图 7-27 供应商绩效评估测量工具

2. 建立商业信息系统与供应商数据库用于供应商绩效测量

建立诸如商业信息系统、供应商数据库等，通过作业流程和采购决策，自动输出到供应商绩效数据库，并按照预先设定指标，自动形成各类绩效报告。

根据商业数据分析供应商相关指标，比如使用比率分析法分析某战略供应商 A 连续 3 年的数据差异，如通过资本收益率、销售利润率、资产周转率、流动比率、速动比率等可以初步判断该供应商财务指标情况，如图 7-28 比率分析法及计算示例所示。

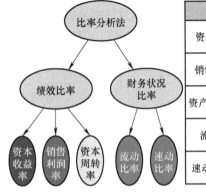

相关比率与计算公式	2018年	2019年	2020年
资本收益率＝$\dfrac{净利润}{所有者权益}\times 100\%$	22.3%	18.8%	11.7%
销售利润率＝$\dfrac{利润总额}{营业收入}\times 100\%$	11.6%	10.7%	9.4%
资产周转率＝$\dfrac{销售收入总额}{平均资产总额}\times 100\%$	1.92	1.76	1.24
流动比率＝$\dfrac{流动资产}{流动负债}\times 100\%$	1.69	1.47	1.18
速动比率＝$\dfrac{流动资产-存货}{流动负债}\times 100\%$	0.98	0.86	0.67

图 7-28 比率分析法及计算示例

由图 7-28 可以看出，该供应商的相关比率连续三年呈下降趋势，相关采购人员需要深入分析这些比率数据下降的根本原因，并根据实际分析结果，做相应的风险等级评判与制定中中长期应对计划等。

也可以深入分析供应商的资产收益能力和资本收益率的同比差异，如表 7-22 某供应商 B 资产利用效率测量指标差异所示。

表 7-22　某供应商 B 资产利用效率测量指标差异

测量指标	2019 年	2020 年	差异
销售收入净额/万元	55,120	43,370	−11,750
息税前利润/万元	1,758	1,350	−408
净利润/万元	890	580	−310
平均资产总额/万元	9,950	8,170	−1,780
总资产周转次数/次	5.54	5.31	−0.23
总资产回报率	17.67%	16.52%	−1.15%
股本收益率	8.94%	7.10%	−1.84%

7.4.3　基于大数据分析的供应商绩效面板

基于供应商绩效因素的预定和绩效比重的设置，尽量使用大数据定量的评判依据，对供应商的绩效做综合评价和排名，如表 7-23 供应商绩效矩阵所示。

表 7-23　供应商绩效矩阵

供应商绩效因素	绩效比重	定量占比	定性占比	绩效评判依据
交付质量	30%	100%	0%	大数据面板
价格优势	25%	100%	0%	大数据面板
及时交付	25%	100%	0%	大数据面板
售后服务	5%	60%	40%	实际售后服务数据+项目团队评价
技术能力	5%	60%	40%	供应商技术能力评估数据+研发团队评价
柔性协同	5%	60%	40%	实际柔性协同数据+采购团队评价
抗风险能力	5%	100%	0%	大数据面板

通过系统自动收集相关数据，生成供应商绩效面板，如图 7-29 示例所示。

对各绩效因素评分时，需要对具体数据进行挖掘，并深入分析，确保绩效评价客观公正。

例如对原材料品类，定义及时交货的判断标准是（−3，0）天，即提前 3

天以内都为及时交货，但不可以有任何延期。传统方法统计供应商及时交付的绩效太粗犷。若有两个供应供应商 A 和 B，每月 A 交货 10 批且有 2 次延迟到货，每次延迟 5 天；B 交货 20 批有 4 次延迟到货，每次延迟 1 天，看似两个供应商及时交付率都是 80%，但若基于数据更小颗粒度挖掘分析，这两个供应商的及时交付绩效差距很大。

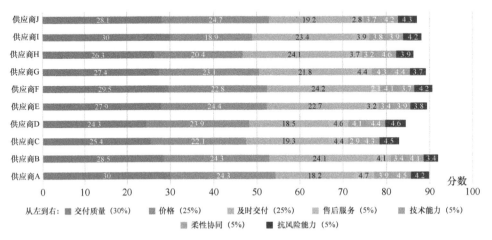

图 7-29 供应商绩效面板示例

现从原材料品类随机抽取 7 家供应商 A、B、C、D、E、F、G，且随机统计某个月度的交货数据，7 家供应商的月度交货数据统计和分析如表 7-24 所示。

表 7-24 7 家供应商的月度交货数据统计和分析

供应商	最小采购量/千克	每月交货批数/批	延迟交货批数/批	平均延迟时间/天	最小交货天数/天	最大交货天数/天	平均交货天数/天
A	100	8	4	5	18	35	20.50
B	100	8	3	3	21	28	22.13
C	100	10	2	2	14	17	14.40
D	100	30	5	1	9	10	9.17
E	100	25	8	3	12	29	12.96
F	100	8	2	3	15	20	15.75
G	100	8	3	2	21	25	21.75

按照正态分布计算的相关数据如表 7-25 所示。

7 家供应商及时交付绩效的正态分布箱线图如图 7-30 所示。

第7章 大数据赋能战略采购管理

表 7-25 按照正态分布计算的相关数据

供应商	95%置信区间下限	最大交货天数/天	最小交货天数/天	95%置信区间上限	样 本 数	标 准 差
A	16.43	35	15	24.57	8	5.879747322
B	20.45	28	18	23.80	8	2.416461403
C	13.80	17	11	15.00	10	0.966091783
D	9.03	10	6	9.30	30	0.379049022
E	11.64	29	9	14.28	25	3.372437299
F	14.54	20	12	16.96	8	1.752549164
G	20.79	25	18	22.71	8	1.38873015

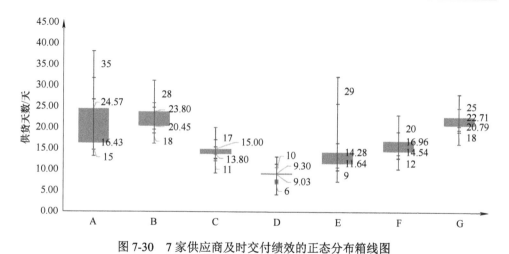

图 7-30 7家供应商及时交付绩效的正态分布箱线图

因为样本量较少,所以基于 T 分布分析更准确。按照 T 分布计算的数据如表 7-26 所示。

表 7-26 按照 T 分布计算的数据

供应商	95%置信区间下限	最大交货天数/天	最小交货天数/天	95%置信区间上限	样 本 数	t 值
A	15.71	35	15	25.29	8	2.306004135
B	20.15	28	18	24.10	8	2.306004135
C	13.72	17	11	15.08	10	2.228138852
D	9.03	10	6	9.31	30	2.042272456
E	11.57	29	9	14.35	25	2.059538553
F	14.32	20	12	17.18	8	2.306004135
G	20.62	25	18	22.88	7	2.306004135

7家供应商及时交付绩效的T分布箱线图如图7-31所示。

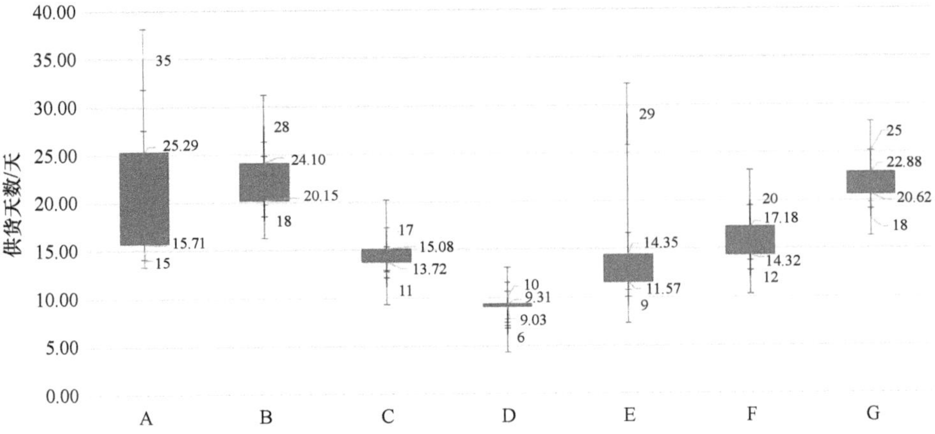

图7-31　7家供应商及时交付绩效的T分布箱线图

从上述分析可以看出，箱线图越靠近原点水平线，说明供应商的交付日期越短；箱子的面积越小，说明供应商的交付偏差天数越小。类似的方法也可以用于统计供应商交付质量的绩效。

案例1：大数据赋能战略采购绩效考核和职能变革

"用数据说话，公平公正，没有任何主观的绩效"，这是F公司的采购负责人在2020年初给团队定下KPI指标时强调的一句话。基于战略采购组织内部的KPI考核，完全通过系统数据直接得出客观的分数。如表7-27采购KPI绩效与大数据面板关联所示，是F公司2020年初设定的指标体系，涵盖成本节约、付款优化、库存水平、AVL优化等方面，高达90%的KPI可直接从大数据面板得到。

表7-27　采购KPI绩效与大数据面板关联

绩效指标	数据来源	绩效指标	数据来源
采购成本节省	大数据面板	库存周转天数	大数据面板
付款周期优化	大数据面板	AVL集中与缩减	大数据面板
合同签署率	大数据面板	JIT/VMI项目数量	大数据面板
品类正确性	大数据面板	工厂增效项目数	月度例会报告

在大数据驱动和赋能下，F公司的战略采购从"产品采购"转换到"价值

采购"上来。战略采购给企业的核心竞争力贡献力量，比如根据产品生命周期，在产品研发阶段、技术验证和试制阶段、量产前准备阶段，采购人员充分介入，并完善新产品寻源（NPS）、新产品物料（NPM）、产品管理（CM）等职能，如图 7-32 大数据赋能 F 公司战略采购职能转型所示。

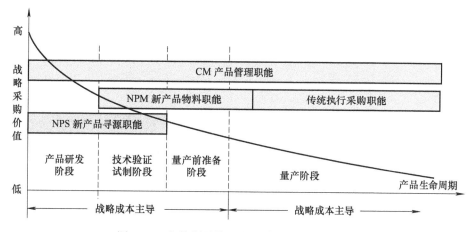

图 7-32　大数据赋能 F 公司战略采购职能转型

其中，NPS 的职能包括供应链风险评估、供应商搜寻及评估、技术寻源、供应商早期参与、产能规划、模具和治具管理、成本节省计划等；NPM 的职能包括试制阶段的样品或原材料供给、采购提前期分析、供应商产能爬坡计划、供应商绩效预评估、自制与外购策略分析、顺利交接给执行采购等；CM 的职能包括 SWOT（优势、劣势、机会、威胁）分析和波特五力分析、供应链整体交付计划、供应商关系管理、供应商绩效管理、成本架构分析、合同与价格谈判、中长期供应计划、产品生命终结管理等。通过这些核心价值职能的设立和强化，大大增强了战略采购对企业的价值贡献。

案例 2：基于战略采购协同痛点，打造供需双方协同

嘉岩供应链基于千余家客户的现场和实际调研，就需求侧和供给侧之前的现状，对供需双方的痛点问题做了细节分析，包括主数据问题、需求问题、寻源问题、签约问题、物流问题、付款问题等，这些问题导致了协作难、耗时长、成本高的结果，如图 7-33 需求侧和供应侧的痛点所示。

大数据赋能供应链管理

图 7-33 需求侧和供应侧的痛点

基于上述痛点，利用大数据赋能战略采购流程自动化，使得供需双方实现了高效协同。如图 7-34 针对痛点的协同所示。

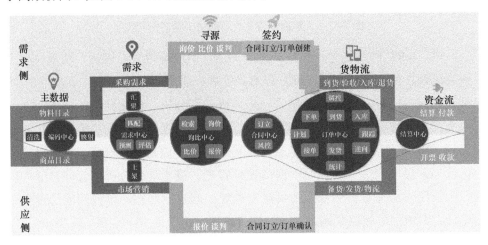

图 7-34 针对痛点的协同

基于大数据端到端的无缝链接，打造了数据清洗和映射的编码中心、围绕预测匹配的需求中心、询价和比价的询比中心、风控的合同中心、更加完整的订单中心、自动对账的结算中心等。通过大数据赋能战略采购平台和流程自动化，供需双方实现了高效协同。

第 8 章

大数据赋能企业间接采购降本增效

8.1 间接采购的管理现状分析

就在几年前,间接采购尚不被企业重视,其主要原因包括但不限于如下方面。

1) 与战略采购物料或直接采购物料相比,间接采购物料(IDM)所占金额不大。
2) 一般情况下,IDM 即使出了问题也不会有伤筋动骨的风险。
3) IDM 的库存金额一般占比不会太高,因此索性备足库存,以为能"一劳永逸"。
4) 按照二八甚至一九原则,IDM 比 DM(直接采购物料)更繁杂,即采购支出可能只有 10%,但是料号数量却占到 90%,杂乱无章是常态,索性就撒手不管。
5) 企业的供应链人力和资源有限,无法兼顾,心有余而力不足。
6) 管理上抓大放小,如大型设备和基建,管理者会关注,但一般较小金额的采购就放权了,如有的企业设定 2000 元以下的金额由需求部门和采购员自由裁定。

IDM 是采购不合规甚至腐败的重灾区。注意:采购腐败绝对不等于采购部门或采购人员的腐败。根据笔者统计的真实场景和案例分析,采购腐败包括但不限于如下情况。

1. 重度腐败或严重违规

1) 库存账物严重不一致,且无法提供证据解释的。
2) 供应商多报送货数量,与保安或仓管勾结,甚至直接空车虚假送货的。

3）产品在使用时恶性报废或浪费，或掩盖其他问题，比如质量问题的。

4）恶意虚报维修备件、维修工时甚至直接做假账的。

5）项目中以次充好、以劣充优，但是付款却按供应商优质报价支付的。

6）虚报项目范围或细节数量，仅部分完成或部分供货，但却按全部支付的。

7）明知施工质量较差，企业内部也"闭眼"签字后全额付款的。

8）偷窃转卖的，甚至联合保安、仓管等协同作案的。

9）可循环利用的包装流转舞弊，用旧的循环包装产品，在账上做成新购买的。

10）若干部门人员集体做假账逃避公司相关系统的数据追踪和监控的。

11）报废的设备拍卖时，不经过任何拍卖手续直接违规低价出售的。

12）废料被低价转售甚至数量被严重低估出售的，或串通送货车辆舞弊的。

13）正常可以折扣销售的成品和半成品被恶性报废或超低价处理的。

2. 隐形腐败或轻度违规

1）产品规格描述粗略或故意描述错误，无法从系统数据中判断具体产品的。

2）设计时有针对性地指定供应商或故意有针对性地加严要求，从而排挤新货源的。

3）新项目的模具、治具、检具故意有针对性地指定，从而逃避采购竞标政策的。

4）市场可选渠道很多，却长期高价从单一渠道采购把企业管理层蒙在鼓里的。

5）需求部门故意不提供明确的规格，让采购走流程弯路、搞拖延策略的。

6）项目启动时故意不让采购知道，然后把项目时间拖到快截止的时候，逼迫采购必须签字认同其推荐的供应商的，否则就威胁会说是采购部门拖延导致项目风险。

7）联合客户的销售人员，故意设置不必要供应商指定或推荐的。

8）运营部门破坏采购人员为了降本所做的替换努力，如：替代刀模样品在测试的时候，故意在设备上多转两圈导致很快损坏，然后就给出样品测试不合格结论的。

9）管理人员"口头推荐"不符合资质的供应商，事后却让采购人员背黑锅的。

10）故意买贵的而不是买最合适的，且美其名曰"质量是第一位的"。

11）失窃时监控系统突然失效了，想报警处理但一夜之后却又放弃报警的。

12）有责任心的人被内部打击报复甚至被劝退、开除，导致劣币驱逐良币的。

13）预算是把双刃剑，有时会导致部门年底突击花钱，否则担心下个年度预算被压缩。对此财务部明知不合理却也事不关己高高挂起，基本上睁一只眼闭一只眼的。

因企业内部腐败被追究不是新鲜个案，某企业的内部公告如图8-1所示。

> 在2019年公司管理改革与合规性稽查的过程中，我们很惊讶地发现，与供应链业务密切相关的部分销售人员、售后人员、研发人员、采购人员、质量人员、行政人员共计48人存在大量腐败行为。这些腐败行为导致集团的平均采购价格比市场价格高18%，保守估计给公司造成11亿元的损失。
> 经过确凿证据的收集和总部律师团队的介入，公司将严重腐败的21人移交司法机关处理，等待他们的将是严厉的法律惩罚；公司同时决定对其余27人直接开除。

图 8-1 某企业的内部公告（部分）

这份公告揭示了集体腐败导致的企业损失严重、令人痛心疾首的情况。企业管理者或供应链管理者需要反思：是否存在管理疏漏、管控不足的情形？是否可以利用大数据提升管理水平并持续优化、改善呢？

近几年来，越来越多的企业开始重视 IDM 这块"法外之地"。根据对某两个知名度较高的招聘网站的数据抽样统计，以 2020 采购类招聘数据看，统计和初步分析如下。

1）专职招聘"间接采购工程师"或更为细分的"设备采购工程师""基建采购工程师"等各类专职间接采购工程师岗位数量，占所有采购工程师职位总量的 34%。

2）专职招聘"间接采购主管或经理"的，占采购主管或经理职位总数的 23%。

3）另以招聘"采购经理"职位为例，企业在工作描述中明确要求应聘人员必须熟悉 IDM 或有经验优先（如项目采购管理经验、基建采购管理经验、设备竞标经验等）的，占采购经理职位总数的27%。

而在5年前，所有上述比例仅为上述数据的一半左右。

8.2 间接采购预算和支出分析方法

8.2.1 间接采购支出的品类主数据和支出主数据

一般地，企业间接采购支出的品类分为：资产设备、基建、MRO（维修、保养、运营）、人事行政、物流运费、专业服务等，如表8-1所示。

表8-1 间接采购的分类

一阶分类	二阶分类	三阶分类	示例或备注
间接采购支出	资产设备	机器和设备	生产设备、测试设备等
		整套模具	外购模具，且用于产品生产
		工装	治具、夹具、载具、检具
		IT硬件和软件	机房、ERP软件、MRP软件
	基建	工厂翻修翻建	办公室装修、停车棚翻建
		水电费	车间电费、办公室电费
		环境保护支出	污水处理费用
	MRO	备品备件和工具	螺杆、机械手、扳手、钳子
		员工防护和清洁品	劳保鞋、静电服、清洁剂
		生产设备的维保	第三方维修工时费
		非生产设备的维保	电梯、空调、空压机保养维修费
	人事行政	差旅费	机票费、酒店费
		办公用品和制服	文具、统一的工服
		培训费用	内训费用、外训费用
		安保费用	门卫费用、监视器费用等
	物流运费	物流运费	空运、陆运、海运等运费
		货物保险	空运、陆运、海运等货物保险
		进出口费用	商检费、关税
	专业服务	顾问费	专家费用
		产品检验费	环保物质测试费
		设备服务	设备安装费、检测费、校准费

根据每家企业运营方式的不同，可能并非所有的间接采购支出都通过采购下订单完成，比如可以直接通过财务报销核算方式。因此从部门管控范围的角

度，从财务系统中直接抓取相关数据并通过与采购数据的映射则更为全面，如表 8-2 财务系统间接采购支出数据所示。

表 8-2 财务系统间接采购支出数据（部分）

二阶分类	三阶分类	财务数据状态	1月支出/美元	2月支出/美元	3月支出/美元
资产设备	工装	支付前系统立账	90,737	89,720	57,041
基建	工厂翻修翻建	支付前系统立账	43,055	34,790	51,736
MRO	备品备件和工具	支付前系统立账	21,474	19,072	18,540
MRO	员工防护和清洁品	支付前系统立账	1,803	1,924	1,729
MRO	生产设备的维保	支付前系统立账	40,951	67,334	53,217
MRO	非生产设备的维保	支付前系统立账	4,369	5,437	3,814
人事行政	差旅费	支付前系统立账	10,752	17,295	13,827
人事行政	办公用品和制服	支付前系统立账	527	496	877

IDM 支出的其他主数据还包括工厂和部门代码、成本中心代码、会计代码（A/C）等。

8.2.2 统计上个财务年的间接采购支出数据

例如，就 2019 年的 R 集团 4 个工厂所有间接采购支出进行分析，如图 8-2 所示。

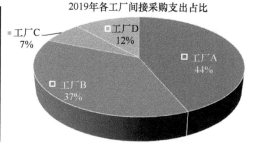

工厂	间接采购支出/美元
工厂A	13,262,405
工厂B	11,381,899
工厂C	2,170,345
工厂D	3,626,767
合计	30,441,416

图 8-2 R 集团 4 个工厂所有间接采购支出分析

一般地，间接采购支出与销售额两者之间有一定的比例关系，就上个财务年（2019 年）间接采购支出与工厂销售额占比 12 个月滚动分析如图 8-3 所示。

通过图 8-3 中的占比进行分析，更利于评判间接采购支出合理与否，图中的横折线表示每个月的间接采购支出占营业额比例的增减状况。

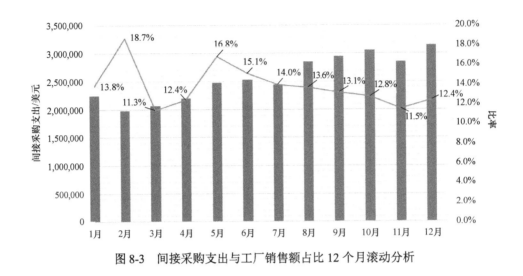

图 8-3　间接采购支出与工厂销售额占比 12 个月滚动分析

8.2.3　间接采购支出的预算和成本节省计划

根据集团 2020 年各需求部门提交的间接采购支出预算做总预算时，不能简单加总，需要切合实际情况进行从上而下与从下而上的分析，可参考如表 8-3 品类拆分的预算和成本节省计划所示。

表 8-3　品类拆分的预算和成本节省计划

二阶分类	预算采购支出额/美元	占总采购支出比例	计划成本节省额/美元	计划成本节省比例
资产设备	1,160,194	4%	8,801	0.8%
基建	9,743,895	33%	1,323,494	13.6%
MRO	7,206,867	25%	611,134	8.5%
人事行政	6,709,331	23%	652,104	9.7%
物流运费	3,905,689	13%	246,784	6.3%
专业服务	460,520	2%	19,775	4.3%
总计	29,186,496	100%	2,862,092	9.8%

可将降本目标再拆分成 4 个季度，并初步制定集团的 IDM 计划成本节省额和成本节省核心策略，如表 8-4 所示。

可将成本节省计划进行拆分，制作成瀑布图，如图 8-4 集团基于月份和工厂两个维度拆分成本节省计划的瀑布图所示。

表 8-4 基于品类和季度拆分的 IDM 计划成本节省额和成本节省核心策略

二阶分类	计划成本节省额/美元	2020年1季度/美元	2020年2季度/美元	2020年3季度/美元	2020年4季度/美元	成本节省核心策略
资产设备	8,801	2,179	2,205	2,217	2,200	项目竞标
基建	1,323,494	295,403	338,345	358,872	330,874	项目竞标
MRO	611,134	136,405	156,234	165,712	152,783	外包整合、标准化
人事行政	652,104	145,549	166,708	176,821	163,026	更广泛的比价
物流运费	246,784	55,082	63,089	66,917	61,696	供应商整合与高层谈判
专业服务	19,775	4,414	5,055	5,362	4,944	严格的预算管控
总计	2,862,092	639,032	731,636	775,901	715,523	—

有了集团的间接采购支出预算数据后，每个工厂可以按照月份进行拆分订立相应的支出预算，以便后续逐月追踪分析。工厂可以根据实际需要进行适当修正，但间接采购支出总额不得超过集团分配的预算金额，如表 8-5 工厂 A 的月度品类支出预算所示。

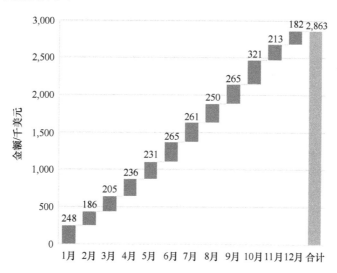

图 8-4 集团基于月份和工厂两个维度拆分成本节省计划的瀑布图

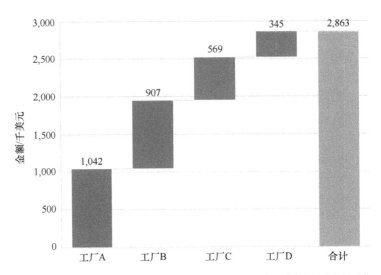

图 8-4 集团基于月份和工厂两个维度拆分成本节省计划的瀑布图（续）

表 8-5 工厂 A 的月度品类支出预算　　　　　　　（单位：美元）

二阶分类	1月	2月	3月	4月	5月	6月	7月	8月	9月	10月	11月	12月	小计
资产设备	4,984	4,990	4,989	4,984	4,983	4,982	4,986	4,982	4,985	4,985	4,985	4,985	59,820
基建	169,981	164,296	224,618	211,536	206,466	300,906	302,340	374,071	438,989	428,442	363,806	321,933	3,507,383
MRO	46,568	49,072	76,065	59,878	55,028	96,476	91,508	117,817	148,946	143,700	115,412	97,332	1,097,802
人事行政	287,787	289,570	297,980	301,125	296,495	309,797	307,676	312,711	328,639	326,890	317,461	311,434	3,687,465
物流运费	36,789	35,710	52,149	45,960	43.711	69,566	70,211	85,652	105,104	102,217	84,460	71,762	803,292
专业服务	1,213	1,216	1,195	1,230	1,011	978	946	679	1,059	1,059	1,059	1,059	12,703
总计	547,321	544,854	656,996	624,713	607,594	782,705	777,666	895,912	1,027,721	1,007,294	887,182	808,505	9,168,465

针对成本节省的计划，工厂 A 基于月份和品类两个维度拆分成本节省计划的瀑布图如图 8-5 所示。

在实际的月度支出追踪过程中，可对比设定的目标线进行分析，图 8-6 为截止到 2020 年 8 月的工厂 A 的实际支出数据的跟踪示例。

第 8 章 大数据赋能企业间接采购降本增效

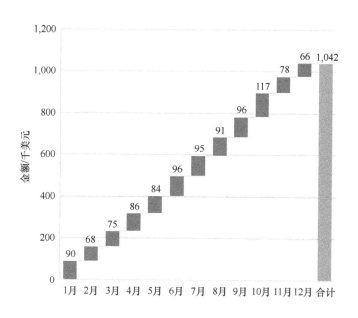

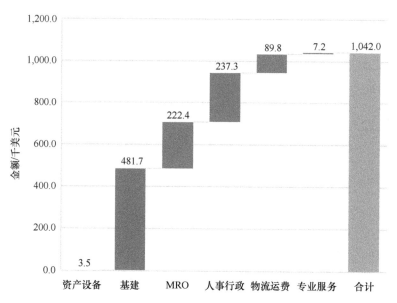

图 8-5 工厂 A 基于月份和品类两个维度拆分成本节省计划的瀑布图

除了检讨工厂自身超支原因及制定进一步成本节省计划外,还可在工厂间做横向比较分析。

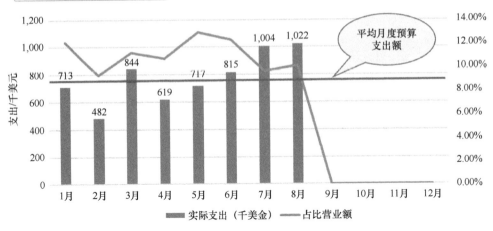

图 8-6 截止到 2020 年 8 月的工厂 A 的实际支出数据的跟踪示例

8.3 间接采购支出的大数据分析

8.3.1 集团层面的实际间接采购支出的比较分析

2020 年岁末，R 集团供应链部门根据当年所有工厂实际间接采购支出的数据，做了对比分析和绩效分析，如表 8-6 集团 2020 年全年间接采购数据分析所示。

表 8-6 集团 2020 年全年间接采购数据分析

分析维度	合计	1月	2月	3月	4月	5月	6月	7月	8月	9月	10月	11月	12月
2020 年预算支出/百万美元	29.19	2.43	2.43	2.43	2.43	2.43	2.43	2.43	2.43	2.43	2.43	2.43	2.43
2020 年实际支出/百万美元	27.37	2.34	1.22	1.89	1.68	1.67	1.94	2.29	2.46	2.69	2.88	2.78	3.53
2020 年计划成本节省额/千美元	2862	213	213	213	244	244	244	259	259	259	239	239	239
2020 年计划成本节省比例	9.8%	9.8%	9.8%	9.8%	9.8%	9.8%	9.8%	9.8%	9.8%	9.8%	9.8%	9.8%	9.8%

第 8 章 大数据赋能企业间接采购降本增效

（续）

分析维度	合计	1月	2月	3月	4月	5月	6月	7月	8月	9月	10月	11月	12月
2020年实际成本节省额/千美元	1815	92	1212	542	752	762	492	142	(28)	(258)	(448)	(348)	(1098)
2020年实际成本节省比例	6.2%	3.8%	49.8%	22.3%	30.9%	31.3%	20.2%	5.8%	−1.1%	−10.6%	−18.4%	−14.3%	−45.1%

由表 8-6 可以看出，总体上 2020 年实际间接采购支出额同比 2019 年降低 1815 千美元，实际成本节省比例为 6.2%，明显低于 2020 年初的计划成本节省比例 9.8%，没有达到年初设定的成本节省计划。且从月份上看，2020 年前 7 个月呈现相对较好的态势，但后 5 个月不仅没有成本节省，反而成本超支较多，后 5 个月的实际成本节省比例均为负数。

将 2020 年与 2019 年的每月实际间接采购支出金额进行同比比较如图 8-7 所示。其中柱状表示每个月的实际支出的金额，横折线表示同比升降的趋势。

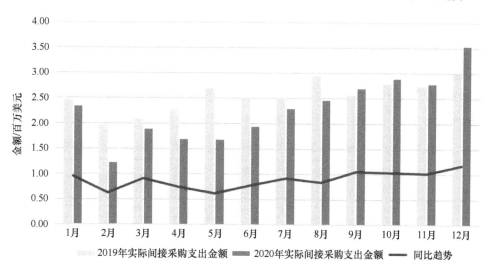

图 8-7　2020 年与 2019 年的每月实际间接采购支出金额的同比比较

将 2020 年的每月实际间接采购支出金额与对应的预算做比较如图 8-8 所示。其中柱状表示预算金额和实际支出金额，横折线表示偏差升降的趋势。

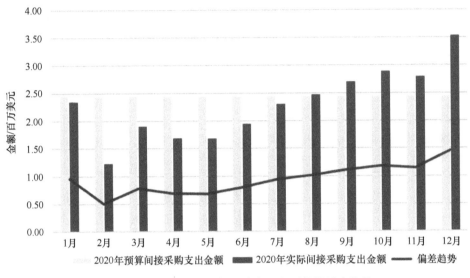

图 8-8 2020 年实际间接采购支出与预算的月度比较

站在 R 集团管理层面，2020 年的实际间接采购支出呈现稳中有升的趋势，还需要通过品类等更细的数据颗粒度做分析。

8.3.2 间接采购实际支出的深入分析

基于工厂维度的 2020 年度实际支出金额与预算支出金额的比较分析如表 8-7 所示。总体上 2020 年实际支出金额比预算支出金额减少 1815 千美元，成本节省 6.2%，但其中工厂 A 和工厂 B 是超支的。

表 8-7 基于工厂维度的 2020 年度实际支出金额与预算支出金额的比较分析

工　　厂	2020 年度预算支出金额/美元	2020 年度实际支出金额/美元	实际支出与预算支出的差额/美元	超支或节省判别	超支或节省比例
工厂 A	9,168,465	10,739,219	(1,570,754)	超支	−17.1%
工厂 B	10,329,894	12,010,563	(1,680,669)	超支	−16.3%
工厂 C	4,390,582	2,385,586	2,004,996	节省	45.7%
工厂 D	5,297,555	2,235,590	3,061,965	节省	57.8%
合计	29,186,496	27,370,958	1,815,538	节省	6.2%

2020 年度实际支出金额与 2019 年度实际支出金额比较分析如表 8-8 所示。2020 年实际支出金额比 2019 年减少 3070 千美元，成本节省 10.1%。

表 8-8 2020 年度实际支出金额与 2019 年度实际支出金额比较分析

工　厂	2020 年度实际支出金额/美元	2019 年度实际支出金额/美元	与 2019 年同比成本节省金额/美元	与 2019 年同比成本节省比例
工厂 A	10,739,219	13,262,405	2,523,186	19.0%
工厂 B	12,010,563	11,381,899	(628,664)	−5.5%
工厂 C	2,385,586	2,170,345	(215,241)	−9.9%
工厂 D	2,235,590	3,626,767	1,391,177	38.4%
合计	27,370,958	30,441,416	3,070,458	10.1%

除了实际的间接采购支出额的比较之外，结合各个工厂的营业额占比，2019 年与 2020 年 4 个工厂的间接采购（IDM）支出占比分析与比较如图 8-9 所示。

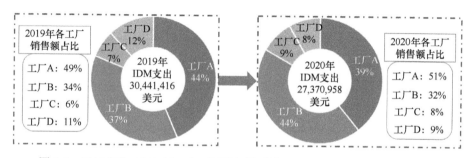

图 8-9 2019 年与 2020 年 4 个工厂的间接采购（IDM）支出占比分析与比较

由图 8-9 可以看出，虽然工厂 A 和工厂 B 的间接采购支出额都超过了各自的预算额，但是工厂 A 的销售额在集团总销售额的占比从 2019 年的 49% 上升到 2020 年的 51%，且实际间接采购支出额在集团总支出额的占比从 2019 年的 44% 下降到 2020 年的 39%；相反地，工厂 B 的销售额在集团总销售额的占比从 2019 年的 34% 下降到 2020 年的 32%，而实际间接采购支出额在集团总支出额的占比却从 2019 年的 37% 上升到 2020 年的 44%。显而易见，工厂 A 的超支相对"情有可原"，但工厂 B 的超支则更需要深入挖掘根本原因。

基于品类维度的 2020 年度实际支出金额与预算支出金额的比较分析，如表 8-9 所示。其中"资产设备""人事行政"两个品类的实际采购支出额均超过预算额的两成以上。

就品类维度，还可以与上个财年（2019 年）的数据做比较，涉及篇幅，此处不再分析。

表 8-9　基于品类维度的 2020 年度实际支出金额与预算支出金额的比较分析

二阶分类	2020 年度预算支出金额/美元	2020 年度实际支出金额/美元	实际支出与预算支出的差额/美元	超支或节省判别	超支或节省比例
资产设备	1,160,194	1,409,877	(249,683)	超支	-21.5%
基建	9,743,895	7,818,871	1,925,024	节省	19.8%
MRO	7,206,867	5,783,379	1,423,488	节省	19.8%
人事行政	6,709,331	8,479,773	(1,770,442)	超支	-26.4%
物流运费	3,905,689	3,542,972	362,717	节省	9.3%
专业服务	460,520	336,086	124,434	节省	27.0%
总计	29,186,496	27,370,958	1,815,538	节省	6.2%

下面就工厂 A 和工厂 B 这两个超支预算的工厂做细节分析，其中工厂 A 基于品类的实际支出金额与预算支出金额的比较分析如表 8-10 所示。

表 8-10　工厂 A 基于品类的实际支出金额与预算支出金额的比较分析

二阶分类	2020 年度预算支出金额/美元	2020 年度实际支出金额/美元	实际支出与预算支出的差额/美元	差额比例	超支或节省判别	责任经理
资产设备	59,820	80,204	(20,384)	-34.1%	超支	赵虎
基建	3,507,383	3,479,157	28,226	0.8%	节省	钱豹
MRO	1,097,802	1,457,193	(359,391)	-32.7%	超支	孙熊
人事行政	3,587,465	4,590,351	(1,002,886)	-28.0%	超支	李牛
物流运费	803,292	1,053,085	(249,793)	-31.1%	超支	周羊
专业服务	112,703	79,229	33,474	29.7%	节省	吴狮
合计	9,168,465	10,739,219	(1,570,754)	-17.1%	超支	—

由表 8-10 可以看出，超支额度最大的品类是人事行政，其次是 MRO。经过仔细审查 MRO 的三阶类别数据，发现有 172 千美元的支出是部分项目的试制样品成本，这本应该归类在直接采购（DM）的范围，却被工厂 A 的财务部错归类在间接采购 MRO 的"备品备件和工具"的三阶分类下面。如果扣除这 172 千美元的错误数据，则工厂 A 的实际超支金额是 1399 千美元，超支比例下降到 15.3%。

工厂 B 基于品类的实际支出金额与预算支出金额的比较分析如表 8-11 所示。

经过查看工厂 B 的间接采购支出月度数据发现，第 12 个月的支出额陡增，可自动分析出是物流运费支出严重超支所致，某重要客户的产品质量问题

第8章 大数据赋能企业间接采购降本增效

返工导致将海运改成空运，是相关责任人疏于职守而导致的工厂恶性损失，该责任人已被解聘。

表8-11 工厂B基于品类的实际支出金额与预算支出金额的比较分析

二阶分类	2020年度预算支出金额/美元	2020年度实际支出金额/美元	实际支出与预算支出的差额/美元	差额比例	超支或节省判别	责任经理
资产设备	944,540	906,384	38,156	4.0%	节省	赵一
基建	2,062,577	2,391,343	(328,766)	−15.9%	超支	钱二
MRO	3,022,128	3,902,374	(880,246)	−29.1%	超支	孙三
人事行政	2,453,304	2,415,737	37,567	1.5%	节省	李四
运费和报关	1,720,629	2,264,096	(543,467)	−31.6%	超支	周五
专业服务	126,716	130,629	(3,913)	−3.1%	超支	吴六
合计	10,329,894	12,010,563	(1,680,669)	−16.3%	超支	—

通过查看品类管理面板中的"物流运费"，也二次验证了其真实性，如图8-9所示。

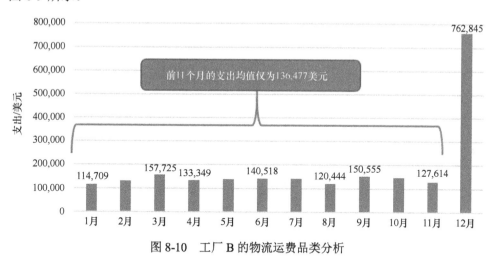

图8-10 工厂B的物流运费品类分析

根据上述大数据分析，驱动业务层面决策IDM战略，如图8-11基于数据分析的IDM战略屋所示。

基于上述方法和场景的讨论，在实际的IDM执行层面，建议如下：

1）科学的预算很重要，务必跟进拿到集团批准的财务预算，供应链内部可适当加严预算，以便尽力达成IDM的成本节省目标。

2）在加严预算下，各工厂和各部门的超支很常见，一定要持续滚动检讨

（至少每月 1 次），让集团高层、各工厂总经理参加讨论，要让更多的干系人有压力，而不只是供应链部门在孤军奋战。

图 8-11　基于数据分析的 IDM 战略屋

3）即使大部分部门是超支的，也有超支高低之分。可以通过持续排名，比如让超支最严重的前 3 个部门的负责人持续检讨并纳入其个人绩效考核。如果连续 3 个月未明显改善，直接链接到人事绩效系统，对责任人做出相应的处理，如减少奖金、更换岗位等。

4）基于上述用大数据说话的方式展现并持续跟踪改善，供应链部门的价值必然会得到认可，从而在集团内部取得其他项目推动的主动权，在资源诉求上会更有优先权。

8.4　基于大数据分析的 MRO 物料总包实践

8.4.1　MRO 物料的一般现状

　　MRO 物料作为间接采购的品类之一，与不同行业不同企业的直接原材料和零部件具有特殊性相比而言，MRO 物料具有一般性，即大多数企业的 MRO 物料具有相通性。MRO 物料的品类包括：劳保用品、工具和消耗品、电工材料、机械备件、机床备件、化工品等。一般地，由于 MRO 的 SKU 纷繁芜杂，且多数为卡拉杰克矩阵中的"一般产品"（有的企业称之为 C-Parts，重要性等级较低），企业往往不重视，集团企业也一般将 MRO 物料的采购权力全部下放给各个工厂自己处理（俗称"分散采购"，与"集中采购"相对）。一般 MRO 物料所占制造型企业的采购金额比例很小，但所占的 SKU 数量很多，如图 8-12 MRO 物料的长尾 SKU 宽度所示。

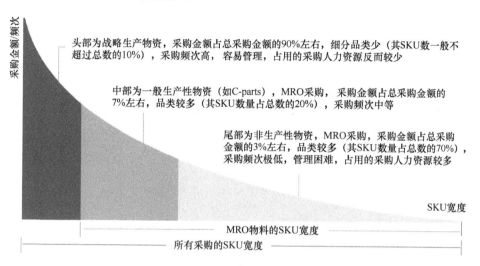

图 8-12　MRO 物料的长尾 SKU 宽度

企业所用的 MRO 物料分类和特征如图 8-13 所示。

图 8-13　企业 MRO 物料分类和特征

通过 MRO 总包可以简化采购流程并降本增效，如图 8-14 S 集团 MRO 总包逻辑图所示。

MRO 总包项目核心步骤和递进阶梯如图 8-15 所示。

S 集团的工厂 B 基于自身 MRO 现状和期望，在评比各总包商之后，选择了初创型供应商东工汇作为合作伙伴，从一开始就充分协同，一起从成本、质量、服务、透明化四方面对现状进行了充分调查，如图 8-16 总包启动阶段的调查报告所示。

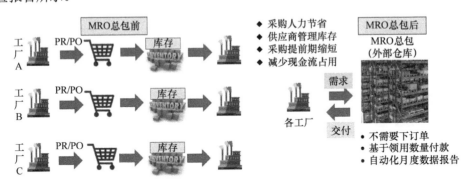

图 8-14　S 集团 MRO 总包逻辑图

图 8-15　MRO 总包项目核心步骤和递进阶梯

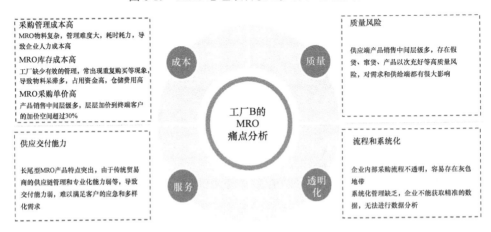

图 8-16　总包启动阶段的调查报告

第 8 章 大数据赋能企业间接采购降本增效

基于及时交货（JIT）和供应商管理库存（VMI）的合同要求，东工汇为工厂 B 量身定做了 MRO 总包服务，如图 8-17 MRO 总包的 JIT 和 VMI 服务体系所示。

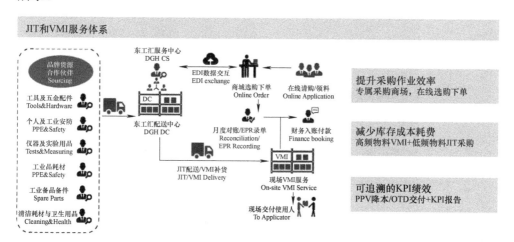

图 8-17　MRO 总包的 JIT 和 VMI 服务体系

8.4.2　企业 MRO 的大数据挖掘及分析

1. 标准化之前的 ERP 中的数据问题

1）SKU 定义非常随意，没有统一的编码规则。

2）同一个 SKU 指代完全不同的产品（如"扳手"和"螺钉"使用同一SKU）。

3）规格完全相同的产品，在不同的使用部门，居然使用不同的 SKU 请购。

4）数据缺失现象严重，比如整体主数据中缺乏品牌描述、规格描述等。

标准化之前的 MRO 物料品牌现状和问题分析，如图 8-18 所示。

图 8-18　标准化之前的 MRO 物料品牌现状和问题分析

MRO 物料名称描述非常随意，从日常工作和大数据层面，导致业务过程中沟通成本高和数据价值低等问题，如图 8-19 标准化之前的 MRO 物料名称现状和问题分析所示。

图 8-19　标准化之前的 MRO 物料名称现状和问题分析

2．MRO 总包推动了标准化执行进度

由总包商东工汇团队的驻厂服务工程师首先对物料进行历史物料规格澄清，结合工厂采购及使用部门的要求，共同制定物料的优化与替换方案，同时制定对物料名称描述规范化管理规则，如图 8-20 MRO 物料标准化过程和描述规范定义所示。

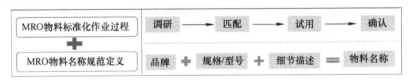

图 8-20　MRO 物料标准化的过程和描述规范定义

例如，产品信息是 AA 品牌、型号 263、高强度型、螺纹锁固胶、红色、50ml/支，则料号对应的物料名称和描述是：AA263 高强度型螺纹锁固胶红色50ml/支。在此基础上制定基于大数据检索、追溯功能的编码规则，如图 8-21 定义编码规则所示。

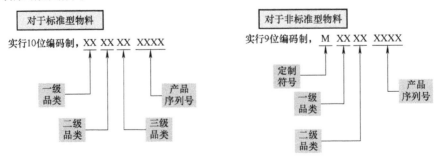

图 8-21　定义编码规则

第8章 大数据赋能企业间接采购降本增效

以办公用品和五金工具为例,实行品牌集中化管理,参见表8-12。

表8-12 办公用品和五金工具品牌集中化管理

维 度	办公用品			五金工具		
	标准化前/个	标准化后/个	备 注	标准化前/个	标准化后/个	备 注
SKU 数量	172	34	无品牌限制	129	58	部分有品牌限制
品牌数量	7	1	所有 SKU 均使用同一品牌 D	17	2	50 个 SKU 使用品牌 A,8 个 SKU 使用品牌 B

经过第一阶段 3 个月时间的标准化整合,数据前后对比如图 8-22 项目实施后前 3 个月 SKU 整合绩效所示。

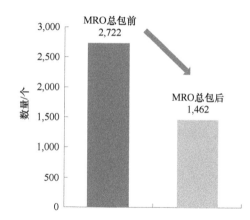

图 8-22 项目实施后前 3 个月 SKU 整合绩效

可以发挥逆向大数据应用,即通过面板等工具,及时发现错误数据,然后分析并推动管理纠错,良性循环,让 SKU 的标准化成为一种工作习惯。通过 VMI 策略的实施,大幅降低工厂提交 PR、开立 PO 的次数,从而降低隐性采购管理成本,2020 年工厂 B 的 MRO 重点需求部门 6 个月的 PR 数量如图 8-23 所示。

2020 年 1 月工厂 B 的 MRO 采购的 SKU 数量与 PO 数量对比,如图 8-24 所示。

2021 年 3 月工厂 B 的 MRO 采购的 SKU 数量与 PO 数量对比,如图 8-25 所示。

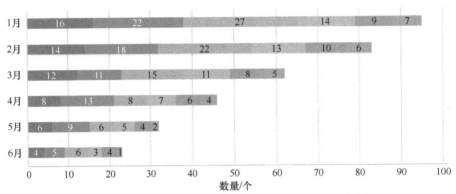

图 8-23　2020 年工厂 B 的 MRO 重点需求部门 6 个月的 PR 数量

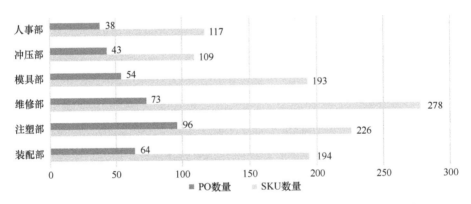

图 8-24　2020 年 1 月工厂 B 的 MRO 采购的 SKU 数量与 PO 数量对比

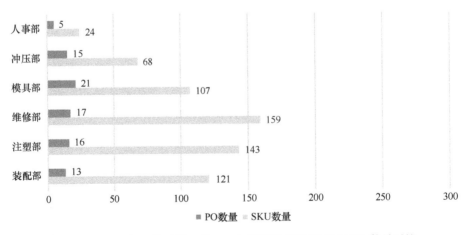

图 8-25　2021 年 3 月工厂 B 的 MRO 采购的 SKU 数量与 PO 数量对比

第 8 章　大数据赋能企业间接采购降本增效

从上面两个图来看，显然，3 月份比 1 月份有了较大的改善。经过系统的培训，2020 年 3 月之后，各部门的文员被调动起来，再次压缩 PO 数量，从而节约更多内部管理成本。

8.4.3　基于 VMI 探究 MRO 总包模式

工厂 B 与 MRO 总包商之间达成了 MRO 业务流程的简化，如图 8-26 所示。

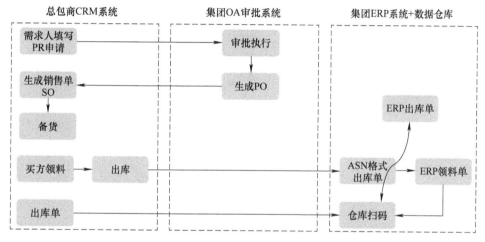

图 8-26　MRO 业务流程的简化

在传统 VMI 模式的基础上可再进行创新：设 VMI 仓，双方系统数据强对接，实现系统线上提交 PR 与下 PO，领料、入库、出库等时可在线查阅采购物料状态等。这样做的好处是减少人员工作和提高工作效率，并最大化降低库存等。

其中，对不同的需求做了弹性的高效处理，方式如下：

1）月度需求：使用部门每月 25 日提报下个月度的需求（常规 MRO 物料）。

2）临时需求：使用部门临时提报的需求，金额 200 元以内的弹性处理。

3）常规需求：价格是根据近一年的采购数据为基准，统一按照一定折扣价格。

4）新增需求：总包商提报价格，经批准后输入 ERP 系统。

可参考如图 8-27 所示的月度需求和临时需求的弹性流程。

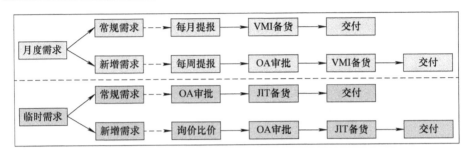

图 8-27　月度需求和临时需求的弹性流程

关于对账、开发票、支付管理，每月的月底一次性完成对账及开票事宜，大大节省平时频繁的对账工作时间，流程如图 8-28 对账和付款简化流程所示。

图 8-28　对账和付款简化流程

上述 MRO 总包采购流程优化的效益总结如图 8-29 所示。

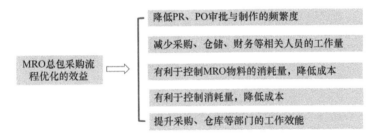

图 8-29　MRO 总包采购流程优化的效益

在 MRO 总包的实际运作层面，应注意以下四个方面的细节。

1）价格（Cost）。对于历史清单产品价格的判定：按照上一年度的历史物料清单价格基础上平均降低 2%，后续每年度价格降低 2%，具体情况双方商议后再定。

对于新增物料价格判定：报价是以不高于市场知名品牌的平台价为基准。

2）交货期（Delivery）。实行 VMI 管理，高频需求物料按照 1 个月的使用量备库，保证随需随取；低频需求物料根据实际情况与使用部门商议确定备库最小用量。

3）质量（Quality）。总包商凭借 CRM 平台的渠道资源优势，确保买方工厂所使用的物料品牌质量合格，而且在供货过程中，在没有买方批准的前提下，绝不会更换品牌或降低物料质量要求。

4）服务（Service）总包商的工程师可以每天在买方工厂办公，确保快速响应服务，问题即时被处理。

MRO VMI 总包的好处至少有：提升管理效率、推动采购 TCO（总拥有成本）降低、让采购透明化，如图 8-30 MRO VMI 管理优势和降本优势所示。

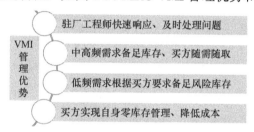

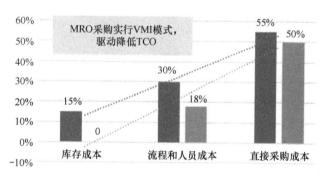

图 8-30　MRO VMI 管理优势和降本优势

MRO 总包在流程和系统方面对效率的提升如图 8-31 所示。

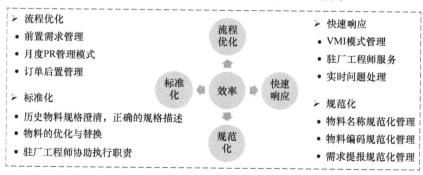

图 8-31　MRO 总包在流程和系统方面对效率的提升

MRO 总包在降低 TCO（总拥有成本）方面的作用如图 8-32 所示。

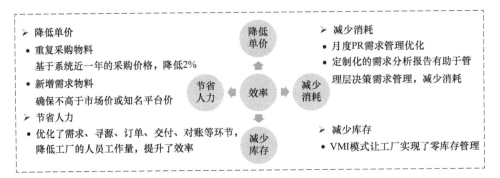

图 8-32 MRO 总包在降低 TCO 方面的作用

总包商东工汇的 CRM 系统无缝对接工厂的 OA 系统和 ERP 系统，数据协同可推动业务高效协同，如下图 8-33 供需方的系统协同所示。

图 8-33 供需方的系统协同

现场总包仓库的实际场景如图 8-34 所示。

经过 MRO 总包实践，S 集团大幅缩减了 IDM 供应商数量，图 8-35 是 2020 年 S 集团 IDM 供应商数量月度统计（目前仅工厂 A 和 B 总包实施，未来会逐步复制到工厂 C 和 D，AVL 数量将进一步压缩）。供应商数量压缩带来最大的收益是大幅减少供应商管理成本、提高间接采购效率。

结合大数据应用的 MRO 总包也有利于推动"以旧换新、降低损耗"的执行，从根本上杜绝浪费，下面是案例之一。

第8章 大数据赋能企业间接采购降本增效

图 8-34 现场总包仓库的实际场景

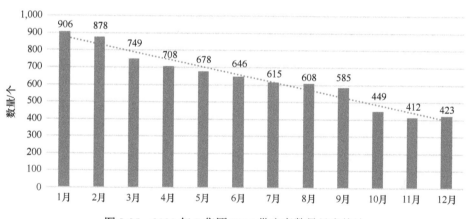

图 8-35 2020 年 S 集团 IDM 供应商数量月度统计

如图 8-36 所示，工厂 B 在 2020 年第一个季度的乳胶手套 PO 订单数据分析，平均每月 19433 双。鉴于此手套使用量大，为了避免使用浪费等问题，对手套实施采购优化方案。

经过简短沟通，供需双方一致同意采用"以旧换新"方案。

1）在工厂 B 的各使用部门现场放置乳胶手套回收箱，以便收集使用过的乳胶手套。

2）每周一次收集手套，并跟仓理员一起清点数量，总包商会按照回收的数量来发放手套。

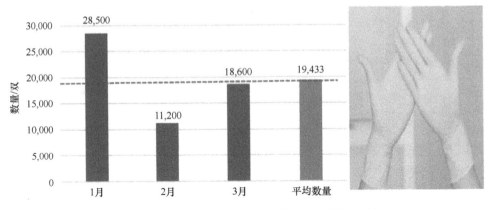

图 8-36 工厂 B 三个月的乳胶手套 PO 订单数据分析

3）以此方案试运行 3 个月后，该规格手套消耗数量直接降低 40%，非采购成本收益显而易见。现场执行的情况如图 8-37 乳胶手套回收状况所示。

图 8-37 乳胶手套回收状况

基于供需双方大数据系统高度协同和业务层的高效协同，类似上述的 MRO 降本措施还有其他诸多策略，可通过设置责任人及定期循环检讨，一起驱动 MRO 采购成本节省策略落地实施。

通过大数据挖掘和分析，配合 MRO 采购策略，逐步实现深挖 MRO 潜在效益。逐月对数据检讨并长期性深挖改善、精益的方案和实施。通过大数据系统可以实现报告自动化呈现。以工厂 B 为例，2020 年 MRO 总包采购额数据如 8-38 所示。

按使用部门分类的采购额分析与 MRO 总包物料细分品类的采购额分析如图 8-39 所示。

第 8 章 大数据赋能企业间接采购降本增效

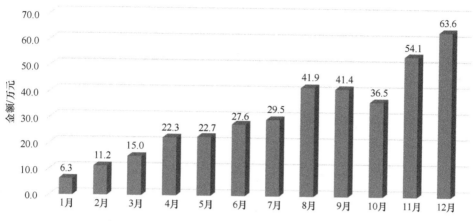

图 8-38 工厂 B 的 2020 年 MRO 总包采购额数据

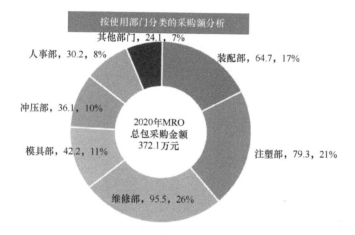

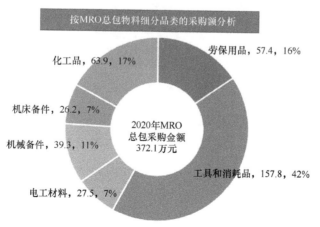

图 8-39 按使用部门分类的采购额分析与 MRO 总包物料细分品类的采购额分析

另外，通过 MRO 总包具体实践可知，供需双方在合作的过程中，均能从对方获得改善的灵感和精益落地。双方相辅相成，除了大数据系统协同的收益外，双方还有其他获益，如生产损失降低、质量问题降低、能耗减少、料工费成本下降、库存成本降低等，从而提高设备利用率、运行效率、利润等。

案例：数字化管理平台助推间接采购透明化

上海嘉岩供应链管理股份有限公司成立于 2006 年，是一家技术驱动的工业互联网服务平台，为客户企业提供定制化管家服务。通过搭建 iMRO 一站式目录化采购与 SRM 供应链管理协同系统及特有的驻场服务，助力客户协同管理和运维的数字化、透明化、便捷化和成本最优化，MRO 管家服务如图 8-40 所示。

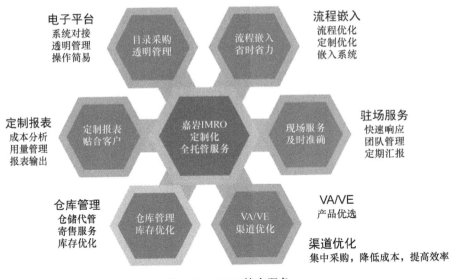

图 8-40 MRO 管家服务

嘉岩企业工品管家涵盖综合成本架构，除了物料采购成本外，还包括库存成本、现金成本、人员成本、流程成本、浪费成本等，如图 8-41 综合成本节省模型所示。

1. 应用场景 1

某 A 股上市公司（客户 A）是国内某行业零部件制造隐形冠军，但是在

第 8 章 大数据赋能企业间接采购降本增效

MRO 物料方面，长期存在数据不标准、供应商数量多、采购事务性工作繁杂、采购流程复杂、库存金额高、呆滞库存损失严重、使用性浪费等诸多痛点。

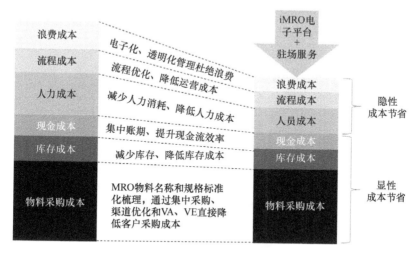

图 8-41 综合成本节省模型

嘉岩实施团队进驻后，建立标准商品数据库，简化采购流程、优化采购需求，集中采购、引入 iMRO 商城让采购过程透明化可视化，提供驻场服务，减少了客户的供应商数量，降低了客户的采购成本，减少了客户的库存，从而为客户实现了 MRO 采购的综合降本增效。达成的效益是：客户的供应商数量减少了 90%，综合采购成本降低了 10%以上，逐步实现了零库存管理。2020 年，嘉岩为客户上线 EAM 设备智慧运维系统，通过对设备资产的管理，进一步为客户实现了降本增效。客户端仓库现状如图 8-42 所示。

图 8-42 客户端仓库现状

2. 应用场景 2

苏州某加工企业（客户 B）2020 年综合成本节省分析如图 8-43 所示。

大数据赋能供应链管理

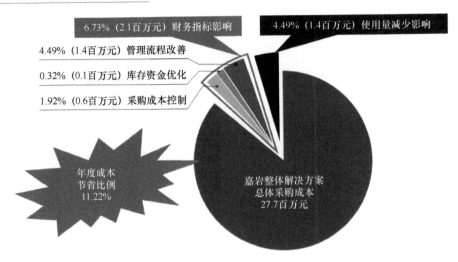

图 8-43　客户 B 2020 年综合成本节省分析

嘉岩整体解决方案为客户 B 在总采购额 27.7 百万元的基础上，基于价格降低的年度成本节省为 11.22%，其中在财务指标上的正向影响为 6.73%，在使用量减少上的成本节省为 4.49%，实现了全面为客户降本增效。

第9章 大数据赋能供应链物流管理

9.1 物流基本数据概要

物流是物品从供应地向接收地的实体流动过程中,根据实际需要,将运输、存储、装卸搬运、包装、流通加工、配送、信息处理等功能有机结合起来满足用户要求的过程。物流业是国民经济体系中极为重要的基础战略性产业,涉及领域广,吸纳就业人数多,在促进产业结构调整、转变经济发展方式和增强国民经济竞争力等方面有着举足轻重的作用。近年来,我国物流业在互联网经济的推动下发展很快,业务总量、从业人员都处于持续扩张阶段。

物流的5S是指:

1) 服务(Service):将缺料、未供应、错误供应全部降低到0%。
2) 速度(Speed):缩短交货期、缩短路线、高效计划调度、提前备货等。
3) 空间(Space):空间利用高效化、仓库管理和区位管理等。
4) 库存(Stock):库存最优化直至零库存,物流据点和物流中心管理等。
5) 规模(Scale):规模最优化、最小订单量、最低出货数量等。

对于一个制造型企业来说,物流规划的内容如图9-1所示。

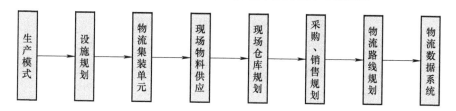

图9-1 物流规划的内容

其中,站在制造企业运营需求角度,物流数据管理主要包括如下内容:

1) 物流信息和数据管理系统,如基础信息和数据管理、信息和数据维护,确保数据和信息的及时性、准确性、协同性。

2）货源管理系统，如货源的登记、货源的运营管理、货源信息发布，货源包括本企业、供应商、客户端的货源等。

3）物流机构认证，如第三方物流单位和供应商的稽核、评估、认证、担保等。

4）物流单位状态信息，包括第三方人力和硬件等资源最新数量和状态。

5）物流运输系统，包括系统自动路径优化、自动运输配载等。

6）咨询和培训系统（自动化系统），包括对客户、本企业、供应商等进行培训。

7）物流信息交易平台管理，如单据传送、自动结算、货物报关等。

8）全球定位系统（GPS）管理和电子地图维护，确保及时更新。

9）网上管理系统，根据业务需要，可设立网上仓库、网上配送等。

站在工厂的角度，以外购的零部件为例，包括外部物流和内部物流，在业务链接上通过"外仓卸货点"将第三方物流和企业内部链接起来，如图9-2 工厂内外部物流链接所示。

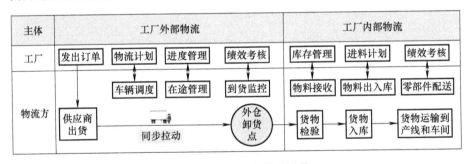

图9-2 工厂内外部物流链接

企业的物流数据系统也可以对外链接相关必要的信息系统。比如出口海运物流中，可以实时地对接港口的集装箱堆场数据管理系统，及时获得船公司集装箱的状态信息，以便制定物流最佳排配策略。集装箱堆场数据管理系统相关数据如图9-3所示。

一个简单的企业物流系统，起始于销售需求，经过计划、采购、生产、物流等流程后，满足客户的需求，形成一个闭环。智能运输解决方案，则是基于企业现有的物流主数据，通过多维参数设计建模与运筹学优化算法，提出对多维度、多目标、多场景配送任务分配及最优路线的建议，既降低运输成本，又加快业务响应速度、提高运营效率，如图 9-4 智能物流运输系统的数据模块示例所示。

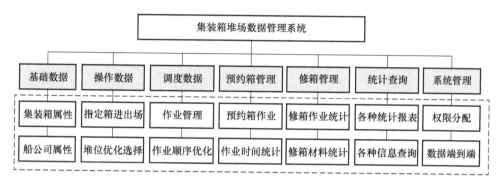

图 9-3 集装箱堆场数据管理系统相关数据

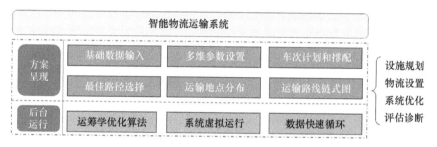

图 9-4 智能物流运输系统的数据模块示例

就物流成本而言，三维物流成本的数据包括如下三个维度。

1）维度一：供应、生产、销售、回收、废弃物等业务流的物流成本。

2）维度二：运输成本、仓储成本、装卸成本、流通加工成本、信息管理成本。

3）维度三：材料成本、人工成本、仓储成本、办公成本、其他成本。

对于一般制造型企业来说，工厂外部物流可以使用第三方甚至第四方物流，在供应商管理策略上可比照战略采购，如进行供应商绩效管理。在具体的业务执行层面，可采用物流报价拆分及比价、整合物流需求、总包物流商等方式。本章下面重点讨论企业内部物流的优化。

以仓储成本为例，企业可以自营，也可以租赁公用仓库或专用仓库。一般地，企业仓储自营的有利因素有：产品信息的保密性、便于企业内部管理、企业自有资源的有效利用等；而不利因素则是：自建成本、人力成本、管理费用等。企业在自营仓储时，需要考虑自营的固定成本和可变成本，两者之和的总成本线与公共仓库成本线的交点是决策选择的临界点。在不考虑其他因素的条件下,在临界线左边表示租赁公共仓库划算,而在临界线右边则表示自营仓库划算。另外,就仓储作业来说,可以手工作业、托盘叉车搬运作业和全自动搬运作业,从而分为 A、B、C、D 4 个不同的区域供企业决策。如图 9-5 仓储成本的分析架构所示。

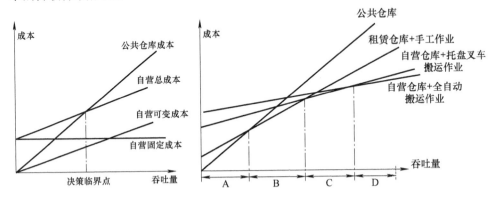

图 9-5　仓储成本的分析架构

企业仓储成本分析表的格式参见表 9-1 所示。

表 9-1　企业仓储成本分析表的格式

月份	仓库货物吞吐量	仓储空间需求	企业自营占比（%）	每月固定成本	每月变动成本	公共仓库占比（%）	每月存储成本	每月搬运成本	每月总成本
1月									
2月									
3月									
4月									
5月									
6月									
7月									
8月									
9月									
10月									
11月									
12月									
总计				—			—		

基于上述逻辑,F 公司的仓储自营和外包数据分析示例,如表 9-2 所示。

表 9-2　F 公司的仓储自营与外包数据分析示例

决策	成本划分		每月吞吐量/吨	1,000	1,500	2,000	2,100	2,200	2,300	2,400	2,500	2,600	2,700	2,800	2,900	3,000
仓储自营	固定成本	仓库成本/元		75,000	75,000	75,000	75,000	75,000	75,000	75,000	75,000	75,000	75,000	75,000	75,000	75,000
		用电成本/元		18,056	18,056	18,056	18,056	18,056	18,056	18,056	18,056	18,056	18,056	18,056	18,056	18,056
		人力成本/元		128,044	128,044	128,044	128,044	128,044	128,044	128,044	128,044	128,044	128,044	128,044	128,044	128,044
	可变成本	加班成本/元		0	0	34,000	35,700	37,400	39,100	40,800	42,500	44,200	45,900	47,600	49,300	51,000
		叉车耗电成本/元		1,560	2,340	3,120	3,276	3,432	3,588	3,744	3,900	4,056	4,212	4,368	4,524	4,680
	每月总成本/元			222,660	223,440	258,220	260,076	261,932	263,788	265,644	267,500	269,356	271,212	273,068	274,924	276,780
仓储外包	可变成本	仓库成本/元		103,090	154,635	206,180	216,489	226,798	237,107	247,416	257,725	268,034	278,343	288,652	298,961	309,270
		物流成本/元		12,000	18,000	24,000	25,200	26,400	27,600	28,800	30,000	31,200	32,400	33,600	34,800	36,000
	每月总成本/元			115,090	172,635	230,180	241,689	253,198	264,707	276,216	287,725	299,234	310,743	322,252	333,761	345,270

通过对表 9-2 中各项成本细项的分析和比较，F 公司得到了最适合自身的仓储自营和外包的决策点，当然也包括混合策略，如图 9-6 F 公司仓储自营与外包的决策点分析所示。

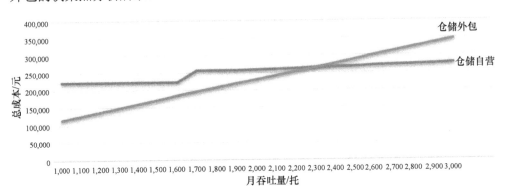

图 9-6　F 公司仓储自营与外包的决策点分析

9.2　大数据驱动企业内部物流的优化

对于制造型企业来说，管控内部物流的目的包括降低运营成本、降低库存、加速流通、扩大生产能力、改善作业条件等，这些也是内部物流的运营驱动力。所谓内部物流是指工厂内原材料、零部件、半成品和成品流通等一系列过程，如图 9-7 内部物流示意图所示。

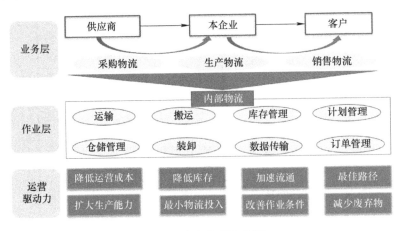

图 9-7　内部物流示意图

以注塑企业 Y 公司为例,其内部物流包括原材料仓储、注塑制造、装配生产、成品出入库等,如图 9-8 所示。

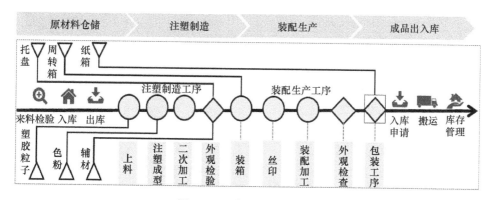

图 9-8　Y 公司的内部物流

为了提高内部物流速度,提升效率,降低人力需求,公司设置了自动导引车(AGV)作业,AGV 作业范围包括:原材料入库、原材料发料到产线、半成品出入库、成品出入库、生产余料和废料回收入库等。AGV 现场运行如图 9-9 所示。

图 9-9　AGV 现场运行

AGV 对接公司 MES、WMS 等系统,员工使用手持平板电脑(PAD)点击自动发料,错误率为 0%。通过识别不同物理楼层(F)、内部路线和进行数据计算等,对 AGV 的路径做了规划,如图 9-10 所示。

入库作业需要仓管员协助将材料放车上,AGV 辅助入库作业流程如图 9-11 所示。

AGV 的线上操作流程和运行示例如图 9-12 所示。

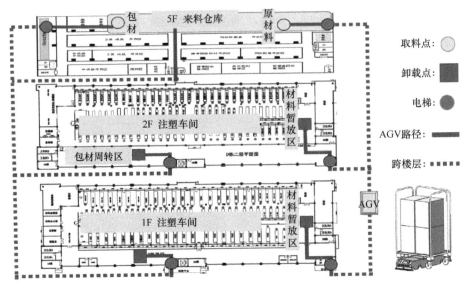

图 9-10 AGV 自动物流小车路径

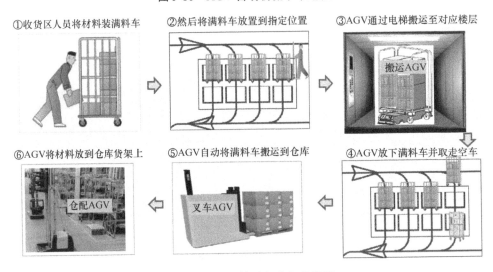

图 9-11 AGV 辅助入库作业流程

AGV 与 MES 系统数据对接的数据流如图 9-13 所示。

AGV 本身的辅助软件功能如物流路线设计、自动绘制磁条铺设路径、运行状态实时动态监控、任务自动分配（先呼叫先配送、确保生产连续性）、最佳路径自动计算、最优任务分配方案等，均可与企业其他系统端到端的数据无缝对接（如 MES、WMS、MRP 等），且已成熟实施。通过大数据自动化计算和辅助决策，可驱动企业内部物流的优化和效率提升。

第 9 章 大数据赋能供应链物流管理

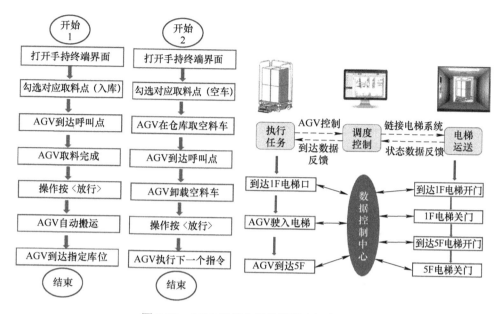

图 9-12 AGV 的线上操作流程和运行示例

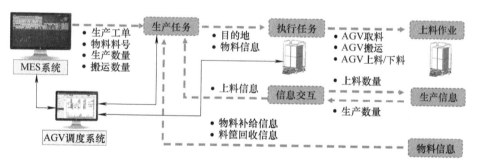

图 9-13 AGV 与 MES 系统数据对接的数据流

9.3 以大数据协同为基础的物流自动化再造

9.3.1 基于大数据协同的物流平台

构建大数据物流平台的目的是基于企业运输网络设计、运输计划等进行数据挖掘，建立看板，推动企业各工厂供需优化，提升生产均衡化，图 9-14 所示为大数据物流平台示例。

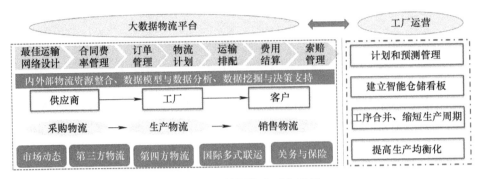

图 9-14 大数据物流平台示例

基于统一的设备协同控制系统，配备 AGV、RFID（无线射频技术）、分拣和堆垛机械臂等 AI 设备，大数据物流平台不仅与业务流程高效对接，也能与生产现场管理层和企业管理系统（如 CRM、SRM、MES 等）链接，做到数据端到端协同，提升集团物流服务水平，大数据物流平台所实现的一些作用列举如下。

1）严谨而系统化的物流体系，流程更加优化、作业高效准确。

2）平台支持自动化物流、仓储计费业务，实现计费信息化、智能化。

3）提升仓储作业自动化、智能化水平，流程节点无纸化、透明化。

4）提升各类仓库的吞吐能力及弹性物流服务能力。

5）提升多仓库、多客户、多品类、多区域组合的物流管理能力。

6）可进行全过程质量监控与问题溯源，从而保证质量。

在具体系统和工具的使用上，要做到数据及时且精准的对接。以常见的 WMS 系统为例，WMS 可以集成系统和工作流，组织执行系统，提高库存可见性，确保库存峰值时也能有效管理仓库的性能，实现更精细化的设计与数据链接，WMS 系统可实现的作用包括但不限于如下方面。

1）精细化物流运作，更精准地管控物流费用。

2）仓储货位的精确管理，库容利用率高。

3）仓储管理的标准化、规范化、智能化；作业过程的指令化、自动化。

4）基于业务差异化策略，驱动仓库作业的高效运转。

5）推动可视化管理和出货预测管理。

以自动化出货预测为例，系统可以根据诸多的元数据，提高出货预测准确度，减少人力耗费并持续优化库存水平，如图 9-15 所示。

第 9 章 大数据赋能供应链物流管理

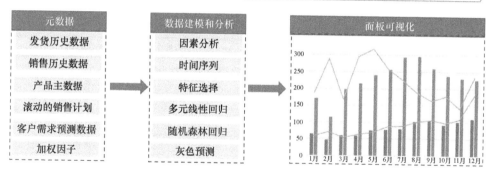

图 9-15 自动化出货预测

比如对未来 3 周每周的发货量进行滚动预测，可实现类似下面一些优势。

1）自动化销售预测，相比手工预测精准度提高了 25%。
2）人天节省，自动化的预测每个月可以节省多达 20 人天。
3）优化仓库和物流，约节省 3% 的销售和配送成本。

9.3.2 基于移动条码数据系统打造全流程物流数据链的实践

1）基于价值流图和业务流程优化，建立业务全流程体系。
2）实施全流程的数据链，需做到全流程的产品追溯，如图 9-16 所示。

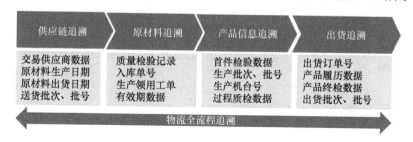

图 9-16 全流程的产品追溯

要做到全流程的产品追溯，最简便的方式是标签及条码的统一化，比如通过移动条码系统和条码标签进行管控。表 9-3 是移动条码的标签数据明细，是从需求端统计的，包括供应商端管控标签数据明细和内部生产管控标签数据明细。

将标签的信息融入移动条码中，实现供应商原材料数据、生产半成品（WIP）数据和成品（FG）标签数据的无缝链接，如图 9-17 标签数据的系统无缝链接所示。

大数据赋能供应链管理

表 9-3 移动条码的标签数据明细

供应商端管控标签数据明细	内部生产管控标签数据明细
Shipping Date 出货日	Manufacture Date 生产日
PO# 订单号	PN# 料号
PO Item 订单项次	Tooling# 模具号
Invoice # 发票号	Jig & fixture# 治具号、夹具号
Customer Name and PN# 客户名称和料号	Material Supplier Code 物料对应供应商代码
Supplier PN/Material Code 供应商料号、物料代码	Raw Material Lot# 物料批次号
SPEC Rev. 规格版本	Machine# 生产机器号
Shipping Quantity 送货数量	Manufacturing Shift 生产班次号
Unit 计量单位	Operator ID/Code 作业员工号、代码
Gross Weight/Net Weight 毛重、净重	Quality IPQC ID/Code 质检员工号、代码
Manufacture Location /COO 生产地、原产国	Process Code 制程代码
No.of Boxes/Box No. 箱次、箱数	First Time Pass/Reworked 首件通过、返工
Lot#/Batch#批号、批次	Test Passed/Test Failed 测试通过、测试失败
Manufacture Date 生产日	Temperature/Humidity 温度、湿度
Expire Date 产品保质期至	No. of Boxes/Box No. 箱次、箱数

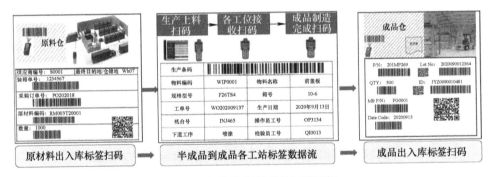

图 9-17 标签数据的系统无缝链接

移动条码系统是由标签设计系统、条码生成、条码识读和信息处理等环节构成的，涉及物流、仓储、制造、质量等诸多职能，是全流程供应链的大数据链接和追踪的载体，移动条码应用流程和应用场景示例如图 9-18 所示。

条码标签是移动 ERP 更广泛应用和自动管理分析的数据基础，如图 9-19 所示。

在实际的业务中，如从仓库入库和出库来看，条码标签对自动化管理对于快速查询、盘点甚至自动化查询和报告，都起到了重要的数据桥梁作用。

第 9 章 大数据赋能供应链物流管理

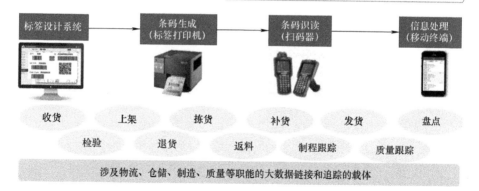

图 9-18 移动条码应用流程和应用场景示例

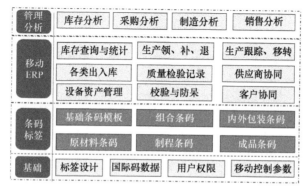

图 9-19 条码标签是移动 ERP 更广泛应用和自动管理分析的数据基础

移动条码的追溯让企业内的各个系统（SRM、WMS、MES、MRP）的数据链接成为可能，移动条码是链接供应商和客户端的重要数据载体，对系统之间的数据链接起到了纽带作用，如图 9-20 移动条码链接系统和供需端所示。

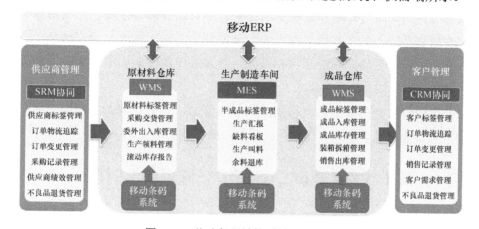

图 9-20 移动条码链接系统和供需端

案例1：G 公司打造供应链大数据物流平台

作为大型制造业的 G 公司打造四位一体的垂直化和横向化物流平台，如图 9-21 所示。

图 9-21 四位一体的垂直化和横向化物流平台

通过物流平台搭建，G 公司整合企业各工厂、经销商、零售商、客户、供应商、物流商之间的网络的链接。大数据链接通过"供应商协同-智能制造-客户协同"，以"大数据+算法"实现订单与物流运力的最优匹配。

为了提升效率，G 公司通过物联网、大数据、人工智能、自动化设备及各类软件系统的综合应用，让智能仓储和智能物流成为高度集成化的综合系统。在原有的自动化高层仓库、智能叉车、搬运 AGV 等硬件基础上，又搭建了货物体积测算系统、电子订单识别系统、智能分拣系统、物流智能调度系统、视觉引导系统、视觉监控系统等多种系统，通过系统的综合应用，从硬件和软件上支撑物流平台的功能发挥。

在具体的自动化管理报表和绩效实时跟踪上，相关管理人员和用户可以实时监控大数据物流平台的运行状况，并及时做出决策和行动。

案例2：基于 VSM 数据分析压缩全流程物流时间

基于智能手机 A 客户的订单爬坡需求，T 公司迫切需要压缩瓶颈部件

第9章 大数据赋能供应链物流管理

FPCA（软性线路板组装件）的交货期，该 FPCA 部件从供应商处购买，每批数量 300 件，每日两班计 21 小时。供应商为了交付该 FPCA 部件，需要 18 道工序，包括制作 FPC、购买各类元器件并贴片焊接到 FPC 上（SMT 制程）、手工贴胶纸等组装、各类检验等流程。优化前的 VSM（价值流图）数据分析如表 9-4 所示。

表9-4 优化前的 VSM 数据分析（生产步骤和物流步骤）

所有流程	步骤数量/步	总耗费时间/小时	有增值步骤/步	有增值的时间/小时
供应商下订单给各元器件贸易商	1	21.0		
元器件交货期跟进，等待发货	1	1260.0		
物流1：空运从二级供应商处取货	1	63.0		
生产计划和前置期等待	1	4.5		
18道工序的FPC半成品生产制程	18	272.0	14	185.3
FPC包装并发到仓库等待装车	1	1.8		
将FPC半成品和购买的零部件装车	1	1.0		
物流2：供应商安排卡车送货到外包商（50公里）	1	1.0		
卸货+质量检测	1	1.5		
SMT贴片生产	1	10.4	1	8.4
半成品检验、包装、入库成品仓	1	2.5		
将半成品FPCA装车	1	1.0		
物流3：外包商安排卡车送货到供应商（50公里）	1	1.0		
卸货+初步质量检测	1	1.5		
随机抽检测试	1	2.5		
手工和治具贴胶纸	1	59.4	1	57.4
特性阻抗测试	1	20.3	1	18.8
整版产品切割成单位产品	1	5.9	1	4.4
内包装（自动）+外包装（手工）	1	63.3		
出货前检验	1	1.3		
入库到成品仓，待出货	1	0.5		
供应商成品装车	1	1.0		
物流4：供应商安排送货到出口加工区（30公里）	1	0.5		
商检和其他报关手续	1	2.5		
物流5：送货到工厂仓库（2公里）	1	0.1		

大数据赋能供应链管理

（续）

所有流程	步骤数量/步	总耗费时间/小时	有增值步骤/步	有增值的时间/小时
卸货和仓库收货作业	1	2.5		
质量检验	1	2.5		
正式入库工厂原料仓库	1	0.5		
合计	45	1805.0	18	274.3

优化前的数据对接和数据流分析如图9-22所示。

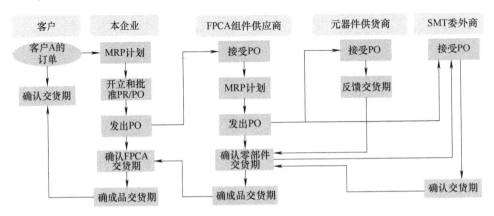

图9-22 优化前的数据对接和数据流分析

由图9-22可以看出，优化前的数据流是单向数据流，数据对接和数据传输的路径较多，具有数据失真和数据滞后的风险，不利于客户、本企业和供应商的协同。

优化前价值流图分析如图9-23所示。其中底端横折线是每个流程段时间和流程步骤的统计，时间以小时计算，括号中的数据代表有增值的时间；在流程步骤的统计中，括号中的数值代表有增值的步骤数量。

由数据计算出总时间、有增值的时间和等待时间，注意如下问题点：

1）大量时间被花在等待上（总时间−增值时间=等待时间），比如1260小时被花在某芯片部件的采购周期上，生产上有29小时被花在物流等待上。

2）该供应商自身也有SMT车间但没有合理排配，外包导致物流和等待时间的浪费。

3）计划和预测功能完全被忽视，全流程有许多被动的等待。

第9章 大数据赋能供应链物流管理

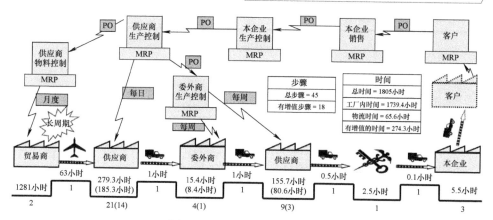

图 9-23 优化前价值流图分析

基于问题的改善点：

1）在项目爬坡期，开展了客户风险背书的备料，从而节约了 1344 小时的总等待时间。

2）对供应商进行辅导和现场支持，合理排配节约了 29 小时等待时间。

3）将二级 SMT 委外改为供应商自制，节约了 10.8 小时往返物流时间。

优化后的流程步骤和时间分析如表 9-5 所示。

表 9-5 优化后的流程步骤

所有流程	步骤数量/步	总耗费时间/小时	有增值步骤/步	有增值的时间/小时
客户风险背书的物料备齐	1	0.0		
供应商制作生产计划	1	0.5		
18 道工序的 FPC 半成品生产制程	18	250.0	14	185.3
SMT 贴片生产（供应商自制）	1	10.4	1	8.4
手工和治具贴胶纸	1	59.4	1	57.4
特性阻抗测试	1	20.3	1	18.8
整版产品切割成单位产品	1	5.9	1	4.4
终检和包装	1	63.3		
随机抽检测试	1	1.3		
入库到成品仓，待出货	1	0.5		
供应商成品装车	1	1.0		
物流 1：供应商安排送货到出口加工区（30 公里）	1	0.5		
商检和其他报关手续	1	2.5		
物流 2：送货到工厂仓库（2 公里）	1	0.1		

（续）

所有流程	步骤数量/步	总耗费时间/小时	有增值步骤/步	有增值的时间/小时
卸货和仓库收货作业	1	2.5		
质量检验	1	2.5		
正式入库工厂原料仓库	1	0.5		
合计	34	421.2	18	274.3

优化后的数据对接和数据流分析如图 9-24 所示。

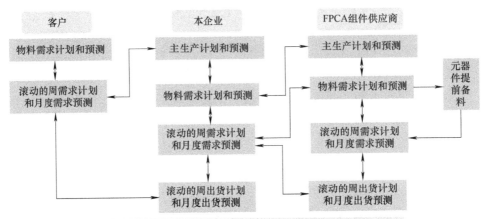

图 9-24　优化后的数据对接和数据流分析

由图 9-24 可以看出，用滚动的计划和预测代替了订单作业，大幅度地提高了作业效率和数据传输速度，而且优化后的数据流是双向数据流，减少了数据传输的路径，提高了数据实时、准确对接的效率，增强了客户、本企业和供应商的协同。

通过客户、企业、供应商的 MRP 系统对接，并且签署三方备料协议，供应商可以放心地在生产之前将所有的原料备齐。优化后的价值流图如图 9-25 所示。

大数据对接优化及 VSM 改善后的成果如表 9-6 所示。

在该项目中，通过借助 VSM 工具的大数据分析和基于数据分析后的高效业务决策，T 公司把该外购的 FPCA 部件的物流时间压缩了 95.4%，有增值的步骤比例提升了 12.9%，整个价值流增值时间占比提升了 49.9%。大大地增强了企业对客户的 JIT 交付竞争力。

第 9 章 大数据赋能供应链物流管理

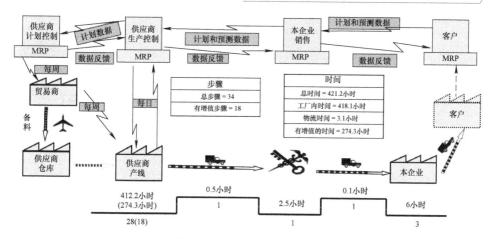

图 9-25 优化后的价值流图

表 9-6 大数据对接优化及 VSM 改善后的成果

比较维度	优化前	优化后	影响判别	影响比例
总步骤/步	45	34	下降	24.4%
总时间/小时	1805	421.2	下降	76.7%
工厂内时间/小时	1737	418.1	下降	75.9%
物流时间/小时	68.1	3.1	下降	95.4%
有增值的步骤占比	40.0%	52.9%	上升	12.9%
有增值的时间占比	15.2%	65.1%	上升	49.9%

本案例成功的原因，包括但不限于如下 3 个方面。

1）对客户需求的准确把握。本项目是客户新产品，处在爬坡期，市场需求巨大。客户期望缩短产品上市的时间、迅速占领市场，时间是最宝贵的，客户甚至愿意牺牲一定的成本来换取上市时间的缩短，因此，客户愿意签署三方协议，为备料承担风险。

2）准确的 VSM 数据计算和分析，所有的优化决策，都是基于数据得出的。

3）通过计划数据和预测数据的双向流动，实现了本企业与客户和供应商的高效协同。

需要说明的是，由于三方之间具有较好的计划数据和预测数据的对接，通过协同对产品生命周期做精准的管理，在保证及时交付的前提下，"牛鞭效应"不存在，最终的呆滞库存几乎可以忽略不计。本案例除了大幅度地压缩了总流程时间外，还大幅度地降低了物流成本。

第10章 大数据赋能供应链运营管理

10.1 供应链与财务大数据协同

10.1.1 集团与工厂的实际支付状况分析

首先对供应商的实际应付账款状况进行分析,包括不同供应商的类别(如客户指定、现行供应商、即将淘汰供应商、冻结供应商等)的实际付款金额分析,参见如图10-1所示的S集团2020年对供应商付款金额和供应商数量。

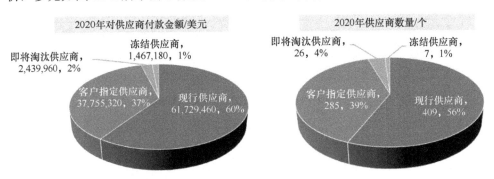

图10-1　S集团2020年对供应商付款金额和供应商数量

对实际数据进行分析和统计,根据供应商的实际付款周期(7天、15天、30天、45天、60天、75天、90天、120天、135天),对上述各类供应商的实际付款状况进行分析,如图10-2基于实际付款周期的供应商付款金额分析所示。

由图10-2可以看出,现行供应商的实际付款周期主要集中在90天和120天,而客户指定的供应商的实际付款周期主要集中在60天左右,可推断出客户指定的供应商对企业的支付要求比现行供应商要高。

S集团2020年对供应商AP的支出总额是103391920美元,对客户的AR收入总额是163835192美元,可基于同一维度下的实际付款周期和实际收款周期（实际周期）进行分析，如图 10-3 基于实际周期的 AP 和 AR 金额分析所示。

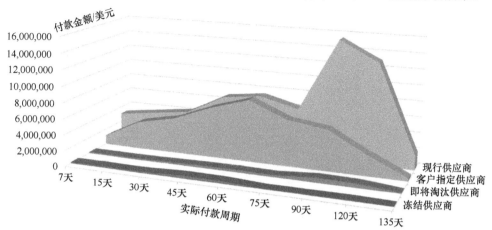

图 10-2　基于实际付款周期的供应商付款金额分析

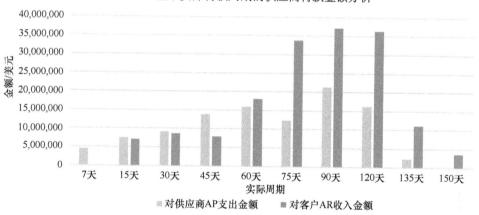

图 10-3　基于实际周期的 AP 和 AR 金额分析

从图 10-3 可以看出，AR 的实际收入周期主要集中在 75 天、90 天和 120 天，相比 AP 的实际支出周期略延后。为了支持企业的正常运转，到底需要多少现金流？基于相应数据加上适当风险考量，就可以预测集团所需要的安全现金流。现实中有些企业留置了超过业务所需的大量现金，白白浪费了资金的机会成本（闲置资金本来可以让企业做更多的业务）。也有些企业光知道去"开疆扩土"，风头正盛的时候却因为自身现金流问题，运营受挫甚至倒闭。所以 S 集团的财务部门需要对应收账款（AR）和应付账款（AP）进行分析，即分析资金数量在会计账期内的差额。从企业的实际运营层面看，企业在新项目（新产品）交付给客户前，需要提前购买原材料、零部件等进行生产和加工，这样在客户支付 AR 之前，企业要先对供应商支付 AP。AR 和 AP 同时段的差额分析示例如图 10-4 所示。

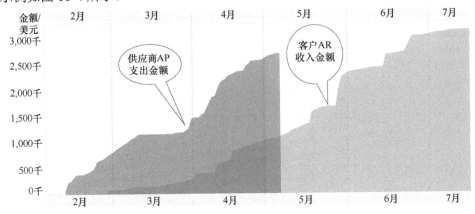

图 10-4　AR 和 AP 同时段的差额示例

根据实际的 AR 数据分析，很多客户并不是完全按时支付的，可能是因为假期因素或者支付系统的限制导致（比如有的客户的支付系统只能逢 5 支付，即每月的 5 日、15 日、25 日）。图 10-5 所示为客户应该支付账款和企业实际收到的账款比较分析示例。

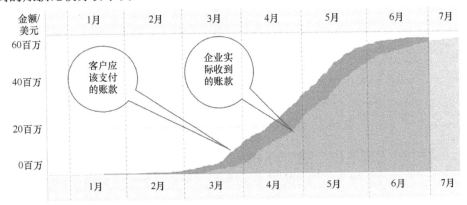

图 10-5　客户应该支付账款和企业实际收到的账款比较分析示例

企业的财务部门可以参考上述深入分析方法，对企业滚动现金流需求做合理的预测，确保企业供应链业务正常开展和运行。

10.1.2　其他财务数据的分析

对于供应链人员来说，是不愿看到该支付的货款没有及时支付的，这将影响到供应商配合的积极性，可能会导致交付不及时等，严重情形会导致企业美誉度的下降。因此可以对每个工厂做 AP 预警分析，如图 10-6 所示（可用绿色表示尚未到期的，用黄色表示即将到期的，用红色表示已经过期的）。并不是说所有过期支付一定是不合理的，比如由于供应商质量问题、交付延迟、提前开发票等导致的合理的付款延期，此处的大数据分析起到的是预警作用。

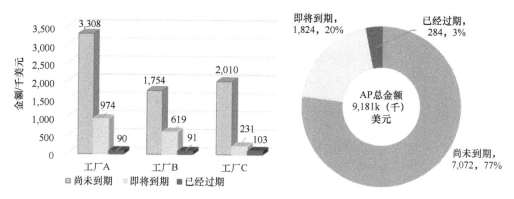

图 10-6 S 集团三个工厂 AP 预警分析

对于已经过期部分，要重点排查原因。还可以进行更细节分类的分析，如划分延期 2 周、延期 1 个月、延期 2 个月、延期 2 个月以上等区间段进行分析。

可以对 AP 金额与采购库存金额进行同期比较，如图 10-7 所示为工厂 A 在 2020 年上半年的 AP 金额与采购库存金额分析示例，对照虚线可看出各自月度增减趋势，AP 金额月度环比相对持平，而采购库存金额则呈现明显上升状态。

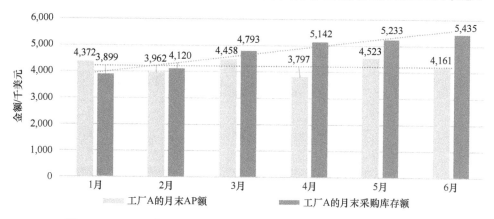

图 10-7 工厂 A 在 2020 年上半年的 AP 金额与采购库存金额分析示例

在图 10-8 中，通过对加权平均的付款周期和平均采购库存周转天数进行横向比较可以看出，加权平均的付款周期呈下降趋势，平均采购库存周转天数呈上升趋势，那大概率说明采购将货买进来早了，需要检讨前端计划、下单时点、经济批量、交期管控等。假如加权平均的付款周期呈上升趋势，平均采购库存周转天数呈下降趋势，此时供应链团队必须快速与销售、市场部门沟通并在内部与采购、计划、物控等部门沟通以便及时跟进下单，不能出现断料、停产、断线、空运出货等后果。总之，凡事预则立、不预则废；多算胜，少算不胜。

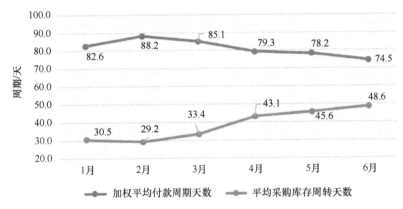

图 10-8　加权平均的付款周期和平均采购库存周转天数分析

企业财务应该建立标准成本数据库，可基于图 10-9 所示的标准成本核算的内部流程和逻辑来建立。

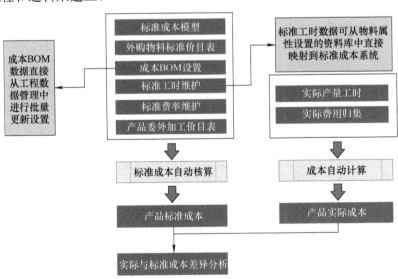

图 10-9　标准成本核算的内部流程和逻辑

供应链自身有战略采购等成本分析，平行地也要基于 BOM 逻辑，做好从料、工、费等角度的标准成本分析，这无论对财务管理还是供应链管理均有重大指导意义。

10.2 基于大数据分析的企业能耗降本增效

10.2.1 企业用电数据统计和部门拆分

企业的能耗是企业间接采购的细分品类之一，本节以大数据策略为指导，期望对 J 集团的用电降本增效。首先统计 2019 年 A、B 两个工厂的用电，如表 10-1 所示。

表 10-1　2019 年 A、B 两个工厂的用电统计

项目	1月	2月	3月	4月	5月	6月	7月	8月	9月	10月	11月	12月
工厂 A 销售额/千美元	6,780	5,648	6,814	7,590	6,518	7,218	6,384	6,114	6,923	7,576	7,540	5,313
工厂 B 销售额/千美元	6,432	5,778	7,296	6,123	6,305	6,968	9,093	7,030	7,188	6,413	7,517	6,759
工厂 A 的电费/千元	841	516	998	1,198	1,104	1,133	1,251	1,203	1,346	1,348	1,311	977
工厂 B 的电费/千元	1,166	978	1,322	1,550	1,614	1,967	2,312	2,036	1,840	1,680	1,623	1,585
美元兑换人民币汇率	6.86	6.79	6.69	6.73	6.73	6.90	6.87	6.88	7.09	7.07	7.05	7.03
工厂 A 的电费/千美元	123	76	149	178	164	164	182	175	190	191	186	139
工厂 B 的电费/千美元	170	144	198	230	240	285	336	296	260	237	230	226
工厂 A 电费占销售额比率	1.81%	1.35%	2.19%	2.34%	2.52%	2.27%	2.85%	2.86%	2.74%	2.52%	2.46%	2.62%
工厂 B 电费占销售额比率	2.64%	2.49%	2.71%	3.76%	3.80%	4.09%	3.70%	4.21%	3.61%	3.70%	3.06%	3.34%

集团供应链管理人员将用电统计数据发送给工厂总经理之后，工厂 A 的总

经理要求基建部门从 2020 年年初开始，统计各职能部门的用电数据，2020 年第一季度工厂 A 用电数据部门拆分示例如表 10-2 所示。

表 10-2 2020 年第一季度工厂 A 用电数据部门拆分示例

职能部门	2020 年 1 月			2020 年 2 月			2020 年 3 月		
	电量/千瓦小时	电费/元	用电占比	电量/千瓦小时	电费/元	用电占比	电量/千瓦小时	电费/元	用电占比
注塑	605,390	430,327	58%	595,887	424,193	60%	696,663	489,397	61%
二次加工	146,362	104,038	14%	145,070	103,271	15%	159,793	112,253	14%
模具	105,367	74,898	10%	90,019	64,081	9%	100,616	70,681	9%
表面处理	130,280	92,606	13%	126,398	89,979	13%	142,462	100,078	12%
办公室	34,491	24,517	3%	25,970	18,488	3%	27,062	19,011	2%
其他	15,620	11,103	2%	12,550	8,934	1%	15,255	10,716	1%
合计	1,037,509	737,489	100%	995,894	708,946	100%	1,141,851	802,138	100%

工厂 B 也做了连续的月度数据统计，且比工厂 A 做得更精确。基建部门对各个细分部门的用电数据进行统计并做环比分析，并将用电节约状况纳入部门和负责人的绩效考量，直接与奖金挂钩。2020 年第一季度工厂 B 用电数据部门拆分示例如表 10-3 所示。

表 10-3 2020 年第一季度工厂 B 用电数据部门拆分示例

序号	楼层车间	部门	负责人	2019 年 12 月	2020 年 1 月		2020 年 2 月		2020 年 3 月	
				电量/千瓦小时	电量/千瓦小时	超上月比例	电量/千瓦小时	超上月比例	电量/千瓦小时	超上月比例
1	A 栋	办公室	×××	10,490	11,764	12%	6,347	−46%	8,967	41%
2	B1	模具一部	×××	130,397	105,868	−19%	70,834	−33%	133,374	88%
3	B2	模具二部	×××	4,717	3,286	−30%	2,728	−17%	4,635	70%
4	B4	空压机一	×××	65,789	53,786	−18%	44,579	−17%	60,601	36%
5	C1	注塑一部	×××	465,433	284,879	−39%	247,752	−13%	379,244	53%
6	C2	注塑二部	×××	206,236	137,786	−33%	114,998	−17%	148,722	29%
7	C3	注塑三部	×××	174,812	124,457	−29%	79,467	−36%	153,591	93%
8	C4	空压机二	×××	104,619	87,362	−16%	36,810	−58%	57,839	57%
9	D1	注塑四部	×××	567,495	326,596	−42%	263,966	−19%	405,655	54%
10	D2	注塑五部	×××	163,430	93,504	−43%	66,819	−29%	134,937	102%
11	D3	装配部	×××	35,448	24,821	−30%	22,549	−9%	24,899	10%

(续)

序号	楼层车间	部门	负责人	2019年12月 电量/千瓦小时	2020年1月 电量/千瓦小时	超上月比例	2020年2月 电量/千瓦小时	超上月比例	2020年3月 电量/千瓦小时	超上月比例
12	D5	空压机三	×××	88,318	71,998	−18%	40,839	−43%	78,927	93%
13	E1	冲压部	×××	15,561	10,591	−32%	6,348	−40%	9,625	52%
14	E1	充电桩	×××	5,932	4,050	−32%	3,886	−4%	5,873	51%
15	E5	空压机四	×××	7,770	5,105	−34%	3,965	−22%	5,832	47%
16	F1	饭堂	×××	19,965	14,978	−25%	8,550	−43%	13,749	61%
17	G栋	宿舍	×××	15,355	15,777	3%	9,476	−40%	13,651	44%
18	E2-5F	仓库	×××	1,930	1,946	1%	790	−59%	1,353	71%
19	新栋	物业	×××	85,218	54,249	−36%	45,503	−22%	88,683	109%
20	公共	行政	×××	62,042	41,162	−34%	49,196	20%	57,199	16%
21	总表	配电房	×××	2,230,957	1,473,964	−34%	1,122,400	−24%	1,787,355	59%

2020年A、B两个工厂的用电统计如表10-4所示。

表10-4 2020年的A、B两个工厂的用电统计

项目	1月	2月	3月	4月	5月	6月	7月	8月	9月	10月	11月	12月
工厂A销售额/千美元	5,974	5,082	5,463	4,349	5,240	4,295	5,343	5,931	6,586	6,413	6,521	6,337
工厂B销售额/千美元	6,130	5,690	7,980	6,760	6,540	7,740	9,690	9,340	11,570	11,065	11,030	8,420
工厂A的电费/千元	737	709	802	772	895	916	1,159	1,273	1,281	1,161	1,278	1,407
工厂B的电费/千元	1,036	798	1,255	947	1,169	1,495	1,989	1,873	2,008	1,767	1,840	1,310
美元兑换人民币汇率	6.98	6.89	7.01	7.09	7.06	7.13	7.08	6.98	6.86	6.81	6.58	6.52
工厂A的电费/千美元	106	103	114	109	127	129	164	182	187	171	194	216
工厂B的电费/千美元	148	116	179	134	166	210	281	268	293	259	280	201
工厂A电费占销售额比率	1.77%	2.02%	2.09%	2.51%	2.42%	2.99%	3.06%	3.07%	2.83%	2.66%	2.98%	3.40%
工厂B电费占销售额比率	2.42%	2.04%	2.24%	1.98%	2.53%	2.71%	2.90%	2.87%	2.53%	2.34%	2.54%	2.38%

工厂 A 和 B 都在国内，产品形态基本相同，且电费费率基本相同，因此具有很好的横向比较意义。根据用电额、用电额占销售额比率进行比较，如图 10-10 所示。

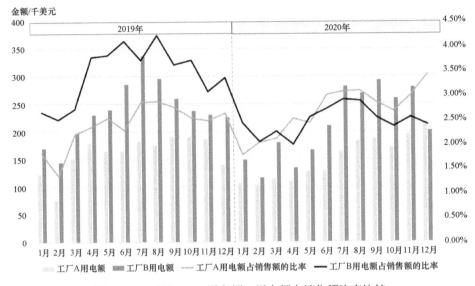

图 10-10　工厂 A、B 用电额、用电额占销售额比率比较

从 24 个月的时间轴看，工厂 A 在用电效率上呈现下降趋势，即用电额占销售额的比率呈上升趋势；而工厂 B 在用电效率呈现提升趋势，即用电额占销售额的比率呈下降趋势，根本原因是工厂 B 在数据的深入分析和追踪上做得更细致，且工厂 B 在 2020 年推行了有效的节能降本的措施。

10.2.2　企业节能降本的大数据分析

评价用电能耗的重要依据之一是冷站节能的标准，应注意采用冷站节能控制技术，冷站能效等级与节能数据如表 10-5 所示。其中 COP 指能效比，即能源转换效率之比，COP 值越大，节能就越多；kW/RT 指产生 1 冷吨（RT）的制冷量所耗费的千瓦数，该值越高，效率越低。冷吨（RT）又称为冷冻吨，1 冷吨表示将 1 吨 0℃的饱和水用 24 小时冷冻到 0℃的冰所需要的制冷量。冷吨的标准有美国冷吨、日本冷吨、英国冷吨等，我国一般采用美国冷吨作为计量依据，1RT=3024 千卡每小时（kcal/h）=3.517 千瓦（kW）。

表 10-5 冷站能效等级与节能数据

能 效 等 级	1级	2级	3级	4级	5级
COP	6.10	5.60	5.10	4.60	4.20
kW/RT	0.574	0.625	0.686	0.761	0.833

我国新国标已取消了 4 级和 5 级，本处做数据分析用，冷站节能率计算如下。

1）1 级比 2 级，节能率=（0.625−0.574）/0.625=8.1%

2）2 级比 3 级，节能率=（0.686−0.625）/0.686=8.9%

3）3 级比 4 级，节能率=（0.761−0.686）/0.761=9.9%

4）4 级比 5 级，节能率=（0.833−0.761）/0.833=8.6%

工厂 B 的现场冷站的架构和运行控制示例如图 10-11 所示。

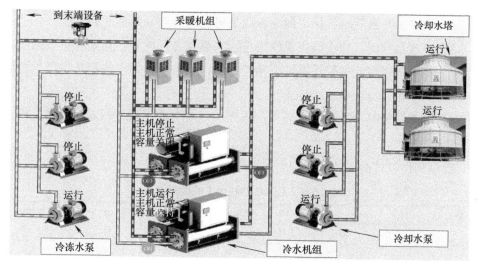

图 10-11 工厂 B 的现场冷站的架构和运行控制示例

中央空调系统冷站包括冷水机组（采暖机组）、冷却水泵、冷冻水泵、冷却水塔。通常冷站能耗占整个中央空调系统的 75%左右，因此，能效管理应从冷站抓起。分析冷站节能潜力，可发现现场的如下问题。

1）设计配置问题：主机配置常年低负荷；水泵配置"大马拉小车"。

2）手动运行问题：多台主机运行，无法随时根据数据做"能耗节省"。

3）维修保养问题：机房设备保养不到位；末端维护存在问题，二通阀失效。

分析冷站可进行能效监测，可视化能效在线监测系统如图 10-12 所示。

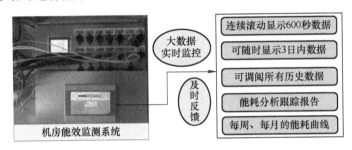

图 10-12　可视化能效在线监测系统

工厂 B 与当地第三方供电公司合作，基于运营大数据挖掘和实际监测，在不影响工厂运营的前提下，采用冷站节能控制技术，成功地从如下几个方向做了改善。

1）主机的开机策略优化，如两台主机可轮流降到 80% 的负荷运行。
2）冷冻泵控制，如根据主机冷冻进出水温差进行控制，且采取轮班工作。
3）冷却泵控制，如采用温差变频控制水泵工作，用最小的流量保证主机散热效果。
4）冷却塔控制，如使用变频器，根据冷却塔中的水温控制本冷却塔风机运行频率。

经过数据分析与确认，节约用电的数据统计如表 10-6 所示。

表 10-6　工厂 B 节约用电的数据统计

中央空调冷站能耗占比			冷水主机	冷水泵	冷水塔	机房能耗节省比例
			75%	20%	5%	
能耗节省方案	设备节能	电机变频	—	35%	15%	7%
		水力平衡	8%	15%	—	9%
		高效主机	40%	—	—	25%
	维护节能	水垢清除	10%	—	—	10%
	管理节能	智能监控	设备群控与智能化运维模式			20%
		能效监测	实时在线监测设备能效			—
合计（冷站整体能耗节省比例）						27%

工厂 B 更换了一台冷水主机、一台冷冻水泵及一台冷却水泵，给水泵加装了变频器、加装了群控系统，实现了空调年用电量约 120 万度，节能率达 35%，每年节省电费约 32 万元。

10.3 基于大数据分析的维保降本增效

10.3.1 维保重要性的宏观数据分析

1）维保不及时导致设备停机损失的部分行业企业数据统计如表 10-7 所示。

表 10-7 维保不及时导致设备停机损失的部分行业企业数据统计 （单位：元）

行　　业	每小时最低损失	每小时最高损失	每年最低损失	每年最高损失
电力	150,000	350,000	90,000,000	210,000,000
造纸	35,000	105,000	28,000,000	85,000,000
石化	150,000	350,000	58,000,000	150,000,000
钢铁	150,000	350,000	98,000,000	250,000,000
食品	21,000	60,000	9,100,000	25,000,000

2）对于企业来说，通常有应急维保、预防维保、预测维保、主动维保 4 种不同的维保管理策略，其影响比较数据如表 10-8 所示。

表 10-8 不同维保管理策略的评估影响比率的数据比较

评估影响比率	应急维保	预防维保	预测维保	主动维保
年度维保费占 TCO 比率	3.5%	3.0%	2.5%	2.0%
设备综合效率	60%	70%	80%	90%
设备开机率	80%	90%	95%	99%
故障根源分析比率	10%	40%	80%	100%

10.3.2 维保的微观数据内容分析

在企业中，不同部门不同岗位的人对维保大数据的需求是不同的，对维保的企业内部客户大数据需求分析如图 10-13 所示。

根据上述内部客户需求，需要关注如下三个方面。

1）基础数据：设备、生产、维保、备品备件等相关的数据及数据映射。

2）数据链接：打通"监测-保养-维修-备件-库存-采购"的数据链条。

3）数据管理：降低维保成本，提升设备效能，基于数据分析的及时决策。

以某企业的注塑部为例，长期维修统计数据示例如表 10-9 所示。

大数据赋能供应链管理

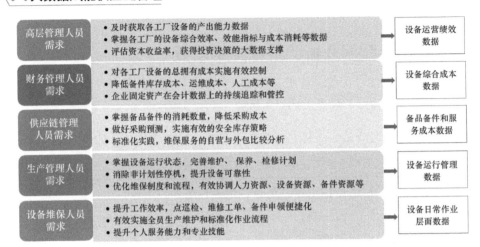

图 10-13 维保的企业内部客户大数据需求分析

表 10-9 长期维修统计数据示例

序号	机器号码	品牌	区域	负责人	维修日期	故障根本原因	故障类型	更换配件名称	更换配件费用/元	是否外部维修	外部维修费用/元	维修时间/分钟
1	47	百塑	A	×××	2020/4/1	机台转盘不转	锁模系统	螺钉 M10×120	25.00	否	—	120
2	112	东芝	B	×××	2020/4/1	信号灯损坏	电路系统	信号灯 HX-21R	40.00	否	—	360
3	43	东芝	A	×××	2020/4/2	插头损坏	电动系统	三角插头	5.00	否	—	60
4	138	住友	C	×××	2020/4/2	射嘴漏胶	传动系统	射嘴 50 毫米×200 毫米	650.00	否	—	120
5	67	三菱	B	×××	2020/4/2	机械手伺服异常	气动系统	无（外修）	—	是	1200.00	480
6	9	东芝	A	×××	2020/4/3	水平信号灯显示故障	电动系统	无（重新接线）	—	否	—	240
7	134	恩格尔	C	×××	2020/4/3	无法启动马达	电动系统	无（关机重启）	—	否	—	50
8	35	东芝	A	×××	2020/4/3	机台无动作	电动系统	安全门缺拉滑块线	1000.00	否	—	120
9	151	东芝	C	×××	2020/4/3	火箭头磨损	射出系统	三件套直径 60 毫米	850.00	否	—	720
10	16	百塑	A	×××	2020/4/5	机械手无信号	电动系统	无（重新插线）	—	否	—	120

第 10 章　大数据赋能供应链运营管理

一般地，企业微观维修大数据的字段可包括：设备基础数据（如部门、设备名称、设备编号、是否为瓶颈设备、开始停机时间、恢复运行时间）；维修日期；故障发生类型（如初次发生、再次发生、多次发生）；故障根本原因；故障类型（如传动、气动、电动、润滑、液压等）；维修时间数据（可细分为原因查找耗时、领用或等待备件耗时、修理设备或更换备件耗时、试运行调整耗时、质量确认耗时、其他耗时）；备品备件主数据（如名称、品牌或厂家、型号规格、现有库存数量、单价、是否标准品、采购提前期等）；更换配件记录（如名称、型号规格、本次消耗数量等）；维修费用（如委外维修支出）；长期对策等。这些数据需要每日、每周、每月维护录入到相关系统。大数据分析的目的包括但不限于如下方面。

1）对维修的品类进行分析，比如前三大异常类型（传动、气动、电动）分析。
2）深挖维修和保养的关系，互为矛盾但企业应取一个最佳点。
3）常用备品备件的标准化，必要时还可以竞标，降低采购成本和库存成本。
4）维修保养的自营和外包的细节成本比较分析。

10.3.3　基于成本数据分析维保外包的决策和实践

基于企业现有维保数据和市场行情的调研数据，某企业的供应链部门在 2019 年底做了维保外包前和外包后的成本比较，如图 10-14 所示。这里需要说

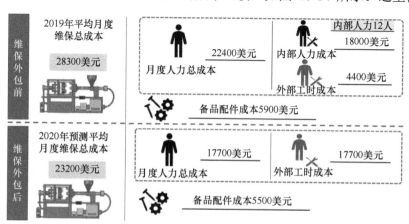

图 10-14　外包前和外包后的成本比较

明的是，2019 年的自营维保并不代表所有的维保工作都可以通过内部资源完成，事实上部分仍需要委外维保。

由图 10-14，通过维保外包，预计每月维保总成本节省 5100 美元，其中人力成本节省 4700 美元，备品备件成本节省 400 美元；预计每年维保总成本节省 61200 美元，节约的人力资源可以从事其他工作岗位。

经过 2020 年的外包运行，图 10-15 所示为外包后的维保总费用月度数据统计。

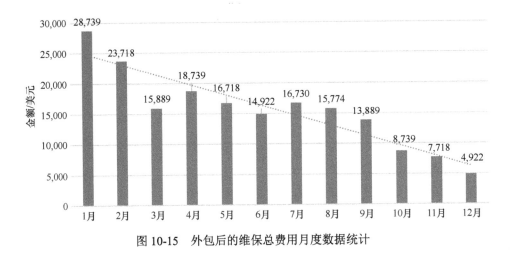

图 10-15　外包后的维保总费用月度数据统计

其中维保外包的工时月度数据统计如图 10-16 所示。

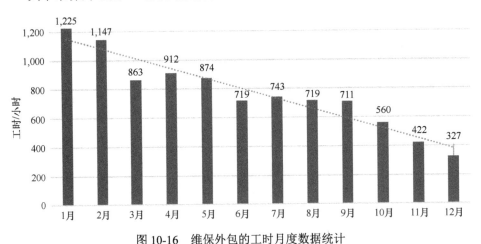

图 10-16　维保外包的工时月度数据统计

第 10 章 大数据赋能供应链运营管理

经过维保外包实践，充分做到了降本增效。外包后实际平均月度维保总成本为 15542 美元，相比 2019 年，成本节省比例为 45.1%，比计划的成本节省比例更高，项目实施成功的原因包括如下方面。

1）供应链团队、制造部门和委外商的充分协同、群力群策、数据共享。
2）充分利用委外商的优势，包括更专业的人力资源、更便宜的配件资源等。
3）基于大数据分析的持续改善，从应急维保、预防维保逐步过渡到预测维保。
4）根据熟能生巧的经验曲线效应，委外商会逐步充分适应企业的运营需求和维保需求。

10.4 大数据驱动运营效率提升

10.4.1 数据统计生产等待时间和物料浪费

以 S 集团的工厂 B 为例，2021 年 1 月注塑生产换模状况如图 10-17 所示。

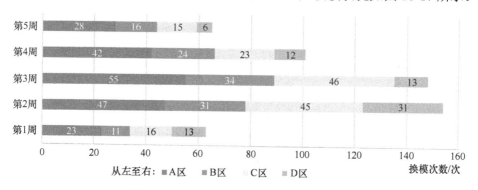

图 10-17　2021 年 1 月注塑生产换模状况

当月总计换模 531 次。若再按照客户统计换模次数，统计如图 10-18 所示。

由于产品是小批量、多品种，换模频繁，需要重点关注前五名大客户的换模效率提升。

时间都用在哪里了？制造过程中的等待时间分类数据及总时间分类数据如图 10-19 所示，60% 的时间被花在等待上，因此，如何降低等待时间是提升运营效率的重要维度之一。

大数据赋能供应链管理

客户	上下模次数/次	上下模总耗时/分钟	平均耗时/分钟
A	147	9,960	68
B	100	6,730	67
C	82	5,985	73
D	58	4,670	81
E	35	2,910	83
F	15	930	62
G	13	870	67
H	13	840	65
I	12	750	63
J	11	1,150	105
其他	45	2,730	61
总计	531	37,525	71

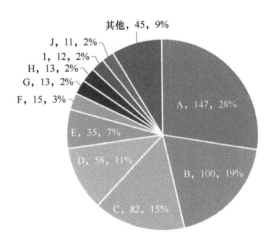

图 10-18 按照客户统计换模次数

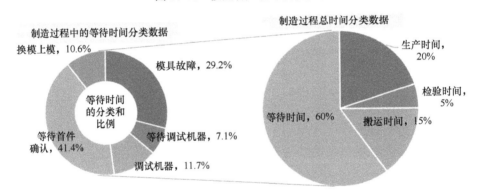

图 10-19 制造过程中的等待时间分类数据及总时间分类数据

物料超用现象有时也非常令人震惊，某月物料超用数据如表 10-14 所示。

区域	超用工单数/个	超用量/千克	节省工单数/个	节省量/千克	净超用量/千克
A	196	5,230	121	-1,288	3,942
B	130	4,757	67	-504	4,253
C	114	5,455	46	-1,325	4,130
D	65	11,701	17	-2,204	9,497
总计	505	27,143	251	-5,321	21,822

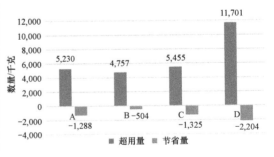

图 10-20 某月物料超用数据

通过大数据分析让员工感受到了效率亟待提升。工厂为此成立了改善团

第 10 章 大数据赋能供应链运营管理

队,与技术团队和质量团队一起,依托数据分析进行改善,并在车间内部公布面板数据,如图 10-21 所示。

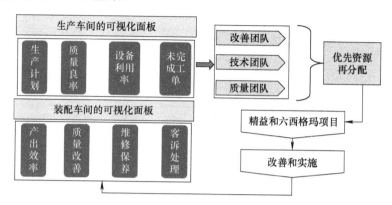

图 10-21 车间内部公布面板数据

10.4.2 基于大数据运营的 MES 搭建

S 集团基于运营大数据和精益运营的 MES 系统搭建,如表 10-10 所示。

表 10-10 基于运营大数据和精益运营的 MES 系统搭建

序	功能模块	功 能 说 明	备 注
1	权限管理	用户管理、用户角色、权限设定	标准模块
2	人员管理	人员资料导入、人员资质管理、人员操作权限设定等	个性配置
3	基础数据	机台、班次、人员、不良项目、停机项目、各种点检项目等系统运行所需基础资料的导入与维护	标准模块
4	自动排程	根据配置参数、生产日历、工单、产品、产品 BOM、模具、机台等约束,通过算法自动生成生产排程计划	深度配置
5	进度管理	对设备的生产信号进行数量统计,以每次开关机的时间段为基础,分别对数量进行汇总	标准模块
6	停机管理	联机自动采集机台状态、停机时间,对设备的开关机信号进行时间统计	标准模块
7	首件管理	换模或换料自动触发调机、首件发送、首件交接、首件结果确认、恢复生产等流程化管理	个性配置
8	巡检管理	不良确认、品质巡检、工艺参数巡检等记录处理	个性配置
9	模具管理	模具的定位、状态、故障申报、交接、维修过程、保养计划、履历及生命周期管理	深度配置
10	设备管理	设备的履历跟踪功能,涉及维修记录、保养提醒等	个性配置
11	电子文件	工艺文件的上传、下载与智能显示	个性配置

（续）

序	功能模块	功能说明	备 注
12	目视看板	实时机台状态看板（机器状态、计划生产量、实际生产量、预计完工时间等）	个性配置
13	管理报表	MUR（机器使用率）、OEE（设备综合效率）统计、MMR（机台人员配比）等管理报表	标准模块
14	ERP接口	与ERP系统数据对接，抽取物料主数据、工单、生产BOM等信息，通过扫描成品外箱条码标签，维护ERP自动生成成品入库单	个性配置

该MES系统可以实时监测设备的运行状况和稼动率等数据，可以精细化地看到每台设备的实时状况，如机台实时生产进度、机台状态用时统计、机台生产备料情况等；该MES系统还能自动实现生产排程、质量追溯、设备管理、工程管理、人员管理、预警看板等，并与ERP、WMS系统端到端链接，生成各职能的自动化看板。

10.4.3 基于EAM系统的运营效率提升

设备EAM系统在数据层进行延展，建立完整的数据存储和系统数据指标体系，自动生成各类报表分析，如工单统计分析、设备分类统计、产能效益统计、维护效率统计、备品备件消耗统计等，如图10-22 EAM系统在数据层的管理示例所示。

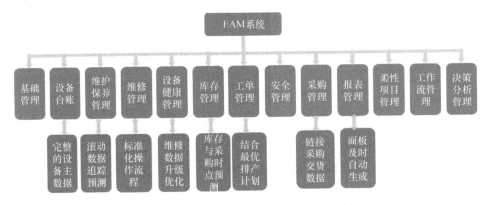

图10-22 EAM系统在数据层的管理示例

打通EAM和ERP、MES、WMS等系统数据的无缝链接，可实现减少停机时间、提高设备可靠性、提高维修效率、降低备件消耗成本、延长设备生命周期、降低安全事故等作用，EAM提升效率的数据统计示例如图10-23所示。

第 10 章 大数据赋能供应链运营管理

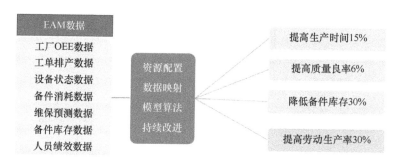

图 10-23　EAM 提升效率的数据统计示例

案例：基于大数据的 EAM 系统

上海嘉岩供应链实施全面的数字化解决方案，数字化供应链运营平台如图 10-24 所示。

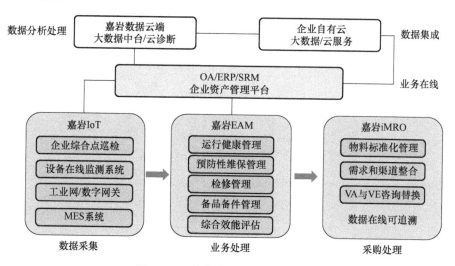

图 10-24　数字化供应链运营平台

基于数据链接的 IoT（物联网）、EAM（设备管理）和 iMRO 三位一体打造企业资产管理平台，在此基础上完善设备物联、工业互联网搭建、设备状态在线监测系统，并与 ERP、MES 等系统打通信息链接，从而建成全面的数字化运营平台。

其中，就 EAM 的平台系统而言，其平台作业流程如图 10-25 所示。

大数据赋能供应链管理

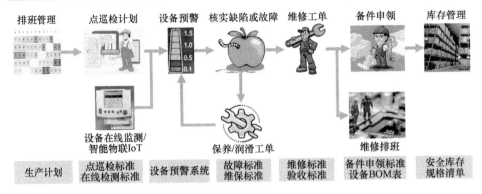

图 10-25　EAM 平台作业流程

通过客户端的点巡检计划与设备在线监测、智能物联的数据链接，自动生成维修工单、备件申领和维修排班等，数据也自动链接到库存管理。设备管理 EAM 系统功能架构如图 10-26 所示。

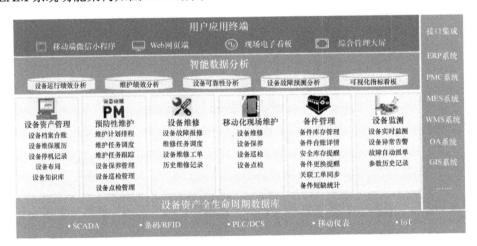

图 10-26　设备管理 EAM 系统功能架构

以 MRO 服务为基础，将 EAM+IOT 服务作为企业的设备管家。针对重点设备，采用最新状态监测与数字物联技术，获取设备健康状态信息，实现智能预警与故障诊断。预警与诊断信息在设备管理系统 EAM 中触发对应的缺陷与故障标准处理流程，生成预知性维保与检修工单，实现预知维修和备件的有序库存调配。全面的数字化信息互通，能促进企业科学管理与精益制造，实现降本增效。

该 EAM 系统应用场景包括某汽车零件厂客户的"设备点检-设备管理-数

字化看板"、某薄板轧钢厂客户的"在线监测-智能诊断-设备数字化管理平台"、某数控设备厂客户的"轴承监测-设备物联-设备管理平台-数据挖掘平台看板"等。

如果将嘉岩公司研发的 EAM 系统充分运用到客户的运营管理中,能提升客户企业各项运行指标,包括以数据驱动设备维修体制的优化有效的维修维护与设备管理,推进预测性维修和可靠性维护;以设备健康管理与可靠性为核心,贯彻全寿命周期管理,为优化生产调度提供强有力的设备有效性保障;备件的全寿命周期管理,更精细化管理的深入;实时物联设备管理,快速反应跟踪设备异常;通过云平台,基于二维码与物联网,提供多个终端的应用,帮助客户进行资产管理、日常维护、备件管理统计分析等全面设备运维管理。

第 11 章

大数据赋能供应链库存管理

11.1 基于原材料数据的库存水平分析

以供应商来料的库存为例做分析,从 ERP 抓取数据并整合成或通过数仓设计格式自动生成数据表,如表 11-1 供应商来料库存数据字段所示。

表 11-1 供应商来料库存数据字段

数据日期	工厂代码	料号	产品名称	产品描述	计量单位	订单号码	入库单号	批号	期初结存数量	期初结存金额/美元	入库日	入库数量	入库金额/美元	出库日	发货数量	发货金额/美元	期末结存数量	期末结存金额/美元

Y 集团有 4 大工厂,分别是 A、B、C、D,根据元数据,抓取月度库存金额数据(期末结存金额),为节约篇幅,随机抽取 2019 年 4~12 月份的原材料库存金额数据,如表 11-2 所示,"集团"字段的数据为 4 个工厂的数据之和。

表 11-2 2019 年 4~12 月份的原材料库存金额数据 (单位:美元)

月 份	工厂 A	工厂 B	工厂 C	工厂 D	集 团
4 月	1,825,515	1,716,391	309,893	713,438	4,565,238
5 月	2,023,713	1,797,047	322,986	821,940	4,965,685
6 月	2,253,497	1,753,487	327,682	808,576	5,143,241
7 月	2,409,445	1,573,406	324,189	973,415	5,280,455
8 月	2,219,447	1,537,927	319,729	895,987	4,973,090
9 月	2,219,280	1,835,096	341,179	921,570	5,317,125
10 月	2,008,917	2,390,793	468,559	863,589	5,731,859

(续)

月份	工厂A	工厂B	工厂C	工厂D	集团
11月	1,709,448	1,872,792	478,259	877,859	4,938,358
12月	1,588,537	2,107,468	487,841	845,533	5,029,378

使用滑动平均，计算每个工厂和集团的平均库存金额，如表11-3所示。

表11-3 每个工厂和集团的平均库存金额 （单位：美元）

月份	工厂A	工厂B	工厂C	工厂D	集团
4月	1,931,601	1,769,219	315,619	699,566	4,716,004
5月	1,924,614	1,756,719	316,439	767,689	4,765,462
6月	2,138,605	1,775,267	325,334	815,258	5,054,463
7月	2,331,471	1,663,446	325,935	890,995	5,211,848
8月	2,314,446	1,555,666	321,959	934,701	5,126,773
9月	2,219,363	1,686,511	330,454	908,779	5,145,108
10月	2,114,098	2,112,944	404,869	892,580	5,524,492
11月	1,859,182	2,131,792	473,409	870,724	5,335,108
12月	1,648,992	1,990,130	483,050	861,696	4,983,868

统计月度的发货和领用的库存金额，如表11-4所示。

表11-4 月度的发货和领用的库存金额 （单位：美元）

月份	工厂A	工厂B	工厂C	工厂D	集团
4月	2,366,574	2,570 340	333,920	481,869	5,752,704
5月	2,589, 868	3,371,300	409,561	633,156	7,003,884
6月	3,210,521	3,045,955	396,456	1,228,952	7,881,884
7月	4,220,819	3,067,218	606,625	524,832	8,419,493
8月	5,778,863	3,315,311	670,230	976,857	10,741,262
9月	3,948,723	6,385, 544	620,083	512 ,964	11,467,314
10月	3,822,131	3,552,421	420,188	659,523	8,454,262
11月	3,923,757	3,676,478	259,354	589,704	8,449,292
12月	2,870,403	3,495,743	245,973	658,583	7,270,702

计算库存周转天数（TOD），TOD=30×当月平均库存金额/当月发货和领用库存金额，然后计算出月度库存周转天数，如表11-5所示。

基于上述数据计算，得出工厂之间横向比较的库存水平面板，如图11-1所示。

表 11-5　月度库存周转天数　　　　　　　　　（单位：天）

月份	工厂A	工厂B	工厂C	工厂D	集团
4月	24.5	20.6	28.4	43.6	24.6
5月	22.3	15.6	23.2	36.4	20.4
6月	20.0	17.5	24.6	19.9	19.2
7月	16.6	16.3	16.1	50.9	18.6
8月	12.0	14.1	14.4	28.7	14.3
9月	16.9	7.9	16.0	53.1	13.5
10月	16.6	17.8	28.9	40.6	19.6
11月	14.2	17.4	54.8	44.3	18.9
12月	17.2	17.1	58.9	39.3	20.6

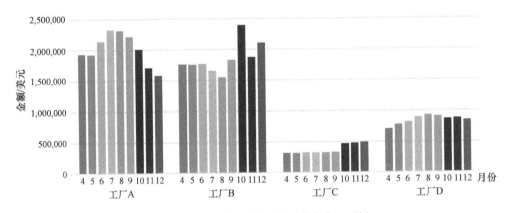

图 11-1　工厂之间横向比较的库存水平面板

单独从库存水平绝对金额值，可以看出工厂 A 和 B 接近，与工厂 C 和 D 差距较大，但是由于各个工厂的销售额差异较大，无法判断孰优孰劣。因此，再计算平均库存周转天数（TOD），并加权计算整体 TOD 水平（集团），如图 11-2 工厂和集团平均 TOD 所示。

综合考虑以上库存绝对金额水平和库存周转天数，各个工厂的实际库存运营绩效就初步分析出来了，工厂 A 和 B 虽然绝对值高，库存周转天数总体呈平缓下降趋势；而工厂 C 和 D 库存金额远低于工厂 A 和 B，其库存周转天数总体呈上升趋势。

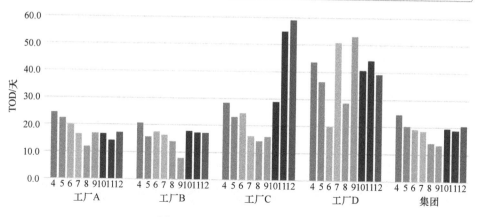

图 11-2　工厂和集团平均 TOD

11.2　基于企业全部库存的深度数据分析

Q 集团下辖三家工厂，对 2020 年集团内广义库存水平进行分析（包括原材料 RM、在制品 WIP、成品 FG 等），库存数据字段可以参考 11.1 节的表格。2020 年 Q 集团月度库存面板如图 11-3 所示。

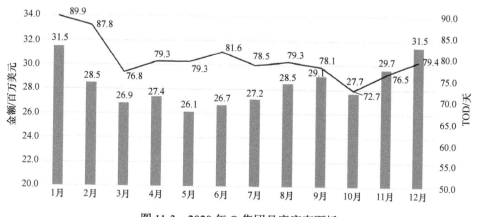

图 11-3　2020 年 Q 集团月度库存面板

Q 集团的库存数据不甚乐观，2020 库存金额和周转天数均未有明显改善。各个工厂的总经理可以下拉选择工厂代码，看到自己工厂的库存状况，也可以进行横向比较，比如工厂 A 和 B 的库存数据比较如图 11-4 所示。

从图 11-4 中即可发现优劣水平：从整体库存金额上看，工厂 A 与 工厂 B 旗鼓相当；从库存周转天数上看，工厂 A 明显优于工厂 B，且持续优化。

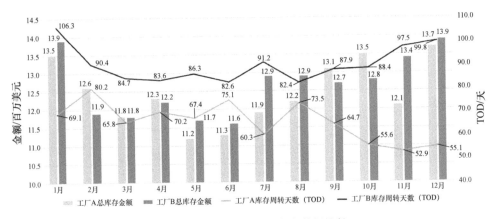

图 11-4　工厂 A 和 B 的库存数据比较

可进行基于库存的品类分析，如原料 RM、在制品 WIP、成品 FG 等，集团层面库存的品类分析如图 11-5 所示，各工厂也可以做相同分析。

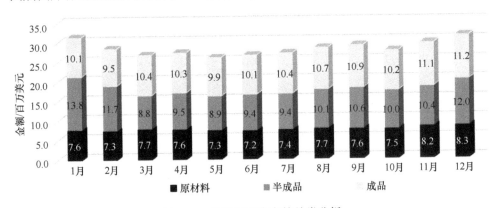

图 11-5　集团层面库存的品类分析

可以深入按照库存的天数划分，比如 0~30 天、31~60 天、61~90 天、90 天以上，如图 11-6 各品类 1 月份库存天数分析示例所示。

不同的用户可以更详细地查看自己关切的库存分析，比如集团采购人员更关心原材料库存天数的分类状况比较（0~30 天、31~60 天、61~90 天、>90 天），如图 11-7 集团原材料的月度库存不同周转天数的比例分析所示。

工厂 A 的原材料库存周转天数的月度分析如图 11-8 所示，其中柱状表示 TOD（库存周转天数）的增减状态，背景阴影表示库存金额的增减状态。

第 11 章 大数据赋能供应链库存管理

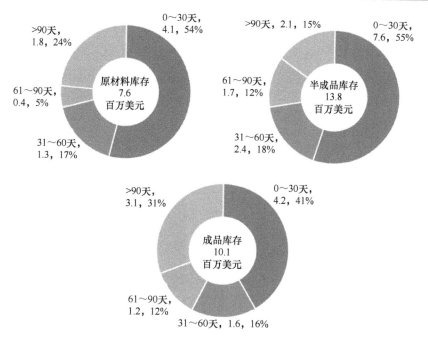

图 11-6 各品类 1 月份库存天数分析示例

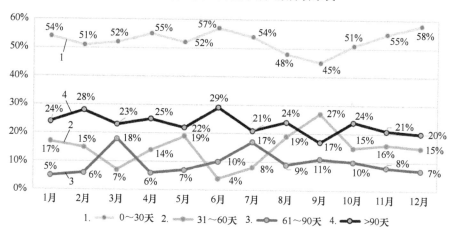

图 11-7 集团原材料的月度库存不同周转天数的比例分析

工厂 A 的半成品和成品库存金额及月度环比增幅分析如图 11-9 所示。还可以做其他分析，包括但不限于如下方面。

1）基于集团层面对半成品和成品的库存周转天数进行比较分析。

2）对各品类的库存周转天数状况在不同工厂之间进行横向比较分析。

3）对不同工厂、不同品类的库存数据进行组合维度分析，比如不同库存周转天数区间（0~30 天、31~60 天、61~90 天、>90 天）下的各品类库存金额、比例、增减趋势等，从而协助用户识别各维度的库存偏高的主要因素、快速地进行决策和计划、持续地追踪改善状况等。

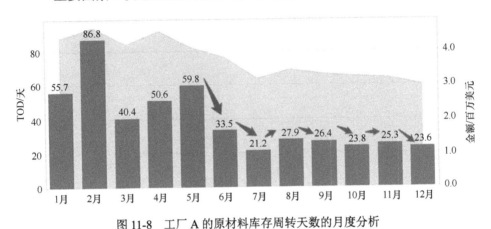

图 11-8 工厂 A 的原材料库存周转天数的月度分析

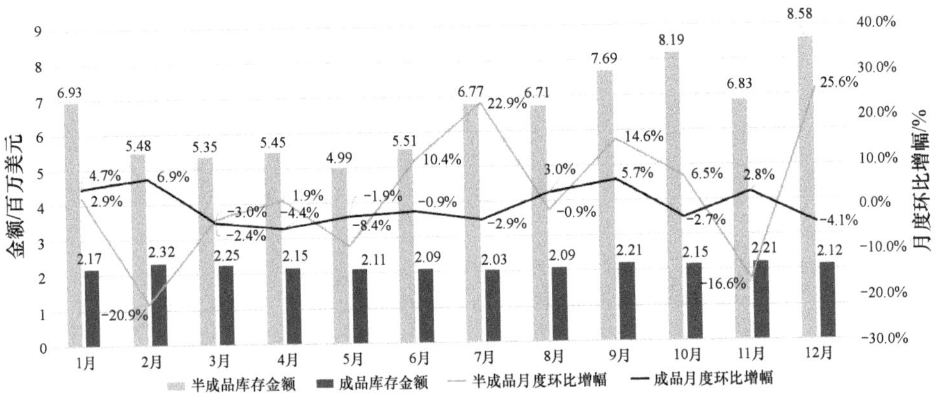

图 11-9 工厂 A 的半成品和成品库存金额及月度环比增幅分析

11.3 大数据驱动呆滞库存持续降低

Q 集团将超过 90 天的库存默认为呆滞库存，呆滞库存是库存管理的重中之重。集团各工厂的总呆滞库存分析如图 11-10 所示。

集团各品类的总呆滞库存分析如图 11-11 所示。

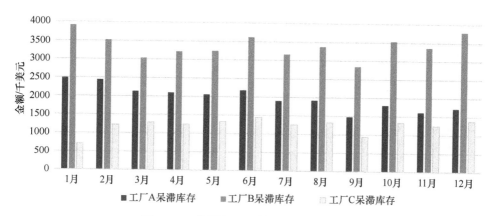

图 11-10　集团各工厂的总呆滞库存分析

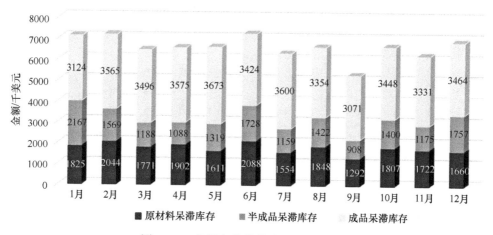

图 11-11　集团各品类的总呆滞库存分析

针对同一个工厂，还可以再按照原材料、半成品、成品进行拆分。2020 年工厂 A 的原材料、半成品、成品库存金额数据和呆滞库存金额数据，如表 11-6 所示。

表 11-6　工厂 A 的原材料、半成品、成品库存金额和呆滞库存金额数据

项　　目	1月	2月	3月	4月	5月	6月	7月	8月	9月	10月	11月	12月
原材料库存金额/百万美元	4.41	4.82	4.23	4.71	4.14	3.73	3.11	3.42	3.18	3.16	3.06	3.01
半成品库存金额/百万美元	6.93	5.48	5.35	5.45	4.99	5.51	6.77	6.71	7.69	8.19	6.83	8.58
成品库存金额/百万美元	2.17	2.32	2.25	2.15	2.11	2.09	2.03	2.09	2.21	2.15	2.21	2.12

（续）

项 目	1月	2月	3月	4月	5月	6月	7月	8月	9月	10月	11月	12月
原材料呆滞库存金额/百万美元	1.09	1.27	0.84	0.87	0.93	0.65	0.42	0.49	0.47	0.43	0.41	0.42
半成品呆滞库存金额/百万美元	0.48	0.61	0.45	0.48	0.45	0.54	0.63	0.54	0.54	0.51	0.39	0.36
成品呆滞库存金额/百万美元	0.75	0.86	0.87	0.98	0.93	0.98	0.78	0.67	0.58	0.45	0.32	0.37

2020年工厂A的各品类库存金额分析如图11-12所示。

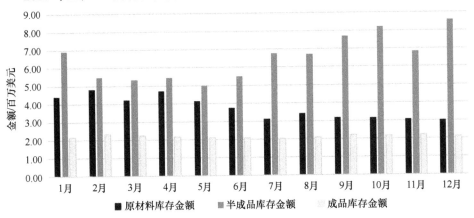

图11-12 工厂A的各品类库存金额分析

2020年工厂A的各品类呆滞库存金额分析如图11-13所示。

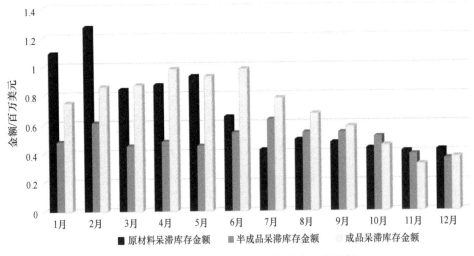

图11-13 工厂A的各品类呆滞库存金额分析

2020 年原材料月度呆滞库存额比率与环比呆滞库存金额增幅分析如图 11-14 所示。

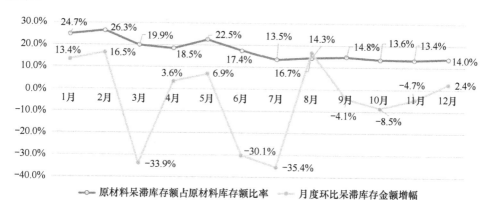

图 11-14 原材料月度呆滞库存额比率与环比呆滞库存金额增幅分析

2020 年半成品月度呆滞库存额比率与环比呆滞库存金额增幅分析如图 11-15 所示。

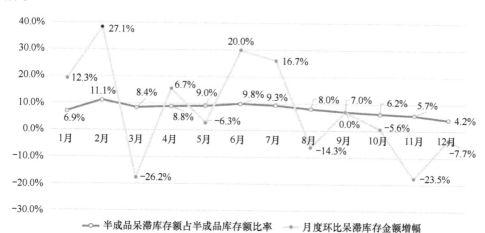

图 11-15 半成品月度呆滞库存额比率与环比呆滞库存金额增幅分析

2020 年成品月度呆滞库存额比率与环比呆滞库存金额增幅分析如图 11-16 所示。

有了这些直观的面板和数据，不同的用户均可有的放矢地追踪原因和制定改善对策。

对于原材料呆滞库存降低绩效同比分析如表 11-7 所示。

大数据赋能供应链管理

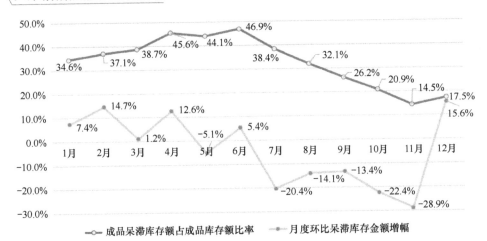

图 11-16 成品月度呆滞库存额比率与环比呆滞库存金额增幅分析

表 11-7 原材料呆滞库存降低绩效同比分析

工厂	绩效类别	2020 年初	2021 年初	减少	减少比例
A	呆滞原材料金额/美元	1,090,328	407,024	683,304	63%
A	呆滞原材料料号数/个	1,211	463	748	62%

对于原材料呆滞库存对应客户环比数据分析如表 11-8 所示。

表 11-8 原材料呆滞库存对应客户环比数据分析 （单位：美元）

客户名	客户 A	客户 B	客户 C	客户 D	客户 E	客户 F	客户 G	其他	小计
2020 年 12 月初	147,276	132,224	72,039	31,320	21,713	29,396	20,309	52,017	506,294
2021 年 1 月初	143,181	116,542	59,134	35,642	14,809	17,206	13,243	37,267	437,024
环比降低金额	4,095	15,682	12,905	−4,322	6,904	12,190	7,066	14,750	69,270
环比降低比率	2.8%	11.9%	17.9%	−13.8%	31.8%	41.5%	34.8%	28.4%	13.7%

2021 年 1 月原材料呆滞库存涉及客户份额占比分析如图 11-17 所示。

对成品和半成品呆滞库存绩效数据分析如下。

1) 成品呆滞库存：2020 年年末呆滞库存金额比年初下降 38 万美元，下降了 50.7%；但 12 月呆滞库存金额比 11 月环比上升了 5 万美元，且 12 月的成品库存周转天数比 11 月增加了 1.8 天，最重要原因是工厂 A 某个排名前 5 的项目需求在年底急剧减少，库存存放时间延长；另外因

第 11 章 大数据赋能供应链库存管理

为临近春节，人员流动大，所以对部分客户适当提前准备了春节假期的库存。

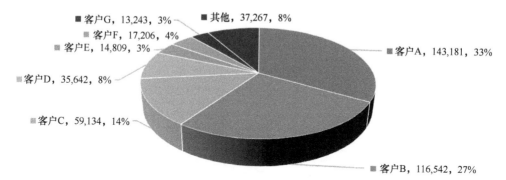

图 11-17　2021 年 1 月原材料呆滞库存涉及客户份额占比分析（单位：美元）

2）半成品呆滞库存：2020 年年末呆滞库存金额比年初下降 12 万美元，下降了 25%；从整年度看，半成品库存周转天数逐月有升有降，总体呈现下降趋势，但半成品总库存金额呈现明显上升趋势，2021 年需要重点加强生产计划排配，防止一些工序出现过量生产情形，从而减轻呆滞库存的持续压力。

如果呆滞库存的责任不在工厂 A，是因为客户取消订单或项目终止导致，则追踪转嫁情况，因呆滞库存对重点客户跟进情况如表 11-9 所示。

表 11-9　因呆滞库存对重点客户跟进情况

客户	需客户吸收金额/美元	已吸收金额/美元	待客户吸收金额/美元	备　　注
A	98619	76584	22035	系统销货单为依据
B	73801	73801	0	客户新下的订单
C	36217	36217	0	客户新下的订单
D	19704	8933	10771	客户新下的订单
合计	228341	195535	32806	—

库存管理的经验值得探讨：库存是把双刃剑，一方面适当的库存可以提高供应柔性，但另一方面会占用大量资金；过高的库存水平有可能造成企业的资金链断裂甚至让企业陷入泥潭；只有建立合理的库存结构和库存水平才能收到最大效益。因此，企业需要基于数据分析，建立合理的库存结构。

大多数按订单生产的企业，合理的库存模型是椭圆形，如图 11-18 企业库存结构对比图所示，合理的库存模型的成品及原材料相对比重较小、在制品比重较大，这是对于企业库存总量合理，也就是图形面积较小情形而言的。如果仅仅是为了追求这个模型而造成库存总量的大幅增加，则得不偿失。

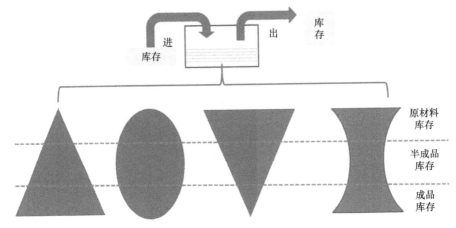

图 11-18　企业库存结构对比图

11.4　基于数据挖掘的库存优化策略

库存就是金钱，呆滞库存就是变相浪费，降低库存需要部门之间的协同。一定要在合适的时间买进合适的物料，在合适的时间生产合适数量的成品。涉及的协同部门有：

1）销售、市场和客服。

2）供应链，含计划、物控、采购、物流、仓储等。

3）生产、运营和财务。

基于数据分析，持续挖掘线索，比如供应商绩效的不同，分析库存影响，从而引入横向竞争；提高预测的准确性，部门之间高效协同，通过动静结合，使得企业的库存水平保持在一个合理、持续优化的水平。图 11-19 所示为全方位策略降低库存。

库存降低的一般性方法有如下方面。

1）通过 ABC 分类法降低原材料与成品库存。

2）通过减少生产批量和/或采用适当延迟策略降低半成品库存。

3）通过 VMI（供应商管理库存）、VC（寄售）、JIT（准时交货）策略降低原材料库存。

第 11 章 大数据赋能供应链库存管理

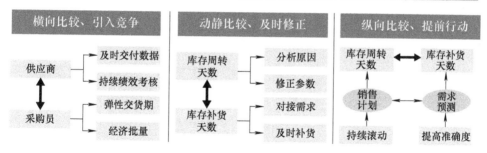

图 11-19 全方位策略降低库存

4）通过 EOQ（经济批量）模型或减少采购批量降低原材料库存。

除此之外，基于大数据分析和协同方式降低库存，包括但不限于如下方面。

1）建立内部团队与核心供应商的定期沟通机制，提高数据端到端的协同。

2）提高滚动计划和预测的准确性，加强齐套性管理、缺料管理、风险预警机制。

3）严格控制原材料到货的批次和批量，维持进出平衡，至少每周检讨一次。

4）及时处理呆滞物料（如降级使用、转卖和报废等），减少恶性库存沉积。

5）通过仓储优化算法提升仓库管理的效率，如出入库、存储效率等。

6）优化企业内部"需求计划-智能补货-库存仿真"的算法和设计。

其中，ABC 分类法是运用数理统计的方法，进行统计、排列和分析，抓住主要矛盾，分清重点与一般，从而有侧重点地进行管理的一种定量管理方法，又称帕累托分析法、分类管理法等。库存 ABC 分类法如图 11-20 所示。

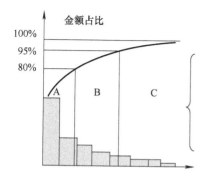

类别	物料特征	金额占比	SKU数量占比
A类	品种、实物量少而价值高	80%	<20%
B类	介于A类和C类之间	15%	<30%
C类	品种、实物量多而价值低	5%	>50%

图 11-20 库存 ABC 分类法

对不同的物料采取不同的采购、计划与库存控制策略，如下：

1) 针对价值高、需求较平稳的物料，可采用 VMI（供应商管理库存）的采购模式。
2) 针对通用性较强、价值较高的物料，可采用 VC（寄售）的采购模式。
3) 针对通用性强、价值很低的物料（如 MRO），可以采取总包采购模式。
4) 针对专用性强或体积大的物料，可以采取 JIT 的采购模式。
5) 对战略性物料要做适当储备，比如下一张大订单并要求弹性分批交货等。

案例：打造 WMS 数字化平台，提升数据精确度和库存管理水平

Q 集团项目团队对工厂 B 进行调研，图 11-21 所示为工厂 B 仓库管理问题。

图 11-21　工厂 B 仓库管理问题

除了仓库本身管理问题外，还有其他部门协同问题，如图 11-22 所示。

图 11-22　其他部门协同问题

第 11 章　大数据赋能供应链库存管理

经过集团批准，准备在工厂 B 建设 WMS 系统，该项目组基于图 11-23 所示的六步骤实施项目计划。

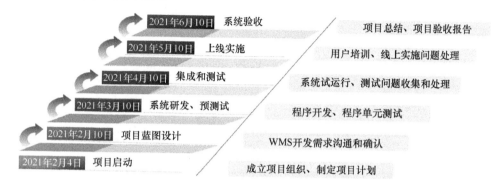

图 11-23　六步骤实施项目计划

WMS 系统的功能层级和数据细节如图 11-24 所示。

①	系统设置	系统参数、报表模板、用户及权限管理、数据同步
②	系统集成	与ERP、MRP等系统的数据接口
③	主数据管理	供应商、客户、物料数据、部门、仓库、仓位等数据映射
④	追溯管理	原材料去向追踪、半成品去向追踪、成品去向追踪
⑤	条码标签	标签版本管理、标签内容维护、标签打印设置
⑥	包装管理	外箱、拼箱、内包装、托盘等包装管理及数据收集
⑦	库存管理	入库管理、出库管理、拣货管理、盘点管理、仓库调拨管理、仓库报表
⑧	库存看板	采购收料状态看板、半成品工单完成状态看板、销售发货状态看板等
⑨	手持终端	收料作业、领料作业、退料作业、调拨作业、拼分箱作业、盘点作业等

图 11-24　WMS 系统的功能层级和数据细节

建设客制化 WMS 系统的目标是实现仓库信息化、库存实时化、库位动态化、收发货零错误率、降低人力成本、库存数据准确透明、作业效率大幅提高、仓库管理能力显著提高等。项目最终实现了最基本的改善目标，分析如表 11-10 所示。

基于自动化的 WMS 第二阶段的实施蓝图是，打通 WMS 与 SRM、ERP、MES、CRM 等系统的数据协同，消除数据孤岛，打通端到端的数据在工厂内的协同。

表 11-10　WMS 实现了最基本改善目标

序号	改善点	实际改善成果描述
1	库存准确率	通过终端扫码对接 ERP，用无纸化、自动化代替各类纸张单据
2	先进先出	自动生成拣货单，并通过终端扫码确保先进先出
3	盘点管理	采用终端智能盘点，支持动态盘点、随机盘点、循环盘点
4	数据导向	用终端数据指导收发物料，提升仓库作业效率
5	发料防错	通过扫码标签，有效防止多发、少发、错发、漏发的情形
6	呆滞管理	对超过 60 天的原材料、半成品、成品自动提前预警
7	有效期管理	通过标签上打印的有效期，控制物料出入库扫码权限
8	物流追溯	通过对批号和批次的唯一性条码扫描，实现全流程追溯

从大数据管理的角度来说，企业打造 WMS 数字化平台，一定不能只是打造一个系统孤岛，而是要与企业 ERP、CRM、SRM、MES 等现有系统实现数据映射和链接，才能更高效地推动大数据对供应链管理的赋能。

第12章 基于大数据分析的供应链风险管理

12.1 供应链风险数据分析

12.1.1 基于实际调研的供应链风险机制管理现状

华东某供应链协会联合江浙沪地区的一些供应链协会和其他行业协会,在2020年的1~2季度对1220家企业做了线上问卷调查,样本企业涉及行业和数量如图12-1所示。

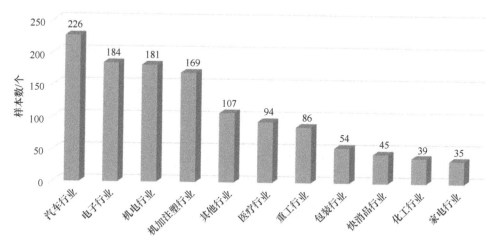

图12-1 样本企业涉及行业和数量

样本企业的各行业占比和不同属性占比分布如图12-2所示。

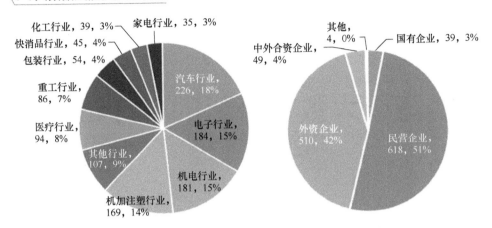

图 12-2 样本企业的各行业占比和不同属性占比分布

样本企业的年营业额和职工人数分布如图 12-3 所示。

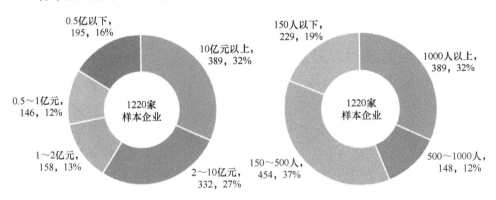

图 12-3 样本企业的年营业额和职工人数分布

样本企业的销售出口数据和占比分析如图 12-4 所示。

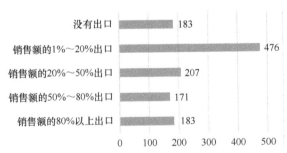

图 12-4 样本企业的销售出口数据和占比分析

第 12 章 基于大数据分析的供应链风险管理

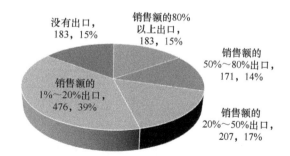

图 12-4 样本企业的销售出口数据和占比分析（续）

样本企业的采购进口数据和占比分析如图 12-5 所示。

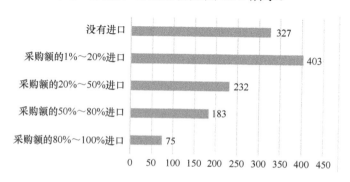

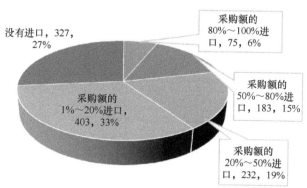

图 12-5 样本企业的采购进口数据和占比分析

（1）样本企业的客户需求变动风险分析

仅以 2021 年第 1 季度数据看，样本企业的客户需求变动风险分析如图 12-6 所示。

大数据赋能供应链管理

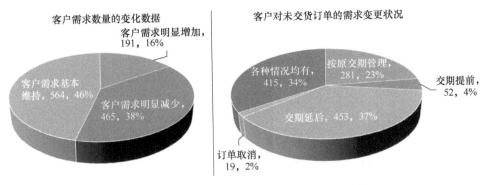

图 12-6　样本企业的客户需求变动风险分析

（2）样本企业的因为供应商缺料导致停产的风险预测分析

2020 年 2 月，样本企业对未来 3 个月因国内外供应商缺料而导致生产中断的风险预测数据如图 12-7 所示。

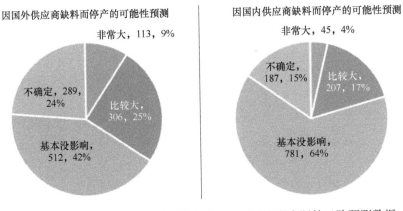

图 12-7　未来 3 个月因国内外供应商缺料而导致生产中断的风险预测数据

（3）样本企业的物流风险和因物流风险导致的在途订单影响分析

同期，样本企业对物流风险的预测和因物流风险导致的在途订单影响如图 12-8 所示。

（4）样本企业的供应链风险管理机制和风险管理团队分析

样本企业的供应链风险管理机制和风险管理团队分析如图 12-9 所示。

从供应链风险管理机制看，71%的样本企业无法完全进行供应链风险管理或根本没有风险管理机制，在 135 家没有任何风险管理机制的企业中，77%为民营企业，其中 89%企业的年销售额在 2 亿元以下。其他对数据的分析为：

第 12 章 基于大数据分析的供应链风险管理

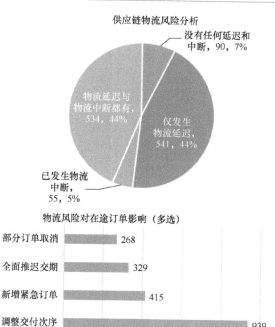

图 12-8　样本企业对物流风险的预测和因物流风险导致的在途订单影响

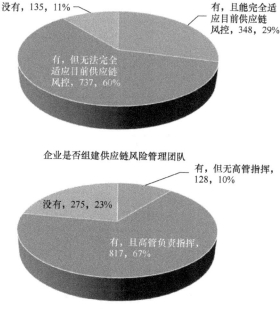

图 12-9　样本企业的供应链风险管理机制和风险管理团队分析

1）从有风险管理机制的样本数占同类企业的比例看：国有企业 100%=中外合资企业 100%>外资企业 95.6%>民营企业 77.2%，中位数为 88.9%。
2）从成熟度得分（满分 100）看，国有企业 85.7>中外合资企业 72.2>外资企业 63.2>民营企业 49.5，中位数为 59.6 分。
3）虽然 89%的样本企业建立了供应链风险管理机制，但管理范围并不全面。
4）其中 33%的样本企业没有高管介入供应链风险管理团队或没有供应链风险管理团队。
5）无论是在供应链风险管理机制还是在供应链风险管理团队的健全性方面，大型规模企业明显好于较小规模企业。

（5）样本企业的供应链风险排查的范围和品类分析

对样本企业是否进行了风险排查，供应链风险排查的范围和品类分析，如表 12-1 所示。

表 12-1 供应链风险排查的范围和品类分析

供应链风险排查范围和品类	排查风险类别/个	对应企业数量/个	占比
供应端的供应风险+内部运作风险+客户端的需求风险	3	446	36.5%
供应端的供应风险+客户端的需求风险	2	144	11.8%
供应端的供应风险+内部运作风险	2	90	7.4%
内部运作风险+客户端的需求风险	2	35	2.9%
供应端的供应风险	1	235	19.2%
客户端的需求风险	1	40	3.3%
内部运作风险	1	45	3.7%
没有排查，随机应变（听天由命）	0	185	15.2%
总计	—	1220	100%

1）36.5%的样本企业对供应链全部三个方面的风险因素都进行了排查。
2）22.1%的样本企业对其中两个方面的风险因素进行了排查。
3）26.2%的样本企业只对其中一个方面的风险因素进行了排查。

第 12 章 基于大数据分析的供应链风险管理

4）15.2%的样本企业未做任何方面的风险因素排查。

5）超过 60%的样本企业只做了部分风险因素的排查或没有任何排查，这势必很难识别出完整的风险因素。

根据细分调研样本数据统计，从对供应商进行的风险管理措施来看：29.1%的被调查企业的管理措施较全面，70.9%的被调查企业不全面或根本没有。另外，对供应商全面调查的只有 51.6%；对供应商提出风险管理措施应用要求的只有 34.4%；与供应商共同商定风险管理措施的只有 28.0%。

12.1.2 基于调研结果的供应链风险管理建议

1. 战略层面，企业需建立和完善供应链风险管理机制

1）提升内部认知，强调供应链风险管理对于企业经营的重要性。
2）重新评估供应链上下游的外部风险与企业内部风险因素。
3）基于风险因素评估结果，动态更新风险管理计划，并持续监控。

2. 执行层面，企业要加强对于供应链风险管理的措施

1）加强与供应商的信息协同，共担供应链风险。
2）对于供应商的潜在经营风险需要加强提前预判。
3）制定帮扶供应商政策（如缩短付款期），减缓上游供应商经营风险。

3. 作业层面，做好数据和信息协同

1）企业成立跨部门协作的供应链风险管理团队，保持数据和信息共享畅通。
2）数据高效对接，如"库存数据-客户需求数据-供应商产能数据"。
3）发展全方位、多地域的可靠供应渠道。
4）维持恰当的库存水平，合理设置安全库存。
5）协调供应链合作伙伴应对危机事件的协同，共担供应链风险。

12.2 基于数据分析的第三方风险管理

很多年前，企业管理界就流行一个论断："企业和企业之间的竞争，归根到底是供应链与供应链之间的竞争"。

美国数字化供应链研究院在 2020 年 12 月发表了一篇关于"竹子供应链"的研究报告。报告指出，竹子的抗拉强度比钢的抗拉强度还大；竹子可以抵御大风，弯曲却不断；竹子比钢轻，富有弹性且生长迅速。企业需要建立像竹子一样强大、弹性的供应链。竹子供应链的特性有：高质量的预测、高客户满意度、弹性供应能力、敏捷的合作伙伴网络、可见性、区域多样性、最小化的中断、合适的现金流储备等。为了实现高弹性，抗风险能力是竹子供应链的重要因素。

Gartner 2020 年报告指出：根据供应链 25 强榜单显示，顶级供应链领导者专注于目标导向型组织、业务模式转型和大数据业务流程以取得成功。顶级供应链有以下三大趋势：

1）趋势一：以目标为导向，为客户、企业和其他干系人创造价值。
2）趋势二：通过业务模式转型获取新的竞争力，积极应对颠覆性风险。
3）趋势三：运用大数据业务流程和编程，应对各种供应链风险。

这三个趋势中有两个与供应链风险相关，对于供应链管理者来说，企业的第三方风险管理（TPRM）越来越重要。尽管企业在策略上越来越依赖供应商、销售商和分销商、各类支持服务等关键第三方，可大多数企业并没有对第三方进行风险管理的准备，第三方失败也一直在给企业造成重大损失和战略影响。另一方面，企业仍然越来越需要第三方来实现其战略目标，这势必导致企业在更多的风险领域中面临新的风险，也加剧了风险管理的失败后果。

某顾问公司 2021 年初对全球近 1200 家企业的 TPRM 进行调研，发现高达 85%的企业没有能力全面管理所有第三方风险；47%的企业因第三方失败对财务的影响在过去五年中至少增加了 1 倍，甚至有 20%的受访企业表示对财务的影响增加了 10 倍。财务影响包括罚款、直接补偿费用和收入损失等。

与 2019 年比，调研声明，2020 年严重的第三方风险事件增加了 11%；35%的被调研企业重大第三方风险事件导致的财务影响超过 1 亿美元；而 57%的重大第三方风险事件则导致公司股价下跌超过 5%。重大第三方事件的财务影响和股价影响如图 12-10 所示。

根据风险事件影响程度分类的第三方事件发生概率（多选）如图 12-11 所示。

被调研企业 2020 年风险管理投入的考量因素及占比数据，如图 12-12 所示。

第 12 章 基于大数据分析的供应链风险管理

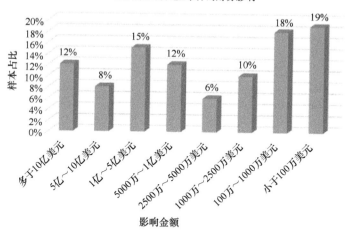

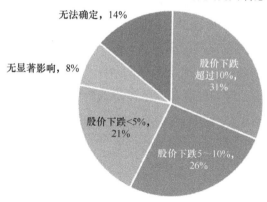

图 12-10 重大第三方事件的财务影响和股价影响

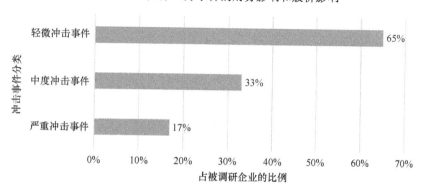

图 12-11 第三方事件发生概率（多选）

大数据赋能供应链管理

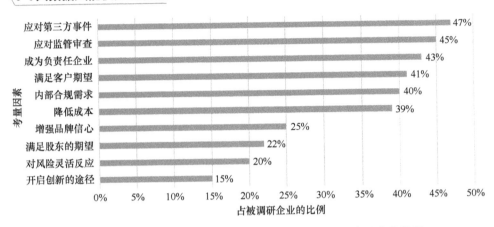

图 12-12　被调研企业 2020 年风险管理投入的考量因素及占比数据

高达 60%的被调研企业表示，它们目前的第三方风险管理政策、系统不够灵活，无法全面监控第三方风险，需要设立供应链风险管理或改进领域的调研数据如表 12-2 所示。其中，实时信息、风险度量和报告，第三方风险管理的工具和科技，高层对第三方的管理和全面监督，是排名前三的必须设立或须重大改进的领域。需要注意的是，风险报告除了对风险的描述和分析外，还包括基于风险的结果、补救行动，例如脱离与第三方的关系等。

表 12-2　需要设立供应链风险管理或改进领域的调研数据

需要设立或改进领域	必须设立或需重大改进	中度需要改进	轻微或不需改进
实时信息、风险度量和报告	68%	20%	12%
第三方风险管理的工具和科技	63%	25%	12%
高层对第三方的管理和全面监督	61%	27%	12%
人员和企业（明确角色等）	59%	32%	9%
第三方风险管理相关的业务流程	59%	30%	11%
高层倡导的风险文化	50%	32%	18%
第三方风险管理相关的政策和标准	49%	37%	14%

78%的被调研企业期望以"第三方集成数据库"为基础，来实施供应链风险管理，从而进行有效的风险监控和灵活的风险决策；针对"第三方集成数据库"技术，其中 93%的企业又采取了多个技术相结合的方法。"便于数据的集成"和"灵活报告的展现"被认为是技术评估的重要因素。

TPRM（第三方风险管理）的三级技术结构如图 12-13 所示。

第 12 章 基于大数据分析的供应链风险管理

图 12-13 TPRM 的三级技术结构

高达 72%的被调研企业对 TPRM 技术和解决方案感到不满意，其原因和占比分析如图 12-14 所示。

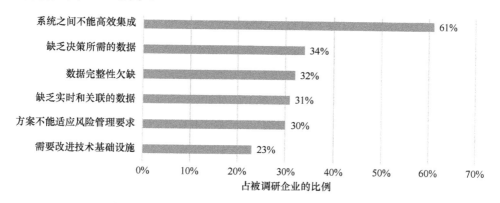

图 12-14 企业不满意 TPRM 技术的原因和占比分析

企业适用的新兴 TPRM 技术现状分析如下。

1）45%的企业使用云技术增强灵活性。

2）36%的企业使用了用于日常管理的机器人流程自动化。

3）25%的企业使用了用于解释性任务的认知分析和人工智能、数据可视化技术。

4）11%的企业使用了区块链技术。

就风险管控焦点看，中心职能完全集中于风险管理活动的占 48%；中心职能集中更广泛的第三方管理活动的占 52%，管理内容和比例如下。

1）合同管理：合同创建、执行、维护和分析（30%）。

2）绩效管理：评估第三方提供的服务（26%）。

3）财务管理：管理第三方的财务状况（24%）。

4）关系管理：促进企业与第三方之间的有效关系（21%）。

5）数据管理：获取、维护和及时利用第三方相关数据（20%）。

对被调研企业的 TPRM 优先领域的分析如图 12-15 所示。

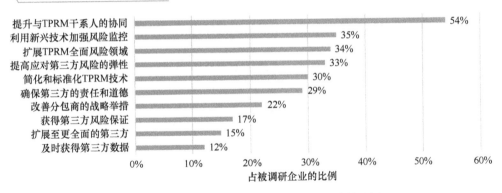

图 12-15 对被调研企业的 TPRM 优先领域的分析

企业的高层领导对 TPRM 负最终责任的数据变化分析如表 12-3 所示,其中首席执行官和董事会成员负最终责任的比例保持较高水平,这也间接说明了 TPRM 的重要性越来越高。

表 12-3 企业高层领导对 TPRM 负最终责任的数据变化分析

领 导 层	2016 年	2017 年	2018 年	2019 年	2020 年
首席执行官	27%	20%	21%	17%	32%
董事会成员	20%	19%	19%	19%	22%
首席风险官	8%	12%	15%	24%	13%
首席财务官	5%	9%	12%	8%	10%
首席采购官	18%	15%	11%	10%	6%

表 12-4 所示为制造业 TPRM 风险领域的类别,排名不分前后。

表 12-4 制造业 TPRM 风险领域的类别

序号	类 别	序号	类 别	序号	类 别	序号	类 别
1	气候变化风险	6	数据隐私	11	健康和安全风险	16	质量风险
2	集中风险	7	信息安全	12	环境风险	17	违反监管合规
3	行为风险	8	反贿赂和贪污	13	知识产权风险	18	业务韧性/连续性
4	合同风险	9	金融罪行	14	现代奴隶制风险	19	战略风险
5	网络风险	10	地缘政治风险	15	实体安全	20	分包商风险

就预算分配看,66%的被调研企业认为信息安全是最重要风险领域,其次是健康和安全风险(58%),再次是数据隐私和环境风险(均为 56%)以及合同风险(55%)。

从先前受到影响的角度来看,11%的被调研企业认为质量风险是最重要风险领域,其次是反贿赂和贪污、分包商风险以及健康和安全风险(均为 10%),

再次是合同风险、网络风险、环境风险、地缘政治风险（均为7%）。

从给企业带来最大的第三方风险看，13%的被调研企业认为反贿赂和贪污是最重要风险领域，其次是网络风险（11%）和信息安全（10%），再次是合同风险（9%）和战略风险（8%）。

12.3 制造业的供应链风险管理

12.3.1 供应链风险管理现状的特征

就制造业而言，供应链风险管理现状的特征有如下方面。

1．与第三方协同创新，创造价值和绩效是企业永恒的主题

随着经济全球化、跨国企业及分工、全球供应链日新月异的发展，制造业的共同主题是专注于创新、价值创造、运营绩效。制造业企业比其他行业企业更需要第三方的协作来实现企业战略，空前需要注重生产力、以客户为中心和成本效益。

2．持续运营、高效应对第三方风险事件是风险管理投入的主要驱动因素

可持续性运营是制造业企业的核心战略之一，同时与客户、投资者和其他干系人的协同也变得更加迫切。60%以上的企业已经将持续运营、高效应对第三方风险事件视为风险管理投入的主要驱动因素。

3．业务增长和降低成本仍然是管理第三方关系的关键

创新带来机遇，但也伴随着风险。与其他行业相比，制造业的TPRM预算更加严重不足。数据显示，63%的制造业企业是总预算不足，而高达68%的制造业企业是对第三方风险的监控预算不足。

4．制造业整体TPRM成熟度得分严重偏低

把TPRM成熟度分为：初期、已明确、已应对、已整合、已优化5个阶段，有11%的制造业被调研企业已进入"已整合"或"已优化"阶段，有41%的被调研企业达到了"已应对"阶段，剩下的48%仍在前两个初级阶段摸索着。

大部分被调研企业觉得高层要有明确的态度来推动所需的风险文化、适当的流程以及合适的人员和企业结构,49%的被调研企业强调这些方面是需要改进的地方。

制造业企业渴望改进 TPRM,不仅是提高报告能力和数据完整性。34%的被调研企业将适应风险管理的快速变化视为实现转变的关键要求。许多被调研企业还希望更好地获取实时风险情报,以便及时做出风险决策。

12.3.2 供应链风险的弹性管理及原则

企业的风险包括战略风险、运营风险、财务风险、项目风险、合规风险、信誉风险等。供应链风险既属于战略风险,也属于运营风险。供应链风险的原因包括但不限于:供应市场的不稳定性和资源的稀缺性、供应商故障(如财务不稳定性、现金流问题等)、供应链破坏(如罢工、不可抗力、运输问题、运输中的损坏等)、供应链和物流的长度和复杂性(较长的前置期和运输风险等)。

通常,对制造业企业来说,一些关键性供应链战略风险有如下几个方面。

1) 经济风险,如供应商故障、供应链欠佳、供应或客户市场条件变化等。
2) 财务风险,如缺乏流动性、财务成本增加、投资风险、汇率损失、信用管理、欺诈等。
3) 竞争风险,如竞争者举措、竞争战略失败、核心能力损失、品牌损失等。
4) 发展风险,如兼并或收购、文化系统不兼容等。
5) 国际化风险,如汇率损失、文化和法律差异、市场误判、准入受限、运输风险加大等。

一些供应链运营风险有如下几个方面。

1) 成本结构不合理,无法降低成本基数。
2) 产品和服务需求不足(或过量)。
3) 供应商或外包商破产,供应中断或生产中断(如罢工、机器故障引起)。
4) 健康安全卫生问题。
5) 合同挫败、技术风险、物流的风险等。

风险管理的周期和风险战略计划框架如图 12-16 所示。

第 12 章 基于大数据分析的供应链风险管理

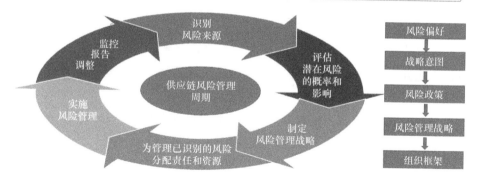

图 12-16 风险管理的周期和风险战略计划框架

风险管理 4T 战略是指终结 Terminate、转移 Transfer、忍受 Tolerate、处理 Treat。

供应链风险三维关系包括严重程度、可修复性、可修复时间。图 12-17 所示为风险三维关系暨风险管理执行步骤。

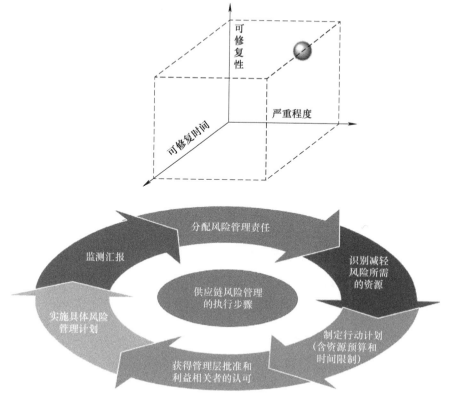

图 12-17 风险三维关系暨风险管理执行步骤

1. 供应链风险管理方法与原则

在供应链风险管理体系中，可以采用风险规避、风险分担、风险利用三种方法。企业可以利用风险管理方法重构供应链网络。供应链风险管理有如下 4 个原则。

1）去中心化原则：消除或转移风险管理的瓶颈环节。

2）去隐形化原则：消除不可见的隐形供应商。

3）去过度化原则：消除同一个层次、品类的备份供应商数量。

4）去唯一化原则：消除唯一货源的风险，适当增加备份供应商以分散风险。

2. 供应链弹性修复原则

1）战略优先原则：优先修复具备战略地位的供应链环节。

2）应急修复原则：急需的先行修复，以增强供应链自动修复能力为主。

3）长期利益原则：短期修复可以效率优先，但要兼顾长期利益。

4）杠杆效应原则：用能够产生示范带头作用的供应链环节带动其他环节。

12.3.3 供应链风险管理的要点

1. 基于组织生存的新趋势的风险处理方式

企业的生存环境的新趋势有：快速变化的外部环境、内部渴望变革却又害怕变革的矛盾、不断引入颠覆性的技术等。针对这些新趋势带来的风险，可以采用以下 5 种基本处理方式。

1）上报：将风险上报高层，寻求管理层支持。

2）规避：重新论证、聚焦价值。

3）转移：寻找第三方。

4）减轻：寻找资源、建设团队、技术进步、提高效率、消除浪费等。

5）接受：审视战略、降低期望等。

2. 供应链风险管理细节

在实际的策略层面，根据集团企业的政策和相关要求，企业应做好如下方面的工作。

1）与合作伙伴签署合同，如质量合约、反商业贿赂和腐败合约、廉洁承诺书等。

2）不同进出口国家、地区的贸易控制政策、合规性的培训和宣导。

3）满足其他来自国际合规组织的调查要求等，如禁止企业和其合作伙伴（如供应商）从被制裁的使用强制劳动力和童工的国家购买相应的原料等。

4）来自客户端的要求，如环保等相关要求等。

5）定期在供应链各个环节开展必要的合规性和风险调查。比如对供应商的 EHS（环境、健康、安全）调查、利益冲突调查、供应商能力调查、企业社会责任调查等。

3. 做好日常尽职调查和风险调查作业

在引进新供应商和新客户的时候，做好尽职调查和风险调查，比如：

1）付费式国际合作伙伴的调查，如登录一些知名度较高的专业机构网址，输入被调查企业名称后，即可看到具体的风险信息，每笔调查记录的费用约为1欧元。

2）国内一些常用的网址，可以免费查询国内第三方企业的信用和法务记录等。

案例：某企业基于数字化的智慧供应链的风险控制自动化

该企业通过两年时间的努力，已建设完成智慧供应链运营中心，框架如图 12-18 所示。

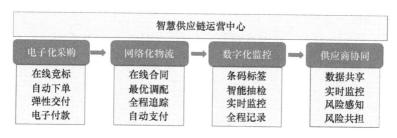

图 12-18　智慧供应链运营中心

该企业通过资源智能调配、全局实时监控、风险自动感知实现智能化供应链，包括电子化采购、网络化物流、数字化监控、供应商协同模块。

就供应链风险管理而言,企业通过各类系统的数据整合,实时监控供应链的各项运营数据,并进行异常自动分析和风险等级评判,供应链业务异常和风险实时分析面板模块如图 12-19 所示。

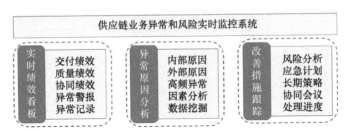

图 12-19　供应链业务异常和风险实时分析面板模块

该企业基于大数据驱动智慧供应链的打造,同时通过企业各个系统和平台的数据对接和融合,自动生成供应链运营的异常数据报告,从而实现了供应链管理的良性循环,具体做法有如下方面。

1)供应链异常发生时,风险监控系统可以及时准确地预警。

2)系统记录所有异常的历史数据,并自动分析最近 6 个月的数据,如异常类别的帕累托分析等。

3)数据挖掘异常的根本原因(包括内部原因和外部原因),并做雷达图分析。

4)自动风险分析和备选方案,如因供应商延迟交付导致的生产中断的模拟和备选供应商的应急计划等。

5)通过协同会议做风险修补计划和长期策略,系统实时地跟踪处理进度。

第 13 章 数字化供应链与数字化企业展望

13.1 供应链创新需要依托数字化

13.1.1 关于供应链创新的时代驱动力概述

1. 宏观层面对供应链创新的要求

十九大报告中明确提出,"在现代供应链领域培育新增长点、形成新动能"。

2017 年国务院办公厅印发《关于积极推进供应链创新与应用的指导意见》,指出要将供应链管理发展到与互联网、物联网深度融合的智慧供应链新阶段,并要打造大数据支撑、网络化共享、智能化协作的智慧供应链体系。

2018 年,商务部等 8 部委开展供应链创新与应用试点工作。

另外,《关于开展 2018 年流通领域现代供应链体系建设的通知》《关于开展供应链体系建设工作的通知》等政策,也加快了推进我国现代供应链创新发展的步伐。

2021 年 3 月,商务部、工信部等 8 部委《关于开展全国供应链创新与应用示范创建工作的通知》,在供应链创新与应用试点工作的基础上,进一步开展全国供应链创新与应用示范创建工作。

2. 第四次工业革命驱动制造业供应链变革

以工业互联网为标志的第四次工业革命,使制造业的数字化成为各国重要战略之一。传统供应链唯有转型为数字化供应链才能服务于工业互联网的智能制造并融于其生态系统。基于工业互联网的智能制造已经成为供应链数字化变革的强大推动力。

如今,制造业面临的最大挑战是不断增长的新需求和不确定性。定制化的产品和服务、多品种小批量的需求常态、不可预知的变更等,这些都要求低成本、高效、敏捷的供应链的协同。在产品链中,动态 BOM 结构驱动数字化智能采购,动态物料配送驱动数字化智能物流;在价值链中,动态生产计划驱动供应链需求预测和数据分析能力的提升。

Mark Millar 在《全球供应链生态系统》(*Global Supply Chain Ecosystem*)一书中指出,传统供应链能走向数字化供应链平台生态系统的四大原因为:

1)供应链成为全球性的:离岸外包、低成本物流公司、出口、进口等跨境挑战。
2)供应链越来越复杂:包括制造商、多级供应商、服务商、物流交付、多级买家、银行机构、竞争者。此外,零部件 SKU 激增且供应商遍布全球。
3)供应链成为公司战略的一部分:供应链成为业务驱动者和公司成长的赋能者。
4)供应链驱动、提升企业竞争优势:供应链的可见性、响应速度、灵活性、弹性、协同等将为企业赋能,提升企业竞争力。

13.1.2 数字化供应链战略与供应链协同网络

1. 供应链战略成熟度需要数字化支撑

2020 年,Gartner 提出了供应链战略成熟度曲线,如图 13-1 所示。

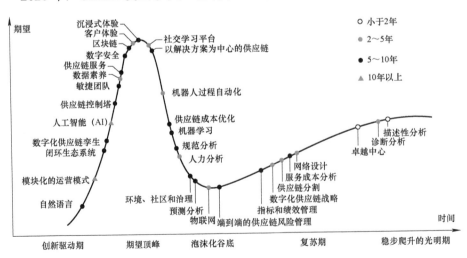

图 13-1 供应链战略成熟度曲线(资料来源:Gartner 2020)

从 Gartner 2020 供应链战略成熟度曲线可以得知，模块化的运营模式、数字化供应链孪生、人工智能、供应链控制塔、敏捷团队、数据素养、区块链、客户体验、沉浸式体验等，是供应链组织正在探索的新兴能力；社交学习平台、以解决方案为中心的供应链、机器人过程自动化、供应链成本优化、机器学习、预测分析、物联网、端到端的供应链风险管理等，是供应链成熟能力。

数字化供应链战略已进入爬升期，只需 2～5 年即可成熟。根据 Gartner 2020 年底的一项调查，80%以上的企业高管已经具备了管理举措或计划，近 50%以上的供应链组织已开始积极定义、实施或已经实施了数字化供应链路线图。

2. 风险挑战促进数字化供应链协同网络的发展

供应链中断会带来很大的风险，供应商多元化策略越来越重要。供应商协同与创新（SC&I）框架是企业与供应商协作更全面的方式，基于传统的 SRM 基础架构，强化了供应商与企业之间的联系、数据端到端接口方式，提供了有供应商充分参与的各类计划的透明度、高效率，并使供应商策略与业务策略保持高度的一致性。

马丁·克里斯托弗教授曾撰文指出，乌卡（VUCA）时代的战略采购需要如下新技能：

1）开发敏捷能力，采购可以弹性支持企业的业务策略。
2）主动与主要供应商密切协作，建立一个无边界的供应链。
3）循环供应链是趋势和未来，即打造绿色和低碳供应链。

新时代的需求趋势带来了新的挑战，驱动传统的供应链扩展为复杂的供应链，如全球化的超级供应链和多企业供应链，从而促使供应链协同网络（SCCN）方兴未艾。供应链协同网络涉及协同计划、智能制造、敏捷交付、逆向退货、供应链风险等工作内容，基于企业层面的狭义和初级供应链协同网络如图 13-2 所示。

任何一个企业或行业单枪匹马都不可能实现供应链协同，它需要依靠端到端的流程、先进的大数据算法和人工智能等新兴技术，需要能赋予供应链协同效应的数字化供应链。实现供应链协同有如下益处：

1）全球供应链实时可见、内外部系统均可同步且无缝链接，提升敏捷性和效率。

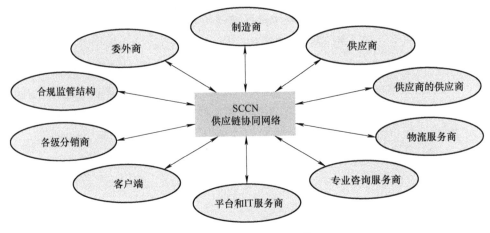

图 13-2　供应链协同网络

2）供需端到端高效协同，大幅减少供应短缺、牛鞭效应和运营浪费等。

3）大幅提高精准计划、交付能力，协同参与企业的平均库存可减少30%～50%等。

13.2　构建企业数字化供应链

13.2.1　数字化供应链概述

1. 数字化供应链的特征

数字化供应链是通过数字化软硬件、业务协同、通信技术系统，让供应链职能更具有战略价值、更强的风险抵抗力的方式，实现更弹性、更敏捷、更精益、更全面的供应链管理的目标、方法、模式和行为方式。传统的供应链是基于对合作伙伴的人际信任，数字化供应链是基于对数据的信任。所谓的对数据的信任，包括如下因素。

1）实时性：能够针对供应链运营和活动在无任何延迟的情况下获取数据和信息。

2）透明度：数据和信息能够为干系人获取和知悉，并且随时精准可见。

3）互联：数据和信息都能够相互佐证、映射，可有效监测和追溯。

4）自动运营：通过电子化流程减少或避免各层次的手工作业和审批作业。

5）自动最优决策：系统自动识别出任何供应链数据较大差异（如需求

第13章 数字化供应链与数字化企业展望

激增、骤减、重大风险）时，自动基于现有资源状况给出最优的决策选择。

6）自动学习提升：根据对供应链运营的历史绩效考核，自动发现各运营环节的不足、异常甚至风险，通过学习不断地更新迭代，使系统更加完善。

2. 数字化供应链控制塔

数字化供应链控制塔可以赋能供应链端到端的整体可见性、实时性和及时决策。它是供应链共享服务中心，监控和指导整个供应链活动，使之成为协同的、一致的、敏捷的和需求驱动的供应链。它也是一个数据中心枢纽，提供与战略目标一致的短期和长期决策的可见性，并对供应链风险做出及时的警报。供应链控制塔的功能有：资源和核心流程整合、交互式数据的可视化、数据驱动端到端的供应链洞察力、数据共享与协作、决策自动化、快速响应、需求预测和风险预测、问题根本原因诊断、模型模拟、人工智能学习与重塑迭代等。

数字化供应链控制塔模型如图13-3所示。

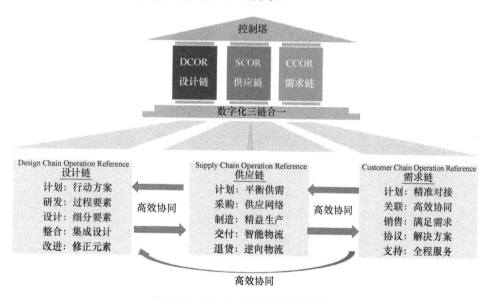

图13-3 数字化供应链控制塔模型

基于传统的 SCOR，高效协同客户需求链 CCOR 和设计链 DCOR。如通过精准对接客户的需求，内部平衡供需、库存和精益生产，准时交付产品给客户以满足其需求。同时基于客户新需求启动设计链，通过行动方案、过程要素、集成设计等，并结合供应链资源给客户提供解决方案，通过迭代等方式支持客户全流程服务。

传统供应链 SCOR 模型有六个要素：研发、计划、寻源、制造、交付、支持（退返和赋能）。而数字化供应链的数字能力模型（DCM）相应地建立了六种数字能力。与传统供应链相比，数字化供应链的核心和特征如表 13-1 所示。

表 13-1 数字化供应链的核心和特征

传统供应链	数字化供应链	对应特征描述
研发	数字研发	运用数字化策略优化产品生命周期管理
计划	同步计划	端到端地高效且精准地对接客户的需求
寻源	敏捷寻源	数据算法、运筹学模型，最低 TCO 及及时供应
制造	智能制造	高弹性、自动化、高效协同驱动降本增效
交付	动态履约	更精准、更快速、更敏捷地提升交付绩效
支持	对接客户	无缝对接、全方位地为客户提供最佳沉浸式体验

数字化供应链可以实现基于消费模型设计的数字研发、基于供应网络设计的同步计划、全渠道的订单履约、智能仓储运作、最佳物流路径选择、基于自动网络响应的动态履约、客户定制体验、全方位服务客户等核心和迭代的功能。

13.2.2 打造数字化供应链的方案和平台技术

1. 递进式的宏观计划和目标拆解

数字化供应链非一朝一夕之功可成。企业要做好 2~5 年的长期规划，按阶段打造出成熟的数字化供应链，如图 13-4 所示。

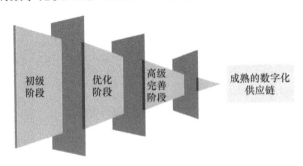

图 13-4 数字化供应链进阶

1）初级阶段：以企业为中心，使用数字化技术局部优化供应链流程，初级阶段进行的描述性分析和预测性分析、实现的局部可见性，改进了工作效率、供应链运行效率等。

2）优化阶段：以客户为中心，初步建立控制塔并构建数字化平台，建立数字化协同，推动组织变革和流程再造，实现更精准预测和较大范围的可见性，具有较高弹性和抗风险性。

3）高级完善阶段：以客户和生态为中心，构架智慧数字化供应链生态系统、协同网络、同步计划、动态履约、智能自动化运营，更大范围运用物联网、AI、区块链、数字孪生等技术，完善控制塔功能，完全端到端数据驱动的智能决策、高度的弹性和自动学习力。

在实现构建数字化供应链的目标过程中，可以从可视化供应链开始，到前瞻性供应链，再到自动化供应链和智能化供应链，各个阶段的工作重点如图 13-5 所示。

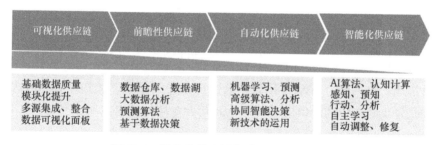

图 13-5　数字化供应链各阶段的工作重点

在这个过程中，打造供应链的平台生态系统具有以下战略优势：
1）平台生态系统主导供应链数字化变革。
2）数字技术系统强大的供应链生态网络共享的技术优势。
3）强大的外部性、协作参与度和互联智能。

2. 增长势头强劲的新兴技术概况

Gartner 在 2020 年发布了 8 大供应链技术趋势，对比该公司在 2018 年和 2019 年公布的技术趋势看，其中将"机器人过程自动化"升级到"超级自动化"，并跃居到第一位，而人工智能则从第一位排到第六位，数字化供应链孪生从第六位上升到第二位，具体趋势的变化如表 13-2 所示。

数字化供应链孪生是基于更多企业的供应链数字化的新基建，能更大范围挖掘数据价值，通过数据在物理场景和虚拟空间模型仿真互传，辅助业务决策和流程优化。数字化供应链孪生甚至可发现潜在的客户和客户需求，并及时做出反应、提供高效服务。通过链接两世界（物理世界和虚拟世界）和三层次（分析层、模拟层、应用场景层），其潜在的商业价值有：实时的远程监控、更高效率和安全性、预测性的维护和调度、情景和风险评估、更高效的协同、更全面的数据决策支持、更强的个性化的实现等。

表 13-2　Gartner 发布的 8 大供应链技术趋势（2018—2020 年）

趋 势 排 名	2018 年	2019 年	2020 年
趋势 1	人工智能	人工智能	超级自动化
趋势 2	高级分析	高级分析	数字化供应链孪生
趋势 3	物联网	物联网	持续智能（CI）
趋势 4	智能事物	机器人过程自动化	供应链治理与安全
趋势 5	会话系统	自主事物	边缘计算和分析
趋势 6	机器人过程自动化	数字化供应链孪生	人工智能
趋势 7	沉浸式技术	沉浸式体验	5G 网络
趋势 8	区块链	供应链中的区块链	沉浸式体验

通常地，物联网、移动云计算、大数据、人工智能、认知计算和区块链技术，是业内认同度较高的供应链数字化的六大支柱新技术。

13.2.3　落地实施数字化供应链的小步快跑

无论如何，数字化供应链已经提上了日程。大浪淘沙，为了企业的持续竞争力，供应链的从业者们都需要紧跟第四次科技革命的脚步，做好数字化供应链的启动和实施，从基础开始一步一步地做起来。

1. 先从供应链的日常工作中发现问题和痛点

采购询价的价格过高、订单交货期不及时、买不到货、层层签署工作流程太慢、库存和呆滞库存过高、生产部门催料、研发部门恶语相向、计划的数量和时间又要更改、货物又被卡关、正常海运的货物又要空运……对这些耳熟能详的问题，我们总是没有时间去改善，被淹没在繁忙的日常工作中。如果能深入调查这些问题，会发现表面原因可能归结为客户需求苛刻或供应商能力不足，而根本原因不是数据问题，就是协同问题。

第13章 数字化供应链与数字化企业展望

2. 小步快跑,非一日之功,但每日都要有进步

(1) 供应链部门内和部门之间的数据统一化

同一类数据,部门内和部门之间的定义逻辑和标准要一致,尽量采用通用标准;消除手工数据,全部在系统上作业,根据工作和业务需要,初步打通数据之间的链接。比如对外购的生产设备和备品备件的 SKU 来说,要尽力做到统一的分类编码体系,统一的型号和种类,统一的技术参数、接口、规范等。

(2) 逐步提高供应链数据质量

基于数据现状和未来数据质量目标,对新数据严格实施要求,同时对旧数据逐步"清洗和标准化",长期做到主数据来源统一、数据字段定义和命名统一、数据内容完整准确等。

(3) 逐步推动更大范围的供应链数据交互和分析

基于业务痛点,供应链管理者要联合本部门和各相关部门一起评估更高效率的业务流程和数据协同。在高质量的数据基础上,逐步优化、提升数据的精细颗粒度和准确性,对数据可以从多层面、多维度进行分析,比如从产品角度、业务角度、客户角度等分析问题。

(4) 长期逐步建立供应链数据资产的运营机制

供应链团队和企业内建立整体数据素养、数据思维和数据生态,逐步树立数据就是企业资产和生产要素的价值观,并推动数据平台化和自动化的深入变革,这个过程可能需要专业的 IT 团队甚至专业顾问团队参与支持,包括顶层设计(精确到展示层、应用层、数据层)、阶段应用设计、第三方资源获取、相应工具选配等。

企业和供应链团队也可以根据项目需要和现有人力资源状况,优先抽调内部兼职专家和项目团队,提供内部的大数据咨询、支持供应链数字化推动,包括现状调查、需求确认、顶层设计、项目实施、形成资产(生产要素)的全过程。

3. 大胆地设想、小心地求证,看准方向后就要以微小成本快速动手试错

永远不要担心不完美,一定要大处着眼小处着手,既要把握宏观进度方向,又要关注细节。在实际的推动中,名义上是微小成本"试错",往往是零成本"试对",第一次试了之后发现做对了的概率很大。很多工具、系统的成本是年费,一年内用 10 次和用 1000 次的总成本没有任何区别,非常有价值的创新不一定要花钱。零投入高产出会带给企业较大的自信,甚至会让参与者忍不住发出"大方向对了就要先开枪再瞄准,不能指望万事俱备才动手"的心灵呐喊。用这样的方式做数字化,短期和长期都会给本部门和各个部门带来效率提升,干系人(盟军)就会越来越多,"敌人"和困难就会越来越少。只有立即动手做才能发现可以继续进步的方向和角度,取得一个小成功之后不要沾沾自喜或固步自封,而要虚心听取内部和外部用户的意见,哪怕是基层一个实习生微不足道的合理建议,都要看作设计迭代的重要输入。通过持续迭代就可以带来优化和完美。数字化供应链项目实施的"降龙18掌"里程碑(Milestone Steps)如图13-6所示。

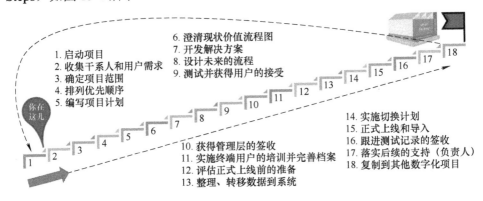

图13-6　数字化供应链项目实施的"降龙18掌"里程碑

对于供应链管理者来说,胸怀一定要宽广。在数字化供应链项目实施过程中,绝对不能只盯着自己部门的那"一亩三分地",帮人就是帮己。不仅企业的客户是供应链的客户,内部各个工厂和各个部门也是供应链的客户,这些部门的协同对供应链管理都是必不可少的,他们的数据、流程、系统等优化,对推动数字化供应链都非常重要。

13.2.4　数字化供应链的效益

打造数字化供应链的过程,也是打造精益价值链的过程,是瘦身(改善)、均衡(协同)、强壮(高效)的过程。通过协同计划预测与补货(CPFR)、看板、可视化等打造精益供应,通过自动化、可视化、标准化等打造精益物流、精益生产和精益仓储等。

现代数字技术、云计算、大数据、人工智能、数字孪生等正在改变制造业的商业规则。供应链数字化可降低设计和工程成本 10%~30%，缩短 20%~50%的市场投放时间，可降低 80%的供应链管理成本，可降低 30%的库存成本、30%的生产成本、20%的物流成本等，如图 13-7 所示。

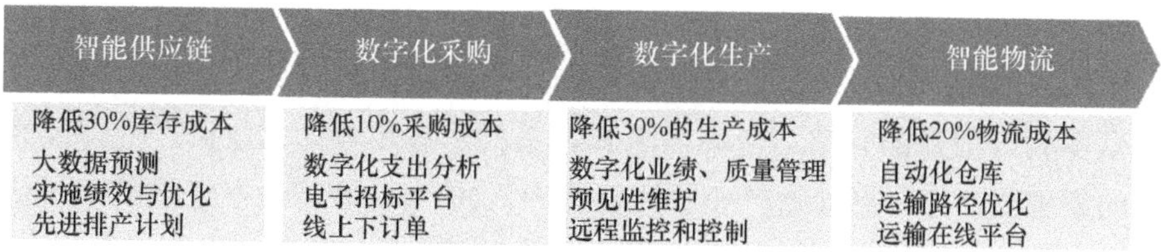

智能供应链	数字化采购	数字化生产	智能物流
降低30%库存成本 大数据预测 实施绩效与优化 先进排产计划	降低10%采购成本 数字化支出分析 电子招标平台 线上下订单	降低30%的生产成本 数字化业绩、质量管理 预见性维护 远程监控和控制	降低20%物流成本 自动化仓库 运输路径优化 运输在线平台

图 13-7　数字化供应链效益

13.3　制造型企业数字化的展望

13.3.1　数字化的宏观政策、技术概况和宏观分析

数字经济和产业深度融合是经济发展的两大趋势，两者合力将会成为我国经济高质量发展的新动能，其影响主要在于数字技术对传统产业的升级改造，以及随着数字技术深度应用产生的新业态、新模式。

从数字化宏观政策看，早在 2015 年的我国第十三个五年规划纲要中就明确指出实施国家大数据战略，推进数字资源开放共享。相关数字化政策包括《国家数字经济创新发展试验区实施方案》《关于构建更加完善的要素市场化配置体制机制的意见》《关于深化"互联网+先进制造业"发展工业互联网的指导意见》《关于推进"上云用数赋智"行动培育新经济发展实施方案》《关于支持新业态新模式健康发展激活消费市场带动扩大就业的意见》《关于工业大数据发展的指导意见》等。

从数字化技术层面看，移动互联网深入应用与 5G 商用，计算能力和存储能力的迅速提升，云计算、边缘计算、工业云、物联网、工业互联网技术不断发展，人工智能和工业大数据掀起应用热潮，工业机器人、传感器被广泛应用，以及仿真技术的深入应用和数字孪生备受关注，数字化的支撑技术已日趋成熟。所有这些数字经济关键技术均是推动数字经济增长的基础设施，也是数字产业的关键应用市场。有专业机构预计，到 2025 年，我国 5G、人工智能、大数据及云计算市场规模将共计达到 60431 亿元左右。

Gartner 公司在 2021 年给出了十大数据分析趋势：更智能、更负责、可扩展的 AI；模块化数据分析架构；数据编织是基础；从"大"数据到"小"而"宽"的数据；数据的机器学习、模型和平台；工程化决策智能；数据分析成为核心业务功能；图表技术联系一切；日益增多的数据消费者；数据分析在向边缘移动。

我国大数据产业发展受宏观政策环境、技术进步与升级、数字应用普及渗透等众多利好因素的影响，市场需求和相关技术进步成为大数据产业持续高速增长的最主要动力，据前瞻产业研究院统计，2019 年我国数字经济的规模就已经达到358402 亿元，占 GDP 比例是 36.2%，如图 13-8 所示。

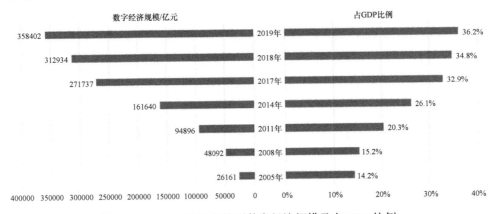

图 13-8　2005—2019 年我国数字经济规模及占 GDP 比例

大数据是数字经济的关键生产要素。通过数据资源的有效利用以及开放的数据生态体系能使数字价值得到充分释放，驱动传统产业的数字化升级和新业态的培育发展，大数据在与各领域融合发展的过程中，催生出了许多新型的业务形态。

中国信息通信研究院发布了《中国数字经济发展白皮书（2020 年）》，从生产力和生产关系的角度提出了数字经济"四化"框架，即数字产业化、产业数字化、数字化治理和数据价值化。

经济学人智库（EIU）的联合调研表明，企业管理者已经越来越认识到大数据和大数据分析的价值。调研报告指出，75%的受访者认为他们的组织就是由数据驱动的；26%的受访者表示他们已经借助大数据应用获得了绩效提升；41%的受访者认为未来 3 年借助大数据技术，他们企业的经营绩效必将显著提高；90%的受访者明确指出，如果有相关数据的辅助，他们在过去 3 年中所做的决策必然更加合理；42%的受访者认为现有非结构数据难以理解；85%的受访者认为问题的关键不在于数据量，而在于数据分析和实时处理能力的欠缺；56%的人认为组织孤岛效应、沟通不畅是阻碍决策效率的最主要因素；62%的受访者认为他们的企业并没有实现数据驱动的战略与经营决策自动化。

目前许多企业对数字化有了更加深刻的感受和更加迫切的需求。数字化经营能力已经成为制造企业最基本的生存能力。VUCA 时代带来了不稳定、不确定性、复杂性和模糊性，而黑天鹅与灰犀牛事件频发让人们司空见惯。外部环境、竞争形势（如竞争对手动态、买卖双方的博弈力量变化、跨界的颠覆）、客户需求等都是不稳定的，但企业的研发体系、生产体系、供应链体系等需要相对的稳定性，解决企业面对外在实际不确定性和内在渴望确定性之间的矛盾，是企业推进数字化的重要原因和驱动力。

13.3.2　企业数据管理能力的成熟度评估模型

2018 年 3 月 15 日，我国发布了《数据管理能力成熟度评估模型》国家标准（GB/T 36073—2018），标准中的评估模型如表 13-3 所示。

表 13-3　数据管理能力成熟度评估模型

序号	能力域	能力项
1	数据战略	数据战略规划、数据战略实施、数据战略评估
2	数据治理	数据治理组织、数据制度建设、数据治理沟通
3	数据架构	数据模型、数据分布、数据集成与共享、元数据管理
4	数据应用	数据分析、数据开放共享、数据服务
5	数据安全	数据安全策略、数据安全管理、数据安全审计
6	数据质量	数据质量需求、数据质量检查、数据质量分析、数据质量提升
7	数据标准	业务术语、参考数据和主数据、数据元、指标数据
8	数据生存周期	数据需求、数据设计和开发、数据运维、数据退役

研究公司 Vanson Bourne 在 2019 年发布了全球性调研报告《适应或毁灭：超级数字化世界的新现实》，报告包括五个部分：高度颠覆、数字化进程、自动化操作、云端化进程、客户的个体化。报告指出：绝大多数的企业都在做数字化实施的努力，尝试用数字化技术改变商业模式、流程或系统等，但并不是一朝一夕之功可实现的。只有 10% 的受访者已经完全意识到全面数字化的重要性；45% 的受访者认为他们的企业需要优化数据获取方式，包括采用打通数据

孤岛等举措；64%的企业在云端配备了数据分析和工作流能力，并在未来 1 年内尝试将 AI 作为整体云端分析策略的中心。

任何企业都不能摆脱数字化时代的潮流，企业数字化的主要困境包括如下几个方面。

1）认知问题：大概念满天飞，技术一大堆，陷入迷魂阵。
2）规划问题：数字化目标不明确，导致投资盲目，选型失误。
3）实施问题：信息系统、自动化系统过多，孤岛现象严重。
4）数据问题：数据缺乏标准与规范，数据难采集、质量差、难利用。
5）文化问题：缺少数字化思维和数据生态、人才缺失、业务部门抵触。
6）其他问题：如基础技术短板、管理层不支持等。

13.3.3　企业数字化道路的渐进式步骤和方法

企业期望全面数字化，比如在数字化智能制造领域，可以利用大数据提供对制造业企业生产进行评价和改进的服务，包括产品故障诊断与预测、分析工艺流程、改进生产工艺、优化生产过程能耗、生产计划与排程等。S 集团大数据层面存在的各类痛点分析，如图 13-9 所示。

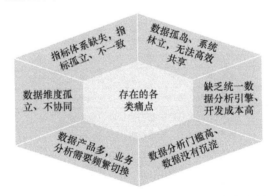

图 13-9　S 集团大数据层面存在的各类痛点分析

该集团的大数据战略定位复盘如下所述。

1）为什么做：确定企业大数据战略定位。
2）做什么：销售策略、财务策略、供应链策略、生产策略、研发策略、人力资源策略等。
3）有什么：企业自有数据、第三方合作伙伴数据、互联网数据等。

4）用什么做：大数据技术工具、云计算技术支持、算法、模型等。

5）怎么完成：细分项目管理模式、管控流程和进度等。

在数据流和业务流充分疏通之后，该集团立即启动各类主数据的标准化和统一化，集团总部设立控制塔，同时与下属单位密切配合，在基础资料和业务管理方面实现端到端、面到面的数据协同，如图13-10所示。

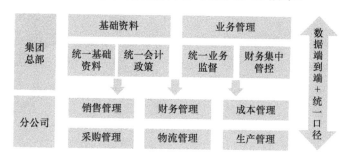

图13-10　S集团内的数据统一和协同

在第一期的企业数字化项目实施后，企业内部建立了由报表、分析、面板组成的三位一体协同的数字化运营体系，涉及运营绩效管理（如财务分析、资产管理）、供应链管理（需求计划、库存、分销与物流）、营销管理（商品组合计划、价格分析、促销活动分析）、客户管理（分类管理、购买记录、投诉追踪等）、渠道业务（销存分析、价值分析、盈利能力等）、门店业务（区域盈亏分析、库存补货分析等）。

在数据层面，企业建立了数据仓库方案，通过数据仓库实时地更新报表和面板。数据仓库的内涵和外延功能包括但不限于：数据实时完整更新、可视化配置、全部任务监控、单任务可视化监控等。

基于充分的团队合作和第三方专业团队的鼎力支持，第一期数字化卓有成效地实施后，该集团总部、各个工厂及所有员工都充分地尝到了数字化带来的"甜头"，原来部门之间动不动就冲突不断、"公说公有理，婆说婆有理"的现象再也没有了，"各个部门KPI都很好但就是企业总体绩效不好"的自相矛盾的报告终于"绝迹于江湖"了。企业各层级员工都形成了高度的数据素养，对数据的信任空前，都已经习惯用数据说话，且团队解决问题就事论事、非常高效。即使偶尔还有冲突，大家也能觉察到冲突的本质，更有建设性地提出解决方案了，之前各种冗长的会议再也不需要了。领导做决策的时候再也不用拍脑袋或心里没底而战战兢兢了，各级人员再也不用为五花八门的报告煞费苦心了,"表哥、表姐"们也都"失业"了,因为他们都被公司分派了更有意义的任务。

该集团提出了建设全面智能工厂的蓝图,并通过迭代式开发进行项目实施,如图 13-11 所示。

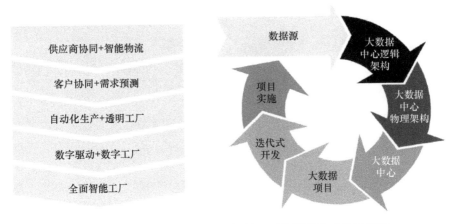

图 13-11　透明工厂-数字工厂-智能工厂的愿景和项目开发图

供选择的关键技术和方法有:工厂的数字孪生、产品的数字孪生、互联工厂、柔性生产方式、模块化资产和设备、流程自动化和可视化、综合规划、无人值守的厂内物流、预防性维护、基于数据的资源优化、生产参数转移、实时跟踪等。基于这些技术和方法,大数据团队扩充数据源、完善大数据中心,建立了大数据中心逻辑架构和不断迭代方式的开发方案。

案例1:数字化供应链的 IT 技术助推

对于供应链人来说,除了自身专业业务外,还需要熟悉相关的 IT 技术,了解助推企业数字化供应链的必要工具和方法。苏州未来星网络科技公司立足于成为数字化供应链和工业互联网的助跑者,其实施的成功案例值得供应链人参考和借鉴。

1)企业级的业务平台整合的技术解决方案,包括 BPM、ERP、MES、B2B 等模块,打造业务流程统一管理平台、企业服务总线、全生态用户交互体验三位一体企业业务平台,如图 13-12 所示。

第13章 数字化供应链与数字化企业展望

图 13-12　企业业务平台

2）苏州未来星打造的企业服务总线如图 13-13 所示。

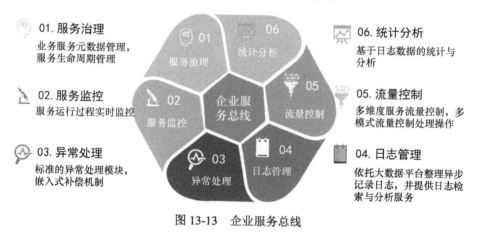

图 13-13　企业服务总线

3）苏州未来星打造的企业大数据平台如图 13-14 所示。

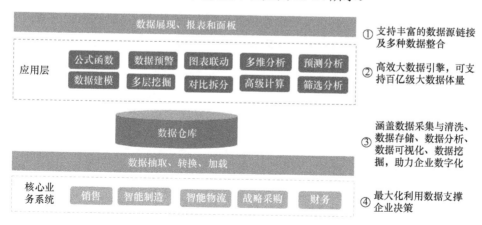

图 13-14　企业大数据平台

（4）基于主数据管理的供应商关系管理系统业务功能模块如图13-15所示。

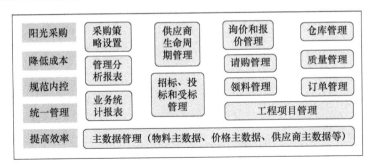

图 13-15 基于主数据管理的供应商关系管理系统业务功能模块

【案例点评】

苏州未来星结合自己研发的数字化流程平台、数字化技术平台、智慧供应链平台及模块产品（如 SRM、WMS 和智能仓储、智能制造大数据平台）等，已成功地为诸多行业和数十家客户一对一地提供了一站式总体解决方案，大大助推了客户端数字化供应链的实施。

案例2：企业数字化精益体系之路

某企业围绕自身发展战略，融合精益管理理念，遵循"战略引领、业务主导、管理支持、面向全球"的基本原则，按照精益生产、精益管理、精益企业"三步走"的实施路径，锁定质量、效率、效益目标，建立总部管理统筹、工厂主体实施的两级工作机制，实施分类指导差异化推进策略，推动企业制造体系向精益智能化转型，推动管理体系向精益数字化提升，该企业数字化精益体系如图13-16所示。

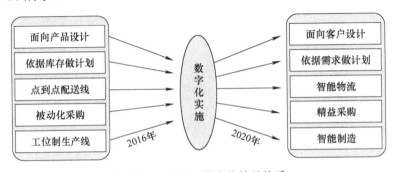

图 13-16 某企业数字化精益体系

打造数字化精益体系需要制定长期计划,该企业从 2016 年开始,逐步实施数字化精益推进,如图 13-17 所示。

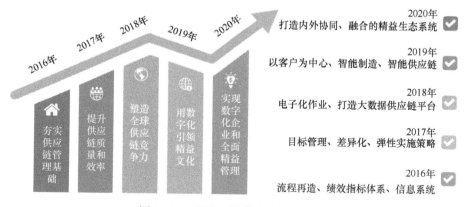

图 13-17　逐步实施数字化精益推进

数字化精益体系的功能模块如图 13-18 所示。

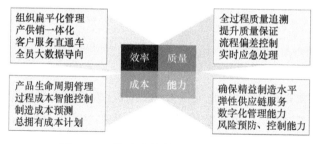

图 13-18　数字化精益体系的功能模块

【案例点评】

该企业的数字化精益体系和项目实施具有很强的参考意义,可借鉴的成功经验有很多,其中关键的是:宏观上顶层设计、数字化紧密链接精益流程、作业规范等方面全方位清晰明确,集团总部和各工厂分工明确、相辅相成。更为可贵的是,该企业在数字化精益实施的过程中并没有"多快好省",而是早在 2016 年就有前瞻性地启动,且通过大于 5 年期的长期计划稳扎稳打、步步为营。

参考文献

[1] STEVE L. 大数据主义 [M]. 胡小锐, 朱胜超, 译. 北京：中信出版社，2015.

[2] BERNARD M. 数据战略 [M]. 鲍栋, 译. 北京：机械工业出版社，2019.

[3] 杨旭. 重构大数据统计 [M]. 北京：电子工业出版社，2014.

[4] 黄宜华, 苗凯翔. 深入理解大数据 [M]. 北京：机械工业出版社，2014.

[5] BILL F. 驾驭大数据 [M]. 黄海, 译. 北京：人民邮电出版社，2013.

[6] 陈燕. 数据挖掘技术与应用 [M]. 北京：清华大学出版社，2011.

[7] 张重生. 深度学习：原理与应用实践 [M]. 北京：电子工业出版社，2016.

[8] MEGAN S. 干净的数据 [M]. 任政委, 译. 北京：人民邮电出版社，2016.

[9] 段云峰. 大数据和大分析 [M]. 北京：人民邮电出版社，2015.

[10] DAVE C, STEVE W. 企业信息管理 [M]. 赵苹, 译. 北京：中国人民大学出版社，2008.

[11] BRYAN J, JOHN O. 采购绩效管理 [M]. 北京中交协物流人力资源培训中心, 译. 北京：机械工业出版社，2012.

[12] 李瑞. 图画绩效管理 [M]. 北京：电子工业出版社，2018.

[13] 水藏玺, 吴平新, 刘志坚. 流程优化与再造 [M]. 北京：中国经济出版社，2015.

[14] 李政. 采购过程控制 [M]. 北京：化学工业出版社，2019.

[15] DONALD B. 物流管理：供应链过程的一体化 [M]. 林国龙, 等译. 北京：机械工业出版社，2002.

[16] 沈欣, 滕宝红. 采购与物流实用工具大全 [M]. 北京：化学工业出版社，2016.

[17] 王先庆, 李征坤, 刘芳栋. 互联网+物流 [M]. 北京：人民邮电出版社，2016.

[18] MARTIN C. 物流与供应链管理 [M]. 何明珂, 译. 北京：电子工业出版社，2012.

[19] 苏格兰学历管理委员会. 物流管理精益与敏捷的方法 [M]. 北京：中国时代经济出版社，2007.

[20] 李育蔚. 仓储精细化管理全案 [M]. 北京：人民邮电出版社，2012.

[21] 朱东. 信息化条件下的企业经营与管理 [M]. 北京：经济科学出版社，2010.

[22] ROBERT J, RICHARD C. 运营和供应链管理 [M]. 任建标, 译. 北京：机械工业出版社，2011.

[23] VIC G. 运营与变革管理 [M]. 杨怀旭, 等译. 昆明: 云南大学出版社, 2002.

[24] 贾振航, 姚伟, 高红. 企业节能技术 [M]. 北京: 化学工业出版社, 2006.

[25] 李永飞. 供应链质量管理前言和体系研究 [M]. 北京: 机械工业出版社, 2016.

[26] 北京中交协物流人力资源培训中心. 供应链风险管理 [M]. 北京: 机械工业出版社, 2015.

[27] 张铎. 物联网大趋势 [M]. 北京: 清华大学出版社, 2011.

[28] PROJECT MANAGEMENT INSTITUTE. 项目管理知识体系指南 [M]. 北京: 电子工业出版社, 2019.

致 谢

在编著本书的一年多的过程中,我有幸获得了老师和朋友们的大力支持。

首先,我要感谢机械工业出版社的李万宇老师。李老师作为资深编辑,工作既专业又认真。在沟通的过程中,李老师总是非常耐心、善解人意,也给了我很多鼓励。

其次,我要感谢李立庚先生,他对我来说亦师亦友。他是六西格码黑带大师,也是通过 CPSM、CPIM 认证的资深供应链专家,在本书第 2 章、第 3 章的写作中,他给了我很大支持。

再次,我要感谢给了我很大启迪的大数据领域的专家朋友们。他们很多精彩的案例和场景分享,让我对大数据有了难忘的浸入式的体验。

最后,我还要感谢和我一起推动大数据在供应链管理领域应用实践、项目落地实施的顾问专家、IT 的同事们、朋友们。我们相互激励、脚踏实地、小步快跑。在志同道合的革新过程中,短期内品尝到开拓的痛苦,但长期却也让我们感到了成功的快乐。

再次诚挚地感谢你们!

后记：
一个实践者的感悟

笔者认为，没有故事匹配的感悟不是真正的感悟，先讲三个场景故事。

故事1：企业祸起萧墙，煮熟的鸭子飞了

2020年7月，P公司接到某整车客户的大项目，客户自签署项目合同后，一直非常配合P公司的相关请求，包括模具费用、治具费用、小批量试制原料费用和产品费用的支付。在项目中期，因需要对产品的色泽和光度做精确的测试，客户在获得成本预算和6周的交货期后，爽快地全额支付了货款，P公司看似没有任何风险和难度。但"无风也有三尺浪"，各个部门开始上演"卡"和"关"的神技能了。正所谓：沟通沟通，光有沟，而没有通。

虽然公司的供应商名录里有供应商可以立即供货，但按照采购政策和流程的要求，此设备已经超过一定金额，需要竞标。经过新候选厂商的筛选、现场稽查、报价、委员会竞标、授标、合同和订单等流程，这一路下来，两周时间已经过去。

按照与被授标供应商的合同要求，需支付30%的预付款。当采购员小Z拿着合同与订单去申请预付款时，却被财务经理告知需8个领导签字，有的领导恰好出差，这一路下来，又浪费了3周。此时距离承诺给客户的交期只剩下了1周，而供应商还需要加5周时间。

到了客户催问设备状况时，项目经理才知道6周的交期变成了11周。一连串追问到财务，财务经理说：之前一个项目经理在微信群里要求紧急付款，结果是他的微信被盗，公司把20万元打给了一个骗子公司，为了风险控制，后来就定出了8道签字手续……

【故事 1 剖析】

在这个故事里,没有一个部门是以客户、项目和企业大局为重的。

1) 项目经理没有做任何管控,像个传话筒就把 6 周交期回复给客户,完全忽视了公司内部流程所需的时间。另外,在整个项目进展过程中,没有及时跟进。
2) 采购经理只有串联思维,既没有对比项目整体进度甘特图,也没有在合规前提下,适当采取并行的方式。
3) 财务经理缺乏服务意识。财务部门要么对业务一窍不通,要么付款没有任何管控,要么就设置 8 道手续规避风险。

没有协同,连 1+1=2 都做不到,怎么能唱高调奢求 1+1>2?"踢皮球"式的冲突最终必然是以损害客户利益和公司整体利益为代价的。

故事 2:数据的高度协同才是"治大国若烹小鲜"的根本,而不是空洞的领导力

一些在管理上漏洞百出的企业高管们,在空谈领导力的时候是非常慷慨激昂,即使成功学大师们都要逊色三分。但不从企业实际出发的空谈,与 1700 年前"何不食肉糜"的典故是相同的逻辑。

某企业是汽车行业的知名上市公司,其中两个大客户均是知名品牌整机厂,出货给客户的是汽车上的关键大件。从 2010 年开始,客户不需要下 PO,客户每天早晨 8:30 将当日和隔日要出货的型号、数量提供给企业计划员。企业计划员下达指令给生产部和仓管,出货时点前 1 小时,出货员根据电子指令单,扫码后装车,同时系统自动传送信息给客户仓管(提醒收货),然后客户仓管无缝对接,同样扫码收货(信息自动作为月底对账数据)。产品能保证 100% 合格,因为已经按照客户要求在制程中自动地做了完整的数字化质量检测,不合格的产品根本不可能流到客户端。数据系统运行十多年,基本零差错。

【故事 2 剖析】

工作流有条不紊高效运转,表面上供应链经理什么也没做,但数字化系统早把"高速公路"铺好了。供应链与客户计划、计划与出货、生管与仓管、仓管与司机,均是一环扣一环,信息和数据在系统中间可以透明且快速地传递和实时沟通。

如果一个企业不能做到类似这样的企业供应链与客户精准对接，那么管理层空谈学习它的领导力就是 100% 纸上谈兵、形式主义、表面文章。

故事 3：组织中的"尸位素餐者"是任何效率提升和转型改善的毒瘤

2019 年的某天，某汽车集团的副总裁把一个工厂的维修部人员全部叫到了现场，包括部门经理 1 人，高级主管 2 人和维修工程师 7 人。副总裁对所有人说："这台车坏了，给你们 1 小时时间查看，并给出修理方案。"部门领导们认为这是维修工程师的事情，根本没有放在心上，直接交代 7 名下属抓紧找到原因并修理好。结果 1 小时过去了，整个部门只有 2 名工程师知道了根本原因并向副总裁报告了细节和修理方案。副总裁听过之后对这 2 名工程师非常满意，然后追问整个维修部门的其他人员，他们的回答都是"不知道原因、不会修理"。副总裁立即通知人事部门，除了那 2 名会修理的工程师留下之外，立即开除这个部门所有其他人员，当然也包括那名部门经理和 2 名高级主管。

【故事 3 剖析】

笔者对该副总裁的做法非常认同。有人可能会反驳，维修经理不需要掌握维修技能，只要具有维修的部门领导力就可以了。这个逻辑就相当于认同一个厨师长可以从来没有做过菜、也没有任何做菜技能一样可笑。这种人对组织是无法增值的，除了企业要支付他们高昂的工资之外，他们的唯一功能就是拖累组织的效率和进度，越早被开除越好。事实证明，在这种"高效做事"的企业文化推动下，该集团运营效率之高和股价飙升都是同行无法望其项背的。

讲完故事之后的感悟

第四次科技革命空前地、创新性地给人类带来了琳琅满目的工具和产品，同时也促使许多空谈的概念满天飞。这场科技革命的"盛宴"催生了一些群体的盲目理念架构。

对于企业的管理者们来说，不要在一些高科技的概念炒作中自嗨和迷失方向，永远不要玩空概念、光看不做，坐而论道，后患无穷。实践比概念和理念重要一万倍。要知行合一，要从最基本的地方做起。再好的理论也需要与实际结合，再先进的理念如果不去实施都是空中楼阁。

动手做得越多、研究得越深入，越能感到自己的无知和时不我待的危机感。看问题需要透过现象看本质，其实大数据、工业互联网、物联网、人工智能、深度学习等，很多"精元"（本质）的东西都是相通的。

1）使供应商、企业与客户的需求高度协同，不就是物联网的逻辑吗？
2）使宏观供应链的信息透明化，数据和信息最大限度共享，让参与者彼此互换甚至促成交易，这不就是工业互联网的逻辑吗？有的企业已经在推的联合运营商也是这个逻辑。
3）供应链数字化模型（如预测）要不停地深度优化和迭代，这不就是 AI 深度学习吗？
4）供应链数字化中的智能物流、智能生产，不就是人工智能和自动化么？
……

随着 AI、大数据、物联网、云计算、5G、区块链等技术的蓬勃发展，那种没有一技之长的"大忙人"都必将被淘汰。不久的将来，大部分制造型企业中大部分的管理岗位将被大数据系统或自动化系统取代，这不是以人的意志为转移的。以后这种情况将随处可见：一个年营业额 10 亿元的公司，办公室内居然只有 2 个采购员、2 个财务员、2 个计划员、2 个销售员、2 个大数据服务员，但是它的研发团队超过 100 人！企业只需要关注核心竞争力的部分，其他统统都可以外包给市场专业供应商或总包商，或通过大数据系统自动完成。如果一个企业没有核心竞争力，其参与竞争的命运是不言而喻的。

就像第三次工业革命中，机器取代了"纺织工"一样，在第四次工业革命的洪流中，新时代的"纺织工"们（如排单员、下单员、跟单员、派单员、收料员、物流员、检验员、包装员、出货员等）都大概率会被大数据系统和自动化系统所取代。

强者永远在找方法和资源，弱者永远在找借口和理由。

就职场人而言，唯有拥抱这个时代，才能在未来的职场竞争中占据一席之地。对于企业来说也一样，需要在科技的洪流中不断地打造自己的核心竞争力，拥有一技之长或者多技之长。比如大数据素养和能力，就是跨界学习和深度思考的重要工具，更是知识爆炸时代的学习加速器。仅就供应链从业人员来说，图 1 所示的供应链管理通用技能模型，可供参考。

后记：一个实践者的感悟

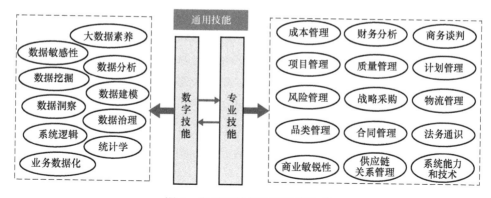

图 1　供应链管理通用技能模型

在传统的技能，如供应链计划、寻源、成本和价格管理、品类管理、物流管理、质量管理、商务谈判、法务、项目管理、风险管理等基础上，增加了商业敏锐性、供应链关系管理、系统能力和技术等新时代需求的能力。在之前流行的 T 型技能（通用技能+专业技能）之外，还需要增加数字技能，如大数据素养、数据建模、数据治理、业务数据化等。

大数据和大数据分析可以颠覆纯理论的肤浅认知，体现在以下几个方面。

1) 宏观环境分析。对于一个普通的企业或供应链从业者来说，现在根本不需要再自己亲自进行分析了，因为更专业的人早就给大家分析好了，且更全更细致，借鉴就可以了。

2) 卡拉杰克矩阵模型是一种采购产品分类的方法，但通过大数据分析，别人做杠杆产品降本卓有成效，但你只要做委外总包（搭别人顺风船）就能有效地节约成本。同理，别人可能是很难获得的瓶颈产品，在你这里是大量采购的战略产品，你甚至可以实施联合采购增加话语权。

3) 供应商评级，到底什么叫"战略性供应商"？很多企业还在使用多年未变的判断标准，如通过购买金额和产品等级等进行评级。站在大数据角度看，工业互联网和物联网方兴未艾，战略性供应商就是在整个市场上资源、禀赋、竞争优势稀缺的厂商。也就是说，"战略性供应商"是基于宏观市场供需大数据分析的结果，而不是企业自身"坐井观天"定义和分析的结果。只要市场资源是非常容易获得的，企业都可以统统将它们定义为"战术性供应商"或"一般供应商"。当企业某类产品用量很少的时候，可以直接向总包商甚至平台商购买，就像家庭去超市购买一袋洗衣粉一样没有区别。

4）采购谈判的本质。采购为什么要谈判？跟谁谈判？谈什么？目的如何？如果基于大数据和大数据分析，99%的问题根本不需要谈判，直接用更低成本数据分析即可。就像 2021 年初大多数的原材料大幅涨价，企业使用了专家的"采购谈判策略和技巧"后，供应商维持 2020 年的原价不涨了吗？当然有的人反驳，我采购量大，通过谈判对方才给了折扣。那请问供应商最后给了折扣，到底是因为购买量大呢，还是因为谈判技巧呢？

任何谈判都是基于博弈立场和实力的锦上添花的辅助。如果在充分的数据分析后，你知己知彼，而对方却做不到，这样的谈判才可能获得额外利益。

对于供应链管理者来说，大数据分析后找到适合企业的恰到好处的管理方式才是王道。反之，抛开自己企业的实际，而追求所谓的战略、策略、技巧，那都是舍本逐末的歧途。

凡是可以交给大数据的问题，企业就不要花心思研究"坐井观天"的优美细节了。企业需要研究和规划的是知己知彼的分析（如 SWOT）、企业精准的战略选择、资源禀赋现状和计划、核心竞争力等。企业自己不存在核心竞争力的领域，自己做一定不会比外包好。比如物流，对于绝大多数中小规模的制造型企业来说，物流外包一定优越于自营，自营物流一定比第三方物流成本高（如果事实上不是这个结论，那只能说明企业供应链部门找错了物流合作商），这是时代推动市场更加精细分工的必然结果，也是市场资源配置的最佳方式。

未来大数据透明化只会越来越完善。因此，企业只有把时间和资源花在核心竞争力上才有意义，也只有核心竞争力对市场需求才是增值的。越是具有持久（或持续迭代）核心竞争力的企业，未来它的生意必将越来越好做，然后良性循环，越来越增强、拓展自身核心竞争力。它甚至连销售职能可能都不需要了，因为客户或客户群能方便地通过大数据平台、物联网、工业互联网找到它。"酒香也怕巷子深"在大数据时代是不存在的，只要你的酒比市场上所有的酒都香，巷子本身都不会存在了。

大数据时代的企业竞争必然导致马太效应，同理，大数据和智能化也会让人形成马太效应。聪明的人可以将复杂问题简化，经过自己复杂的分析、演绎、测试后，使用最佳方案把问题解决，为客户提供简单的使用界面。

未来，企业竞争是基于大数据的高级算法和高级编程、更加优秀模型等的。无人机、智能物流、物联网、区块链、优秀的系统、智能制造、自动化生产、AI 深度学习、自动化技术，背后的本质都是算法、编程、模拟、测试、优化、迭代的过程。

黑云压城城欲摧，甲光向日金鳞开；未来已来，时不我待。